聚光灯下话三农

农业农村部新闻发布会实录

第一辑

农业农村部新闻办公室 编

中国农业出版社

北 京

党的十九大以来，农业农村部不断加大新闻发布工作力度，部领导带头出席，各司局积极参与，通过各类发布活动，全面解读农业农村政策，及时回应舆论热点，新闻发布工作取得了良好的宣传效果。

　　本书收录了2018年农业农村部在全国"两会"专题记者会、国务院新闻办公室新闻发布会和政策例行吹风会、农业农村部新闻办公室新闻发布会共28场发布会的现场实录。

编委会

目录

第三部分　农业农村部新闻办公室新闻发布会

第一部分
全国"两会"

1. 部长通道采访

一、 基本情况

时　间：	2018 年 3 月 5 日（星期一）上午
地　点：	人民大会堂北大厅
主　题：	推进化肥农药减量增效　加快农业绿色发展
发布人：	农业部部长　　　　　　　　　　　　韩长赋

部长通道

二、 现场实录

　　3月5日上午，第十三届全国人民代表大会第一次会议在人民大会堂举行开幕会。会议结束后，北大厅"部长通道"开启，记者在这里采访列席会议的国务院各部委负责人。

📷 **《中国报道》杂志社记者：**

　　近年来，我国粮食连年增产，但有人说我们的粮食增产都是化肥喂出来的，而化肥和农药都对资源和环境造成了一定的影响，请问化肥农药能否不施呢？农业部从哪些方面采取措施来解决这一问题？

🎤 **韩长赋：**

　　你提的是一个难题，我想用三句话来回答你这个问题。

　　第一句话，我国粮食确实是连年丰收，而且登上了很高的台阶。

　　党的十八大以来，在以习近平同志为核心的党中央领导下，我国粮食连

续 5 年稳定在 12 000 亿斤 * 台阶上，应该说这是一个很高的水平。中国人的饭碗牢牢地端在我们自己手中。我们有十几亿人口，所以粮食安全始终是治国安邦的头等大事。今天李克强总理在《政府工作报告》中专门讲到了粮食产能达到了 1.2 万亿斤。而且又提出，2018 年和今后几年还要继续稳定和优化粮食生产。所以对我们国家粮食生产取得的巨大成就应该充分肯定。

第二句话，化肥确实是对粮食的增产发挥了重要作用，但是不能说是化肥喂出来的。

为什么这么讲呢？改革开放以来，我们国家的粮食产量从当年的 6 000 亿斤达到了今天的 1.2 万亿斤，连续登了 6 个千亿斤台阶。靠什么呢？一靠政策、二靠科学、三靠投入。还有一个说法是大家都熟知的："政策好、人努力、天帮忙。"那么在增产的科技要素当中，良种化、农机化、水利化诸因素发挥了作用，化肥也起到了比较重要的作用。但是，科学家们都测算过，种子的增产作用是第一位的。大家都知道袁隆平院士的"杂交稻"，所以说粮食增产不能说是化肥喂出来的。

第三句话，我们的化肥确实用得多，要减量。

化肥有重要作用，因为化肥也是科技进步的成果，是给植物提供氮、磷、钾。但是化肥施多了，农药施多了，一方面增加生产成本，另外一方面就是对环境产生负面影响。所以要研究减量，提高肥效药效。从"十三五"开始我们就大力地开展化肥农药的减量，效果是明显的。2016 年，我国的农药、化肥使用量都负增长了。我们提前三年实现了"十三五"的目标，就是化肥农药使用量零增长，李克强总理在《政府工作报告》中专门讲到了这一点。大家都知道，这几十年来，我们的化肥和农药使用量都是一直在增加的，现在实现了负增长，这是一个重要的转折，而且我认为是历史性的转折。

下一步，按照习近平总书记提出的号召，就是绿色兴农。我们农业部门要大力推进农业的绿色发展，继续推进化肥农药的减量和提效。第一是抓重点品种，特别是在果菜茶园艺品种方面，加大工作力度。我们在全国的园艺产品，特别是果菜茶的重点生产县推广有机肥替代化肥行动，推广绿色防控和生物防治。第二是抓主体，指导家庭农场、合作社、龙头企业来带头减化肥、

---

* 斤为非法定计量单位，1 斤 =0.5 千克。——编者注

　　减农药。第三是大力推进科技创新，提高化肥农药使用的科学性和有效性。创新管理，通过政府购买服务、金融创新对有机肥进行补助等措施来促进化肥农药的减量实施，推进农业的绿色发展。

　　总之，我们要按照这次大会的精神，按照《政府工作报告》的部署和要求，来进一步稳定和优化粮食生产，坚定地推进质量兴农、绿色兴农，使农业能够实现转型升级，加快农业现代化的步伐，加快乡村振兴战略的实施。

2. 部长之声

一、 基本情况

时间	2018 年 3 月 16 日（星期五）
地点	农业部机关大楼
主题	介绍农业农村经济发展成效和乡村振兴战略实施等工作
发布人	农业部部长 韩长赋

部长之声

二、 现场实录

"两会"期间，农业部部长韩长赋做客新华网、中国政府网《部长之声》，回应网民关切的问题。韩长赋表示，近五年来，我国"三农"工作取得的成就主要体现在"六个新"。

📷 **主持人：**

党的十八大以来，农业农村经济工作开拓创新、砥砺奋进，取得了非常好的成就。请您给我们做一个简单的概括，来总结这几年的工作。

🎙 **韩长赋：**

这五年的砥砺奋进确实是这样，讲发展的形势、取得的成绩，可以说是方方面面，概括讲可以用"六个新"。

第一，**粮食生产能力登上了新台阶**。全国的粮食产量，2013年登上了1.25亿斤的台阶，连续五年高位稳定。这个产量使全国的人均粮食占有量超过世界平均水平，我们的饭碗牢牢地端在自己手中。

第二，**农业供给体系的质量得到了新提升**。农业这几年调整结构、优化质量，不仅保证了粮食供给，其他农产品的供给也都是充足的，农产品的品质也明显提升。

第三，**农业现代化迈出了新步伐**。这五年，我们农业现代化的主要指标有了很大提升。农业的科技贡献率已经超过56%，这表明我们已经转到以科技和人才发展为主的轨道上来；农业的田间机械化作业水平已经超过68%，农民"脸朝黄土背朝天"的工作状态有了历史性转变；另外，农田水利建设有了很大发展，旱涝保收的农田已经超过一半。

第四，**农业的绿色发展有了新进展**。包括推广绿色生产方式；实现了化肥农药的零增长。在渔业方面推广健康养殖，畜牧业的发展与环境容量相适应。这些方面都有明显进步。

第五，**农村改革有了新突破**。我们在农村土地制度、农村集体产权制度、农垦改革等方面全面推进。大家比较熟知的土地"三权"分置、土地流转等，这些改革进一步构建了农村的新型经营体系，进一步激发了农村发展的活力。

第六，**农民的收入得到了新提升**。小康不小康，关键看老乡。这几年，

农民收入大幅度增长，这五年大体增长了50%。2017年的农民人均纯收入已经突破 13 000 元，农民收入的增长使广大的农民兄弟有了更多的获得感。我们会按照党的十九大做出的部署，按照习近平新时代中国特色社会主义思想的指导和要求，在实现"两个一百年"奋斗目标的过程中加快补上农业农村这块短板，建设现代化的农业强国。未来若干年，中国的农业会有一个更大的更好的发展。

📷 主持人：

在党的十九大提出了"乡村振兴战略"之后，社会各界反响非常热烈。在今年的《政府工作报告》中又对"乡村振兴战略"进行了部署。"乡村振兴战略"是一个系统工程，当前应该抓好哪几方面的重点工作？

🎤 韩长赋：

十九大报告讲乡村振兴，讲了五句话、二十个字：产业兴旺、生态宜居、乡风文明、治理有效、生活富裕。五句话都很重要，二十个字要全面推进，这是"五位一体"总体布局在农村的体现。我想重点说一说产业兴旺的问题。

习近平总书记讲了"五个振兴"，第一个振兴就是乡村产业振兴。我们总的考虑就是要发展现代农业，提升农业的质量、效益、竞争力。通过发展现代农业，更好地提高农业的收益，提高农民的收入。一是要进一步调整和优化农业结构，推动农村的一、二、三产业融合发展。农业是最有干头的、最有说头的、最有看头的，甚至是最有玩头的。二是推动农业的质量兴农、绿色发展，通过产业振兴，解决农民的转移、就业，延长农业的产业链。三是拓展农业的功能，把农业和农村的社会、文化、农耕文明联系起来，还要把城乡联系起来。我们也欢迎城里的科技人员来农村，包括农民工返乡创业，欢迎大家投身现代农业和乡村产业振兴。

通过产业振兴，在乡村振兴的大格局下，使整个农业的现代化、农业结构实现快速发展和转型升级。其他几个方面，农村的生态环境、乡风文明、社会治理都会得到全面进步。我们会按照中央的部署，全面推进这些工作。我相信乡村振兴会给农村带来又一次天翻地覆的变化。

📷 **主持人：**

今年是落实十九大精神的开局之年，又是改革开放 40 周年。回首 40 年前，改革也是从农村开始的。实施"乡村振兴战略"也给农村改革提出了更深、更新的要求。下一步将如何进一步深化农村的改革呢？

🎤 **韩长赋：**

中国农村改革是从家庭承包开始的，这 40 年来，我们的国家，包括广大农村，在改革的推动下，发生了巨大的变化。今年是改革开放 40 周年，最好的纪念就是继续深化改革。

第一，"三农"问题的解决、"三农"的发展、乡村振兴还得靠改革，提供制度供给，通过改革激发活力。

第二，深化农村改革要全面推进，最重要的还是土地制度改革。总书记在十九大报告中讲到的土地家庭承包在第二轮到期后再延长 30 年，下一步我们将研究具体政策，落实好这个重大决策和重大政策。在土地改革方面，一方面要稳定土地承包关系，还要继续实施"三权"分置的制度，引导土地有序流转，培育新型的经营主体，发展适度的规模经营。同时，要积极扶持小农户，让他们搞好生产，并且加入现代农业的产业链，与现代农业衔接起来；围绕土地改革，建立一系列制度，包括现在在县乡建设的土地流转的中介合同服务制度和土地纠纷仲裁制度，我们正在全国进行农民承包地的确权和登记工作；"三权"分置以后还将开展土地经营权抵押贷款的试点，等等。以土地改革为主线，启动农业各方面的改革。

第三，落实中央提出的和已经部署的重大改革决策和改革任务，也是重要的工作之一。"一分部署、九分落实"，通过这些扎实的工作，包括试点工作，使党中央提出的农村各项改革任务、政策、措施能够落地生根。

总之，"三农"发展需要改革，改革会给农业、农村带来更大的活力。我们将坚定地推进改革任务。有一点还非常重要，在深化农村改革的过程中，始终要关注和围绕农民这个主体。我们40年改革的基本经验就是保障农民的物质利益和民主权利，把调动和保护农民的积极性作为改革的基本出发点。我觉得这一点是我们下一步推进改革应该继续坚持的原则。

📷 **主持人：**

最近国家开展了耕地轮作休耕制度试点，大家很关注这项工作最近的成果怎么样、进展怎么样。而且有网友有这样的担忧，开展了耕地轮作休耕会不会影响粮食的产量？会不会不够吃了？怎样更好地实现农业的绿色发展和农民不吃亏"双赢"？

🎤 **韩长赋：**

我们国家人多地少，过去我们都是开荒种地、围湖造田，现在开始轮作休耕，这是一个很大的变化。

我对这个问题有几个看法：

第一，开展耕地的轮作休耕试点，本质上是想推动农业的绿色发展，是农业生产经营制度的创新，使农业能够更好地实现可持续发展，使农业资源得到更合理的利用，使农业的生产能力得到更科学的保护乃至提高，这是我们的初衷。所谓创新就是过去历史上没有过。"谷物基本自给、口粮绝对安全"，这是我们的底线，不能突破，这些关系怎么处理好，那就要进行一些试点，要建立一种制度。

第二，现在有必要搞轮作休耕。在农业长足发展、粮食供给有了基本保证的基础上，让复种的耕地轮着歇一歇，让负重过大的环境喘口气，我觉得也有必要。

还有一点，我们也有条件轮作休耕。这个条件就是这么多年来农业的发

第一个振兴就是乡村产业振兴

部长之声

展和进步，粮食生产能力达到很高的水平，十几亿人的吃饭问题有了很好的保障。这给我们创造了轮作休耕的条件。

过去两年已经探索了很好的经验和办法，重点在农业土地生态脆弱的、特别需要保护的这些地方开展轮作休耕试点。今年我们会按照政府工作报告提出的任务，继续抓好落实。一方面是落实好 3 000 万亩的轮作休耕任务，真正落实到村，落实到户，落实到田头。另一方面是要探索这个制度。比如，在什么条件下开展轮作休耕，什么样的地区开展轮作、什么样的地区开展休耕。轮作休耕还不能让农民吃亏，国家对轮作休耕的农民给予必要的补贴，这个补贴怎么搞，真搞轮作休耕了，怎么考核，还要进行制度的探索。

会不会影响粮食安全，这个也是大家担心的。年度产量可能受一点影响，但不会太多。从长远来看，轮作休耕本质上是让耕地休养生息，更重要的是有利于提高粮食产能。产能是保证粮食安全最主要的底气。我们会在粮食产量、当期的供求平衡、耕地保护、农民收益等方面求得平衡，使这项改革创新健康发展。

📷 **主持人：**

"舌尖上的安全比天大"，请您谈一谈我国农产品质量安全的总体情况怎么样。在今天讲究高质量发展的现状下，如何满足人们对餐桌的新的需求呢？

🎤 **韩长赋：**

这是新阶段的新问题。农业发展到一定阶段，特别是供给得到了很好的保障之后，人们更关心质量和安全。从过去的够不够为主要矛盾转到了现在的好不好为主要矛盾，这是社会主要矛盾转变的具体体现。

第一，负责任地说，我们的农产品质量是稳定向好的，质量水平是逐年提高的，优质产品是逐渐增加的，这个已与过去不可同日而语。2001年农产品抽检合格率只有60%多一点，现在每年抽检的合格率都在96%以上。

第二，优质农产品的比重还不能适应消费水平升级的要求，还不能满足人民群众的愿望。1%的问题要用100%的努力去解决，在农产品质量安全问题上要坚持零容忍。这虽然需要一个过程，但我们要坚定不移地追求，按照加强农产品监管、加强农产品生产过程的标准化，采取实际措施。现在大家关心的几个问题：第一个是化肥农药施用过多的问题；第二个就是抗生素使用的问题；第三个是农产品的质量追溯问题，我们都在努力地推进和解决，我们相信农产品质量会越来越好。我们也欢迎媒体和消费者监督、投诉。我们会严格管理、严格执法，从而提升我们的工作。

ress Conference for the First Session of the 13th National People's Congress

罗荣／摄

3. 2018 年全国"两会"乡村振兴专题新闻发布会

一、基本情况

时间	2018 年 3 月 7 日（星期三）上午 10 时 30 分
地点	梅地亚中心多功能厅
主题	实施乡村振兴战略　推动农业转型升级
发布人	农业部部长　　　　　　　　　　　韩长赋
	农业部新闻发言人、办公厅主任　　潘显政
主持人	十三届全国人大一次会议新闻中心副主任　钟雪泉

2018 年全国"两会"乡村振兴专题新闻发布会

二、 现场实录

钟雪泉：

　　各位记者朋友，大家上午好，欢迎参加十三届全国人大一次会议记者会。今天新闻中心很荣幸地邀请到农业部韩长赋部长，农业部新闻发言人、办公厅主任潘显政，围绕实施"乡村振兴战略，推动农业转型升级"这一主题回答大家关注的问题。有请韩部长。

🎤 **韩长赋：**

　　新闻界的朋友们，大家上午好。一年一度，很高兴在这里再一次跟大家进行交流，感谢朋友们一直以来对"三农"工作的关心和支持。习近平总书记在十九大报告中提出实施乡村振兴战略，前天李克强总理在《政府工作报告》中对此又做出了具体的部署。乡村振兴战略、农业转型升级是我们今后一个时期的工作主旋律，大家对此很关心。我愿意和潘显政同志一起回答大家的问题。谢谢。

📷 **经济日报、中国经济网、经济日报新闻客户端记者：**

　　党的十九大提出实施乡村振兴战略后，社会各界反响热烈，我们到农村采访时发现广大农民对此也是满怀热切期盼，今年《政府工作报告》又对乡村振兴进行了专门部署，所以想请问韩部长怎样才能实现乡村振兴？您能不能为我们描绘一下您心目中的乡村振兴是一幅什么样的图景？谢谢。

🎤 **韩长赋：**

　　谢谢你提的这个问题。十九大提出实施乡村振兴战略，今年的《政府工作报告》又做了专门部署，这充分体现了党中央对农业农村发展的高度重视。实施乡村振兴战略是新时代"三农"工作的总抓手，而且中央也描绘了一个宏伟的蓝图。我也了解到，这个战略提出以后社会各界反响强烈，广大农民更是欣欣鼓舞，可以说这个战略深得民心。中央提出乡村振兴战略二十个字、五句话，大家耳熟能详，非常鲜明具体，瞄准了小康的短板。我以为，这是"富强、民主、文明、和谐、美丽"的社会主义现代化强国这个目标在农村的具

体体现。方才你讲到怎么样来实施这个战略，落实中央部署，推进乡村振兴，我们也在研究，也在谋划。最近，我们农业部启动了"百乡万户"调查，派了120个干部深入到30个省（自治区、直辖市）的60个村进行为期一个月的驻村调查，就是对农村基层，特别是乡村的实际情况进行全景式调查，包括把农村的政治、经济、文化、生态、社会、基层组织建设等情况都摸清楚，为乡村振兴战略实施提供第一手的材料。

现在各方面都在研究乡村振兴战略推进方略，我也注意到媒体的报道，还有此前其他新闻、会议大家对这方面的关注。概括地讲，要抓好"三个重大"。一是制定重大规划。乡村振兴是一个长期的战略任务，中国农村的情况可以说是千差万别，我们又处在千年未有之变局，所以需要有科学的规划来指引，这方面中央有关部门正在编制规划，由发改委牵头，农业部和其他一些部门参与。总的考虑是，按照"五位一体"的要求，从产业发展、乡村布局、土地利用、基础设施、公共服务等方面进行谋划，画好一张蓝图，并且坚持一张蓝图干到底。二是出台重大政策。乡村振兴体现中央一个重要的指导思想就是补短板，乡村发展还是薄弱环节，所以需要有一系列的支持政策，包括要贯彻"以城带乡、以工哺农"的方针。习近平总书记在中央农村工作会议上提出来要做到"四个优先"，就是要在干部配备上优先考虑，在要素配置上优先满足，在资金投入上优先保障，在公共服务上优先安排。围绕这些指导思想和总的要求，我们要研究和出台相关的政策，推动体制机制创新，来增强农村的发展活力。三是要实施重大行动。要贯彻以农民为中心的发展思想。乡村振兴要真金白银地投，也要真刀真枪地干。总的来说，要坚持问题导向、坚持补短板，目前我们正在谋划和陆续实施一些重大行动。比如说要实施农村人居环境整治三年行动，首先要给农民一个清洁、清新的美好家园；再比如说实施产业兴村强县行动，打造一批富民强县的产业，因为产业兴旺发展生产力是第一位的；再比如要打好三年精准脱贫攻坚战，首先要解决贫困人口的问题。这三个方面我们都会采取一些具体措施。

方才你说我能不能描绘一下乡村振兴美好的愿景，这个愿景一定是很美好的，要描绘起来可能时间会很长，要是形象地说，可以用"三个让"来表达。一是要让农业成为有奔头的产业。就是搞农业不仅有干头，还要有说头、有看头、有赚头，农业的未来应该是这样的。二是要让农民成为有吸引力的职业。一说农民，我们传统的观念就是脸朝黄土背朝天。今后随着科技进步，随着产业发展，农民将是一个有吸引力的职业，我们要让农民从身份称谓回归职业称谓，将来想当农民不容易。三是要让农村成为安居乐业的美丽家园。将来农村人不仅可以享受城里人那样的公共设施、公共服务，而且还拥有优美环境、田园风光。农村将来会成为稀缺资源，会成为城里人向往的地方。当然这要经历一个过程，但是我坚信这一点。谢谢。

📷 **第一财经记者：**

我的问题是关于粮食价格的。2016年玉米价格大幅下跌，国家采取一些措施去库存、调结构，2017年玉米价格开始反弹，对此您怎么看？2018年小麦和稻谷的最低收购价格下调，您认为这是否会影响农民种粮的积极性呢？谢谢。

🎤 **韩长赋：**

谢谢。你提了一个热点问题。的确，农产品价格特别是粮食价格对于农民的收入和积极性有重要的影响，而且价格也是生产的一个重要的指挥棒。总的来讲，粮食收购和价格的市场化改革是个大方向，目的还是要发挥市场在资源配置中的决定性作用，通过价格来引导生产、调节供求、调控进口。当然，你方才提到的问题也说明价格这方面的改革要很好地谋划，要兼顾政府、农民两头，兼顾国内、国外两个市场，兼顾收购、加工两个方面，总体是求得一个平衡，保证改革平稳进行。你方才谈到了玉米，2016年国家取消了玉米的临时收储政策，通过市场定价、价补分离，建立起玉米价格形成机制和对生产者的补贴制度。玉米收储政策改革后，效果还是比较明显的，激活了市场，带动了加工，释放了库存，也减少了进口。实践证明，改革是一举多得，也是大势所趋。近期玉米价格反弹，我们也注意到了，平均来讲，比去年增加了一毛钱，有的地方还多一点。玉米价格一反弹，有些地方又想多种玉米了，我建议不要盲目扩种，因为毕竟现在玉米库存依然很高，国际价格也很便宜，尤其是那些非优势区，不是很适合种玉米的地区，不要走回头路，因为这两年我们已经进行了调减，下一步还是要继续调整结构，选择多种市场适销的品种。

你方才讲到水稻和小麦价格的问题，现在看水稻供给也有点偏多，小麦的供求基本是平衡的。所以这是一个改革的契机，因此今年国家下调了稻谷和小麦的最低收购价，目的也是想进一步理顺价格形成机制，使小麦和稻谷的价格逐步向市场靠拢。至于说到会不会对农民的积极性或者生产带来影响，实话实说，会有一些影响，但是不会太大，为什么这么说？从我们掌握的情况看，第一，因为小麦和水稻是口粮，所以各方面还是很重视的；第二，小麦和水稻大都是在基本农田里生产种植的，我们国家近些年进行了高标准农田建设，水稻小麦基本上是旱涝保收，做到了这一点，农民种小麦和种水稻，在目前的水平下还是有账可算的，所以调减幅度也不会很大。当然，价格下调会对农民收入产生一定的影响。我们也注意到农民的反映，所以国家在下调收购价格的同时，也对种粮农民采取直补的方式，适当的补助农民。现在籼稻和粳稻大概分别下调了1～2毛钱，这个下调带来的收入影响主要由政府和国家来承担，也是为了保护农民的积极性。下一步，我们将引导农民种植优质水稻、种植强筋和弱筋小麦，这是我们的弱项，同时在改革中加快完善补贴、保险等配套机制，保护农民种粮积极性。总体来讲，李克强总理在《政府工作报告》中关于下一步粮食工作讲了一句重要的话，就是稳定和优化粮食生产，这是下一步我们工作的方向，也是需要落实的任务。谢谢。

冈比亚记者：

韩部长您好，对于我们国家冈比亚以及整个非洲而言，农业是非常重要的，我想问的是就粮食自给自足方面，非洲能够向中国学习什么？另外，中国改革开放后在提高农业生产产值方面有哪些经验可以与非洲分享？谢谢。

韩长赋：

谢谢这位冈比亚朋友提的问题。我们两国是友好国家，中非之间也有着非常好的关系。你提的第一个问题，粮食自给问题实际上也就是粮食安全问题。对拥有近14亿人的中国来说，解决粮食安全问题，保证十几亿中国人吃饭，始终是治国安邦的头等大事。在这个方面，中国政府一贯高度重视，特别是改革开放以来，采取了一系列政策，包括实行家庭联产承包责任制等重大改革措施，以及进行大量投入、推进科技进步、建设农田水利、推进农业机械化等。所以，中国现在的粮食生产能力已经达到了1.2万亿斤，应该说已经比较好地解决了吃饭问题。联合国粮农组织的总干事都说，中国解决了十几亿人的吃饭问题，帮助他完成了一多半的任务。

你说到了非洲粮食自给自足的问题，确实，现在非洲整体上还没有解决粮食安全和粮食保障供给的问题，全世界还有8亿多人没有解决温饱。中国在这方面跟非洲国家进行了很多友好合作，比如说，我们在非洲14个国家建设了农业技术推广示范中心，就是把我们的技术向非洲朋友们展示。再比如，我们帮助非洲国家特别是最不发达的国家，培训农业技术人员，我们派了大量的专家到非洲去，而且我们还邀请了非常多非洲的农业技术人员和农业部门的管理干部到中国来研修和参观。还比如，我们在农业机械、化肥、农药等方面，也给非洲一些国家提供了力所能及的帮助。应该说，这些举措在非洲农业特别是粮食生产中发挥了积极作用。下一步，我们还会继续这样做，我们与非洲国家的农业合作，以及对非洲国家的粮食安全方面的帮助是真诚的，不附加任何条件的。

至于你说的第二个问题，关于分享农村改革发展的经验，这一点我非常愿意。中国改革开放以来，在农业发展、粮食发展、农村发展建设方面，有一些自己的探索和经验，特别是在农业农村的基本制度方面，尤其是在土地制度方面，我们有一些重大探索和经验，我们愿意通过多种方式跟非洲国家、非洲朋友来分享。当然，国情不同，我们这些经验和做法也只能供参考和借鉴。我们也希望广大的非洲国家、非洲朋友，特别是那些最不发达的国家，包括您的国家冈比亚，我希望你们发展得更好，早日解决粮食安全问题，生活更美好。谢谢。

📷 **中国网记者：**

我注意到，前不久农业部在福建启动了"农业质量年"活动，提出要加快推进农业发展由数量扩张向质量提升转变。我想了解的是，现在能不能实现这种转变，实现这种转变后的农业会是什么样子？谢谢。

🎤 **韩长赋：**

谢谢你的问题，也谢谢你的敏感。确实，2018年开年，农业部开的第一个会就是在福建召开的关于提升农业发展质量的会。我们在福建会上提出来今年是"农业质量年"。当然，抓质量不止在今年，今年是一个更好的起点。我们在会上提出农业由数量扩张向质量提升转变，这确实是我们一个重要的指导思想的转变。俗话说，到什么山上唱什么歌，我们国家农业经过改革开放以来的快速发展，特别是党的十八大以来，我们农业有了更快的发展，我们的粮食生产能力，我们的农业现代化水平，我们的农民收入水平，我们的农业结构调整等，这些方面可以说都发生了巨大的变化。跟改革开放之初相比，甚至跟21世纪初相比，可以说不可同日而语。过去我们是8亿人吃不饱，现在是近14亿人吃不完。对我们国家来说，这当然是件了不起的事情。过去我们为了解决温饱，千方百计提高产量，所以就发生了开荒扩种、围湖造田这些事情，那是没有办法的办法，都是为了解决数量够不够的问题。这些年，经过不懈的努力，我们成就巨大，数量不是当前的主要问题了，农业发展进入到一个新的阶段，我们重点要解决质量好不好的问题。现在，我们有之前的发展和积累，完全有条件实现这种发展导向的转变。所以我们提出来要实现这一转变，这也是总书记在中央农村工作会议讲话中提出来的，要大力推进质量兴农、绿色兴农。

因此，我们提出了"三个转变"：一是加快推进农业政策由增产导向转向提质导向，包括财政政策，方才财政部在这儿回答了大家的提问，我们也正在跟财政部一起研究建立绿色发展导向的财政补助政策；二是发展方式由依赖资源消耗的粗放经营转向节约资源的可持续发展；三是农业科技由追求增产转向更加注重优质、安全、高效、生态。这是农业发展转型升级的要求，也是你方才讲的转型升级往哪儿转、怎么转的一个内涵。按照这样的方向和要求，我们国家农业要在现有基础上提高水平。概括地讲，发展目标和转型的要求是"六个高"：一是产品质量高，绿色、品牌农产品要增加，要更好地满足个性化、多样化、高品质的消费需求；二是产业效益高，使农业投入产出账更有得算，农业的增值空间更大；三是生产效率高，农业生产更加绿色、劳动生产率、土地产出率、资源利用率全面提高；四是经营者素质高，新型职业农民要成为农业生产经营的主力军，多种形式的适度规模经营成为现代农业发展的引领力量；五是国际竞争力高，我们的农产品在国际市场要占有一席之地，我国是农业大国，我们的农业贸易要和大国地位相称；六是农民收入高，乡村振兴最后一句话是"生活富裕"，小康不小康关键看老乡。所以，我们要增加新型经营主体的收入，同时也要使小农户有好的收入。如果我们能够实现这"六个高"，使农业转型升级，新时代中国农业会是一幅更好的图景。谢谢。

📷 中央电视台、央视网、央视新闻移动网记者：

我们关心的问题是，党的十九大提出，在第二轮土地承包到期后再延长30年，请问这样的规定有什么样的意义？另外有很多农民朋友很担心土地承包再延长30年，没有分到地的新增人口怎么办？另外进城落户之后这些承包地会不会被收回？面对农民的这些困惑和担心农业部是怎么考虑的？谢谢。

🎤 韩长赋：

谢谢。我认为你提了一个重要话题，我记得习近平总书记在做十九大报告时，当他讲到第二轮土地承包到期后再延长30年时，全场响起了长时间热烈的掌声，我觉得这反映了大家对土地制度的关切，也反映了对中央决策的拥护。我认为这是一个充满政治智慧的重大制度安排，是送给广大农民的一个政策大礼包。你方才讲有什么意义，我想意义很多，至少有这么几条。

第一，**这是农村土地承包关系长久不变的具体体现**。改革开放以来，我国农村土地进行了两轮承包，大家都知道，开始是 15 年，后来又延长 30 年，这次承包讲的到期之后下一轮承包再延长 30 年，将使农村的土地承包关系稳定在 75 年，这是体现长久不变的，而且这意味着今后土地集体所有、家庭承包经营的农村基本经营制度不会改变，也意味着集体经济组织成员依法承包集体土地的基本权利不会改变。这给农民吃了"定心丸"。无论是拥有承包地的农户还是流入承包地的新型经营主体，大家都有了稳定的预期。

第二，**这有利于促进多种形式的适度规模经营**。大家都知道，现代农业的一个重要特征就是适度规模经营。为适应土地流转的需要，中央出台了承包地"三权"分置的办法，此前我也写过文章，解读过这个政策。现在又将土地承包期再延长 30 年，实际上实现了土地承包"变"和"不变"的辩证统一，可以说这是农村改革重大的制度创新，既满足了农民稳定承包权的需要，又满足了流转经营权的需要，有利于形成多种形式适度规模经营，从而发展现代农业。

第三，**这个政策安排与第二个百年战略构想在时间节点上高度契合**。新一轮承包期再延长 30 年，时间上大体是在 2050 年前后、第二个百年目标实现的时候，届时我们国家将建成社会主义现代化强国，那时候国家的经济结构、社会结构、城乡人口结构，包括城乡关系、工农关系都会发生更大的变化。再延长 30 年，既稳定了农民的预期，也为届时进一步完善政策预留了空间。所以我说这是一个充满政治智慧的制度安排。十九大提出这项改革以后，农业部按照中央的部署正在研究制定具体的政策措施，要确保决策落实、政策衔接能够平稳过渡。

关于你方才提到的后两个问题，也有一些农民关心，比如如何考虑人口增减变化，有些确实二轮承包没有拿到地，有多种因素，有的是新增人口，有的是当时粮价低，搞农业收入低，然后出去打工了，就没有参加二轮的延包，这些情况都有。还有你讲的如何处置举家进城落户农民承包地的问题，农业部也在研究，我们将配合相关部门修订相关的法律法规，研究具体的政策，指导地方来妥善解决。关于解决地多地少的问题，总的原则还是坚持承包地大稳定、小调整，尊重农民意愿，在政府的指导下通过村集体民主协商解决，总体上承包地要基本稳定。我想在这里特别说一点，解决人地矛盾的问题不能完全依靠无限地细分、均分有限的土地资源，因为中国人多地少，地块越分越小，也不能从根本上解决问题，还是要通过工业化、城市化发展，通过多渠道促进农村劳动力转移就业，包括完善社会保障制度来统筹解决这个问题。关于举家进城落户农户的承包地，现有的政策是退与不退尊重其自愿，鼓励依法有偿地退回村集体。到二轮承包到期的时候，也将会依法和依照农民群众的集体意见来解决这类问题。谢谢。

📷 **新华通讯社记者：**

据我们了解，这两年我国农业结构调整的力度很大，两年已经调减玉米种植面积 5 000 多万亩*，今年又提出要调减水稻种植面积。请问，这是不是意味着我们已经不用再生产这么多粮食了？今后我国农业供给侧结构性改革是不是就是要压低粮食的生产呢？谢谢。

🎤 **韩长赋：**

谢谢你的问题，你提的这个问题也很重要。这些年，我国粮食连年丰收，供求关系出现了新的变化，阶段性的供大于求与部分品种供给不足并存。现在，我国的粮食库存处于历史高位。针对这个问题，我们按照中央的部署，积极推进农业供给侧结构性改革，就像你方才说的，过去两年我们主要是引导玉米种植的调减，主要是调减"镰刀弯"地区的玉米种植。所谓"镰刀弯"地区，是非优势地区，就是这个地方种玉米条件不是很好，具体地说就是东北北部冷凉地区、华北农牧交错带、西北干旱地区，还有西南石漠化地区，被形象地比喻为"镰刀弯"地区，这些地区不是玉米的主产区，生产的玉米品质差一些，而且产量也比较低。这两年累计调减种植面积 5 000 万亩，主要增加大豆 1 900 万亩，杂粮 1 000 万亩，还有青贮玉米以及粮改饲 1 000 多万亩，应该说效果是好的，结构是趋向合理的。现在看，水稻也偏多，特别是东北粳稻出现了库存积压。所以，我们要顺应市场供求形势的变化来引导调整。这也是经济规律。重点是调减资源消耗比较多、非优势区的水稻生产。当然，这种调整绝不是说我们不需要粮食生产了。我前面也讲了，我国有近 14 亿人，粮食安全那是个天大的事。习近平总书记讲，中国人的饭碗要牢牢端在自己手里，而且饭碗里主要装中国粮。这是必须保证的。所以说，推进农业供给侧结构性改革，包括

---

* 亩为非法定计量单位，1 公顷 =15 亩。——编者著

适度调减玉米和水稻，绝不是要放弃粮食生产，而是要以市场需求为导向，加法减法一起做，在稳定和优化粮食生产的同时，调优产品结构，调精品质结构，调高产业结构，从主要满足量的需求向更加注重满足质的需求转变，促进农业供求在一个较高的水平上实现平衡。

下一步，既要调整结构，又要保证粮食安全，主要有以下一些考虑：一是坚定不移地稳产能、保口粮。根据供求形势的变化，我们不追求年度产量，无论过去是几连增，现在我们不追求连增，但是产能要稳定，产能稳定就是有需求能生产，能供得上。我们讲坚守谷物基本自给、口粮绝对安全的战略底线，要实施"两藏"战略，即藏粮于地、藏粮于技，这次李克强总理在《政府工作报告》中讲到 2018 年还要新建 8 000 万亩高标准农田，国家的规划是要建设 8 亿～10 亿亩旱涝保收高标准农田，还要划定 9 亿亩的粮食生产功能区，就是让这些主产区、优势区保证粮食生产。在科技方面要推进农业机械化，推广优质高效和绿色生产技术，建立主产区利益补偿机制，保护好地方政府抓粮和农户种粮的积极性。二是继续优化粮食生产结构。虽然粮食是特殊商品，但它也是商品，所以也要根据市场的变化来调减生产，特别是调整品种结构。三是树立大农业观、大食物观，推进农林牧渔全面发展。现在老百姓生活水平高了，主食吃得少了，肉蛋奶消费量上去了，但肉蛋奶也要靠粮食来转化。我们要大力发展肉类、牛奶、禽蛋、水产、食用菌、蔬菜、水果这些产品来更好地满足人们的需求。谢谢。

📷 农民日报全媒体记者：

韩部长，您曾经说过农业是给全国人民搞饭，给农村人搞钱，给城里人搞绿，现在看搞饭、搞钱的势头都不错，但是搞绿的问题各方面期待都很大。请问，农业部将采取哪些措施促进农业绿色发展？谢谢。

🎤 韩长赋：

谢谢你提的问题，我确实说过这句话，我说我们搞农业是"三搞"，要给全国人搞饭，给农村人搞钱，给城里人搞绿。当然这是形象的说法。我觉得"三搞"都很重要，都不能放松，但是当前农业绿色发展确实很紧迫。习近平总书记讲，推进农业绿色发展是农业发展观的一场深刻革命，确实是这样。我们要在农业发展中牢固树立"绿水青山就是金山银山"的理念，在生产方式、生产技术、体制机制这些方面都要下功夫创新，让农业回归绿色的本色，因为农业本身就是绿色工厂。农业部按照中央深改小组审议通过的关于农业绿色发展的意见，正在采取这样一些措施：一是健全绿色发展制度。建立以绿色生态为导向的农业补贴制度，合理利用资源的制度，比如说2017年中央已经安排专项资金支持东北地区开展轮作试点，支持河北地下水漏斗区和湖南的重金属污染地区的耕地实现休耕，效果都不错。《政府工作报告》提出，今年轮作休耕面积达到3 000万亩，一方面要推进面积扩大，使部分耕地能够休养生息；另一方面要建设制度，形成轮作休耕的一些制度。二是强化绿色科技支撑。过去我们科技研发重点是围绕增产，今后要调整科技创新的重点和方向，大力支持节本增效、优质安全、绿色环保技术的开发，目的是适应绿色发展要求。三是实施一批绿色发展重大行动。我们现在正在实施农业绿色发展五大行动，就是畜禽粪污资源化利用、果菜茶有机肥替代化肥、东北地区秸秆处理、农膜回收，还有以长江为重点的水生生物保护等行动。同时，农业部会同有关部门在全国已经先期认定了40个市县作为农业绿色发展的先行区，探索经验，带动全国农业的绿色发展。我想，这是我们农业转型升级的一个重要方面。谢谢。

📷 **中国食品安全报、中国食品安全网记者：**

我们知道，农业部开展了对养殖环节抗生素残留的监测，请问韩部长监测情况怎么样，也想问一下是否有数据可以公布？谢谢。

🎤 **韩长赋：**

谢谢你提的这个问题。这是涉及食品安全的问题，关于食品安全问题我已讲过多次，这个问题请潘显政同志来回答。

🎤 **潘显政：**

谢谢你的提问。关于你提到的养殖环节抗生素监测问题，农业部高度重视，我们坚持"产管"结合，标本兼治，推出监管的硬措施，打好整治的"组合拳"，深入推进兽用抗生素的综合治理，主要从四个方面入手：一是严控

罗荣／摄

准入关口。就是把好准入关，坚持"四个不批准"，就是不批准人用重要抗生素作为兽药生产使用，不批准用于促生长的抗生素用于兽药生产使用，不批准易蓄积残留超标的抗生素作为兽药生产使用，不批准易产生交叉耐药性的抗生素作为兽药生产使用。二是强化风险评估。坚决淘汰存在安全隐患的兽药，近三年我们禁止了 8 种用于食品动物的兽用抗生素，禁止了 1 种用于动物促生长的兽用抗生素。三是推进综合治理。持续开展了兽药残留超标专项整治，实施了促生长兽用抗生素逐步退出行动。四是实施智慧监管。完善我们国家兽药基础数据信息平台，健全兽药的"二维码"电子追溯管理系统，实现兽药产品"来源可查，去向可追"，从哪儿来、到哪儿去、干什么，通过这个信息平台都能够管控。2017 年，我们对猪肉等主要畜禽产品，监测了包括抗生素在内的 14类 70 种药物的残留量，合格率达到 99.7%。下一步，农业部将狠抓兽药残留监控和细菌耐药性方面的监测，推进兽药生产经营使用可追溯管理，引导养殖者"少用药""用好药"，保证我们畜禽产品的安全。谢谢。

🎤 **韩长赋：**

在农产品质量安全水平提高这个问题上，我们坚定不移，坚持不懈。谢谢。

我有两个问题。第一，中国的"十三五"科技规划中提出将在 2020 年实现转基因玉米的商业化，这是否意味着中国到现在已经批准了一些转基因玉米品种，并且在准备种植来满足足够的需求？请问农业部是否准备近期批准一些新的转基因玉米品种，或者说关于转基因玉米的"十三五"规划的目标能否实现？第二，从 2017 年开始农业部门发放进口大豆转基因安全证书的时间较长，部分企业反映转基因玉米加工证书审批流程也变得更难。请问为什么现在获得转基因证书的难度增加，是否和最近中美贸易争端有关？谢谢。

🎤 **韩长赋：**

转基因问题是每次记者会必说的话题，我也多次回答过。你提的这个问题，我想具体请我们的新闻发言人潘显政先生回答。

🎤 **潘显政：**

谢谢你的提问。你提的第一个问题，实质上是转基因作物的商业化推广问题。农业部在多个场合回答过这个问题，概括起来有三点。第一，我们对转基因的管理是明确的，也是一贯的。就是严格按照法律法规开展安全评价和安全管理，只有通过安全评价后，方可获得生产应用安全证书。第二，按照"非食用—间接食用—食用"路线图进行。首先是发展非食用的经济作物，比如说棉花等，其次是饲料作物、加工原料作物，再次是一般的食用作物，最后是口粮作物。第三，充分考虑产业的需求，重点解决制约我国农业发展的抗病抗虫、节水抗旱、高产优质等方面瓶颈问题。关于转基因玉米的商业化问题，我们也是按照以上三点来执行。目前，我国只批准了转基因棉花和转基因番木瓜的商业化生产，没有批准转基因粮食作物商业化种植。你提的第二个问题，关于境外贸易涉及商品安全证书发放的问题。我们对贸易商进口安全证书的审批和发放的政策没有调整，就是依据法规科学审批，审批的标准没有变，审批的程序没有变，审批的时间也没有变。至于你提到有的公司没有获得审批，这是因为他们的申请材料不符合要求，没有通过专家的评审。审批是严格的、有程序的，要进行严格的专家评审。只要是符合要求的申请，我们都会正常发放安全证书。谢谢！

🎤 **韩长赋：**

今天又谈到了转基因的话题，说到转基因这个问题，我想补充一个基本的观点。转基因问题说到底是个科学问题、法治问题，安全不安全，应当由科学来评价，能种不能种，应该按法规来处理。如果再加一句话，就是食用不食用，由消费者自己来选择。我们是不是应该这样来认识和讨论转基因的问题。谢谢。

📷 **中国农村杂志社、农村工作通讯、中国农村网全媒体记者：**

我有一个关于农村宅基地的问题。现在有很多城里人也很向往农村的田园生活，也想到农村购买一块宅基地，但他们心里存在着疑惑，政策上允不允许这么做？韩部长您能不能给我们详细解释一下农村宅基地将怎样进行改革？谢谢。

🎤 **韩长赋：**

你提的问题也是一个大家都很关注的热点问题，特别是很多城里人关注的问题。时间关系，我想用三句话来回答这个问题。

第一，城里人到农村买宅基地盖房子政策上是不允许的。为什么？因为宅基地是属于农村集体所有的，只有具有农村集体经济组织成员身份才能依法依规取得本集体经济组织宅基地的使用权，这是集体经济组织成员特有的权利，而且原则上是一户一宅。所以，城里人到农村买宅基地，现行法规政策是不允许的。如果城里人买了宅基地，在上面盖一个别墅或者搞个私人会所，那更是不允许的。这是我们国家法律规定的，宅基地的所有权是集体的，资格权只有集体经济组织成员才有。

第二，闲置的农房确实是一笔宝贵的资源。方才你也讲到，现在农村有很多闲置农房，有些是举家进城，有些是常年在外面打工，所以农村现在有不少地区出现了"空心化"，其中一个很重要的现象就是农房闲置，只有过春节了才回来住一段时间。闲置农房放在那里，任其破败，这是一个很大的浪费。与此同时，很多城里人到农村创业发展，对闲置农房有需求。所以说，如果能把闲置农房利用好，既可以给农民增加财产性收入，又能够给到农村创业的人员提供创业场所，这个问题确实值得研究。

第三，宅基地"三权"分置是一个方向，或者说是一个路子。我国的农村承包地已经实现了"三权"分置，就是所有权、承包权和经营权"三权"分置，这个路子也可以借鉴引用到宅基地以及闲置房的使用上。所以，今年中央1号文件提出来要完善农民闲置宅基地和闲置农房政策，探索宅基地所有权、资格权、使用权"三权"分置，实际上就是讲的这件事，就是在坚持宅基地所有权属于农民集体、资格权属于集体经济组织成员的基础上，适度放活宅基地的使用权。通过多种方式，使闲置的农房能够更好地利用起来。比如说，提供创业场所，有的地方发展乡村旅游农家乐这种业态，这个方面这几年中央已经部署了在33个县市区开展试点，积累了一些经验，会在总结的基础上逐步加以复制和推广。因为这个事情是重大政策，所以要考虑周全，要依法依规，要尊重农民意愿。不知道这样的回答你满不满意。谢谢。

📷 **俄罗斯金砖电视台、阿尔法电视台记者：**

中俄战略协作伙伴关系越来越好，中俄的农业合作也越来越受到社会各界的广泛关注，中方也有不少企业投资俄罗斯农业，俄方也期待扩大对中方的农产品出口。请问韩部长，农业部是否会进一步加大推动中俄农业合作的力度？谢谢。

🎤 **韩长赋：**

谢谢你提的这个问题。中俄两国是好邻居、好伙伴、好朋友，是战略伙伴关系，在经济、贸易方面有广泛的合作。农业合作是中俄经贸合作的重要方面。我们有很多的合作已见成效，而且我们有很多的合作优势。比如说，我们有相互毗邻的地理之便，我们处于不同的气候带；还比如说，中国有广大的市场，俄罗斯有丰富的农业资源，这些方面都可以互补，互利双赢。因此，中方高度重视中俄的农业合作，也积极支持企业开展这方面的合作。在贸易方面，2017年我们双边的农产品贸易额突破了40亿美元，中国从俄罗斯进口了大量的海产品、油籽、粮食，我们也向俄罗斯出口了水果、蔬菜、淡水产品，双边贸易丰富了两国人民的餐桌。我们的合作还有很大的空间。中俄两国农业部正在联合编制中国东北地区和俄罗斯远东及贝加尔湖地区农业发展规划，这个规划出台以后可以为双边的农业合作提供更好的指引，为农产品贸易以及双向投资带来更多的便利。总之，我们对中俄农业合作，包括投资贸易和技术人员方面的合作，前景看好，也充满预期。谢谢。

📷 **中非新闻交流中心塞拉利昂记者：**

我有几个问题。第一，中国向非洲出口的大米的安全问题，以及如何帮助非洲来解决粮食安全问题？第二，在塞拉利昂有报道称，中国生产的一些塑料大米被出口到了塞拉利昂，我想向您核实这是否属实？如果是的话，这背后的原因又是什么？第三，我也想向您确认，中方是否向塞拉利昂捐赠了大量的粮食，这将如何帮助我们的国家？第四，非洲大陆整体都非常希望向中国学习关于农业发展的一些经验。现在中非关系也在不断地加强，我们看到中国在非洲的农业领域也有大量的投资，同时也向非洲传授了很多技术、经验。我的问题是，中国具体向非洲传授了哪些技术，以及这将如何帮助我们实现粮食的自给自足？谢谢。

🎤 **韩长赋：**

谢谢你的问题。你提了不止一个问题，时间关系我简要做一个总体的回答。我想明确地告诉你两点，第一，中国和塞拉利昂是友好国家，我曾经作为主席特使去塞拉利昂访问过。中国非常愿意加强与非洲及塞拉利昂的农业合作，而且我们愿意在已有的工作基础上争取能够做得更多、做得更好。第二，我也明确地告诉你，中国的大米是安全的，你听说的"塑料大米"绝无此事。关于怎么样合作的问题，方才在回答冈比亚的那位女士提的问题时我已经讲过，这些年，我们一直在加强对非洲的农业技术援助、人员培训、政策交流，支持中国企业去当地投资，帮助当地发展农业，帮助当地的民众解决粮食安全问题，今后我们将会继续加大合作的力度。我们很愿意分享、交流发展农业的经验，据我所知，塞拉利昂也曾有农业技术人员和农业管理干部到中国来访问和学习交流过，请你转达中国朋友对塞拉利昂人民的问候和祝福。谢谢。

📷 **主持人：**

谢谢，今天的记者会到此结束，谢谢韩部长、谢谢潘主任，也谢谢各位记者朋友参加。今天下午三点还有围绕精准扶贫攻坚话题的记者会，也欢迎各位记者参加。谢谢。

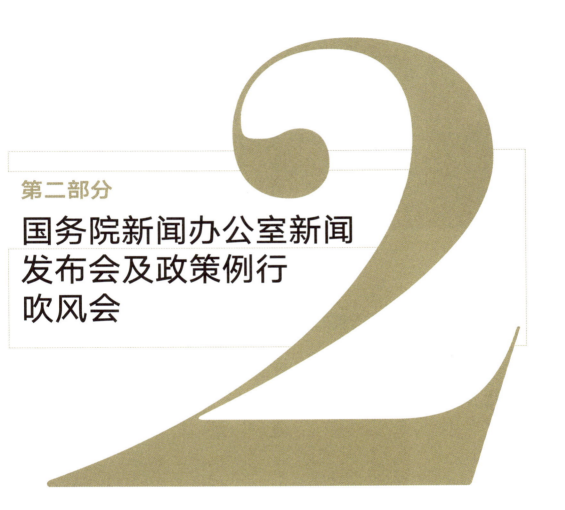

第二部分

国务院新闻办公室新闻
发布会及政策例行
吹风会

刘健／摄

4. 首个"中国农民丰收节"新闻发布会

一、基本情况

时间	2018 年 6 月 21 日（星期四）上午 10 时	
地点	国务院新闻办公室新闻发布厅	
主题	介绍"中国农民丰收节"设立等情况	
发布人	农业农村部部长	韩长赋
	农业农村部办公厅主任、新闻发言人	潘显政
主持人	国新办新闻局副局长、新闻发言人	袭艳春

首个"中国农民
丰收节"新闻发
布会

二、现场实录

📷 **袭艳春：**

女士们、先生们，上午好。欢迎大家出席国务院新闻办公室新闻发布会。经党中央批准、国务院批复，自 2018 年起将每年农历秋分设立为"中国农民丰收节"。为了帮助大家更好地了解相关情况，今天我们非常高兴地邀请到农业农村部部长韩长赋先生，请他为大家介绍有关情况并回答记者提问。出席今天发布会的还有农业农村部办公厅主任、新闻发言人潘显政先生。首先请韩部长作介绍。

🎤 **韩长赋：**

女士们、先生们，新闻界朋友们，大家上午好。很高兴和媒体朋友们见面，借此机会感谢各位长期以来对"三农"工作的关注和支持。这里我首先向全国亿万农民报告一个好消息，近日经党中央批准、国务院批复，自 2018 年起，将每年农历秋分设立为"中国农民丰收节"。这个节日的设立，是习近平总书记主持召开中央政治局常委会会议审议通过，由国务院批复同意的。

元绍达／摄

这是第一个在国家层面专门为农民设立的节日。设立一个节日，由中央政治局常委会专门审议，这是不多见的，充分体现了以习近平同志为核心的党中央对"三农"工作的高度重视，对广大农民的深切关怀，是一件具有历史意义的大事，是一件蕴涵人民情怀的好事。

农民是中国人口的最大多数，是中国共产党执政的基础，广大农民在革命、建设、改革等各个历史时期都做出了重大贡献。习近平总书记强调，任何时候都不能忽视农业、忘记农民、淡漠农村。中央决定，在脱贫攻坚的关键时期、全面建成小康社会的决胜阶段、实施乡村振兴战略的开局之年，设立"中国农民丰收节"，顺应了新时代的新要求、新期待，将极大调动起亿万农民的积极性、主动性、创造性，提升亿万农民的荣誉感、幸福感、获得感，汇聚起脱贫攻坚、全面建成小康社会、实施乡村振兴战略、加快推进农业农村现代化的磅礴力量。

中国是农业大国，中华农耕文化历史悠久、源远流长。"中国农民丰收节"作为一个鲜明的文化符号，赋予新的时代内涵，有助于宣传展示农耕文化的悠久厚重，传承弘扬中华优秀传统文化，推动传统文化和现代文明有机融合，增强文化自信心和民族自豪感。

今年是中国改革开放40周年，中国的改革是从农村发端，举办"中国农民丰收节"可以展示农村改革发展的巨大成就，展示中国农民的伟大创造，增强加快建设社会主义现代化农业强国的决心和信心。

设立"中国农民丰收节"是党中央、国务院作出的一项重大决策。农业农村部将按照习近平总书记重要指示精神和国务院批复要求，会同有关部门，精心组织，加强指导，秉承"庆祝丰收、弘扬文化、振兴乡村"的宗旨，遵循"务实、开放、共享、简约"的原则，坚持农民主体、政府引导，因地制宜、突出特色，开展喜闻乐见的活动，展示科技强农新成果、产业发展新成就、乡村振兴新面貌。希望新闻界的朋友持续关心关注"中国农民丰收节"。

下面，我和我部新闻发言人潘显政先生，愿意就"中国农民丰收节"有关问题回答大家提问。谢谢。

袭艳春：
感谢韩长赋先生的介绍，下面开始提问，提问前请通报所在的新闻机构。

我国目前已经有很多的节日，为什么还要设立"中国农民丰收节"，设立这样的节日有什么样的特殊意义，谢谢。

🎤 **韩长赋：**

"中国农民丰收节"可不是一般的节日，是亿万农民庆祝丰收、享受丰收的节日，也是五谷丰登、国泰民安的生动体现。在这个过程中，我也有自身体会，我生在农村、长在农村，长期做"三农"工作，现在农民终于有了自己的节日，我和大家一样为亿万农民感到高兴，内心也感到欣慰和自豪。设立"中国农民丰收节"，具有重大的现实意义和深远的历史意义。我有以下几点体会：

一是有利于进一步彰显"三农"工作的重要地位。习近平总书记强调，农业农村农民问题是关系国计民生的根本性问题，设立"中国农民丰收节"能够进一步强化"三农"工作在党和国家工作中的重中之重的地位，引起各个方面对于农业、农村、农民的关注和重视，营造重农强农的浓厚氛围，凝聚爱农支农的强大力量，推动乡村振兴战略实施，促进农业农村加快发展。

二是有利于提升亿万农民的荣誉感、幸福感、获得感。设立"中国农民丰收节"，给农民一个专属的节日，通过举办一系列的具有地方特色、民族特色的农耕文化、民俗文化活动，可以丰富广大农民的物质文化生活、展示新时代新农民的精神风貌，这顺应了亿万农民的期待，满足了对美好生活的需求。

三是有利于传承弘扬中华农耕文明和优秀文化传统。在工业化、城镇化加快推进的过程中，人们对传统农耕文化的记忆正在淡化，设立"中国农民丰收节"，树立一个鲜明的文化符号并赋予其新的时代内涵，可以让人们以节为媒，释放情感、传承文化、寻找归属，可以汇聚人们对那座山、那片水、那块田的情感寄托，从而享受农耕文化的精神熏陶。

所以，设立这个节日，无论从政治上、经济上、文化上，还是从社会进步上，都具有重要意义。我想首届"中国农民丰收节"举办之后，大家会对这一点感受更深。

谢谢。

刚刚韩部长提到这个节日的设立意义特别重大，特别是在推动乡村振兴战略实施方面，具有重要意义。能否请您具体谈一下，节日设立在推动乡村振兴战略实施方面将发挥什么样的作用？谢谢。

🎤 **韩长赋：**

这个问题很有意义，也说明你对这个问题很敏感。实施乡村振兴战略，是党的十九大提出的党和国家的重大战略，也是新时代"三农"工作的总抓手。"中国农民丰收节"确实是在这样一个背景下，也就是在乡村振兴的背景下设立的，它对乡村振兴战略的呼应和促进体现在很多方面。

第一，可以激发广大农民投身乡村振兴。农民是农业农村发展的主体，也是实施乡村振兴战略的主体。推进乡村振兴，是为了农民，也要依靠农民。举办丰收节可以让广大农民参与进来、投身进来，充分发挥亿万农民的主体作用。办这个节，可以激发农民群众的积极性和创造性。所以"中国农民丰收节"对农民朋友是莫大的鼓舞，在精神层面必将增强亿万农民振兴乡村的热情和信心。

第二，可以营造实施乡村振兴战略的良好氛围。乡村振兴将为"中国农民丰收节"提供厚实的经济社会基础，丰收节将为乡村振兴战略的实施营造浓厚氛围。今年是实施乡村振兴战略的开局之年，在开局之年设立"中国农民丰收节"，有助于把各方面的力量、各方面的资源动员起来、聚集起来，有助于促进乡村产业振兴、人才振兴、文化振兴、生态振兴、组织振兴，推动乡村实现全面振兴。

第三，可以满足农民美好生活的需要。乡村振兴五句话二十个字，生活富裕是根本。生活富裕不仅表现在物质层面，也体现在精神层面。"中国农民丰收节"本身就很美好，办这个节也是农民美好生活的体现。通过这个载体，展示广大农民的劳动成果，为农民群众提供更多的公共文化服务、更丰富的精神文化生活、更多样化的文化产品，可以让全社会都感受到，农业是有奔头的产业，农民是有吸引力的职业，农村是安居乐业的美丽家园。

谢谢。

📷 中国日报记者：

我国南北农时季节差异较大，不同作物收获期各不相同，请问韩部长，为什么把每年秋分设立为"中国农民丰收节"？谢谢。

🎤 韩长赋：

俗话说，"春生夏长秋收冬藏"。丰收节和农事传统密切相关。今天的新闻发布会也是撞了一个很好的日子，今天是夏至，夏至和秋分都是重要的时节。把秋分定为"中国农民丰收节"，是基于这样几点考虑：

从节气上看，春种秋收，春华秋实，秋分时节硕果累累，最能体现丰收。另外，秋分作为二十四节气之一，昼夜平分，秋高气爽，既是秋收、秋耕、秋种的重要时节，也是稻谷飘香、蟹肥菊黄、踏秋赏景的大好时节。

从区域上看，我国地域辽阔、物产丰富，各地收获的时节有所不同，但多数地方都在秋季，秋收作物是大头。所以，我们兼顾南北方把秋分定为"中国农民丰收节"，是便于城乡群众、农民群众参与，也利于展示农业的丰收成果，包括科技成果和农民的创造，具有鲜明的农事特点。

从民俗上看，我们国家有十几个少数民族有庆祝丰收的传统节日，畲族的丰收节，藏族的望果节，彝族的火把节，大多都在下半年。在国家层面设立一个各民族共同参与、共庆丰收的节日，有利于促进中华民族大家庭的和睦团结和发展。

我们的先人非常智慧、非常了不起，总结的二十四节气，"春雨惊春清谷天，夏满芒夏暑相连，秋处露秋寒霜降，冬雪雪冬小大寒"，上半年逢六廿一，下半年逢八廿三。今年的秋分是9月23日，是星期天，而且连着中秋节，欢迎媒体朋友们、城乡居民，到乡村来望山看水忆乡愁，与农民朋友一起共度丰收节，共享农家乐。

谢谢。

📷 袭艳春：

韩部长对"中国农民丰收节"的介绍，让我们对今年的秋分和第一个"中国农民丰收节"充满了期待。下面请继续提问。

　　谢谢主持人。据我了解，有很多专家曾经呼吁设立农业或农民方面的节日。现在经党中央批准、国务院批复设立这个节日，请问韩部长，您认为设立这个节日有怎样的基础和条件？谢谢。

🎤 **韩长赋：**

　　看来你一直很关心这个问题。确实如你所说，有人多次提出这个建议。2017年全国"两会"期间，有45名人大代表提出设立丰收节的有关建议。所以，这个节日的设立有广泛的民意基础。农业农村部对国内外的情况进行了深入调研，也广泛邀请了农业、文化、传媒等相关领域专家学者以及基层农民代表座谈研讨。大家普遍认为设立"中国农民丰收节"十分必要，而且实施的基础和条件已经成熟。你刚才讲有哪些基础和条件，我想至少有这么几点。

　　一是农事节庆有传统。我国古代就有庆五谷丰登、盼国泰民安的传统。通过举办民俗表演、技能比赛、品尝美食等活动，大家一起分享丰收的喜悦。目前有13个少数民族有庆祝丰收的节日，这为设立"中国农民丰收节"积累了经验。

　　二是各地有探索。这些年，很多地方根据节庆特点和假日节点，举办了具有当地特色、主题鲜明、和农事有关的节庆活动，也形成了一批民俗活动、观花赏景、采摘体验、农业嘉年华等知名品牌，很多朋友肯定都参加过，这也为设立"中国农民丰收节"探索了路子。

　　三是市场有需求。现在人均GDP已经接近9 000美元，休闲观光大众化正成为常态，广大市民也有回归乡村、参与农事体验、品味农村情调的需求和田园梦想，这为设立"中国农民丰收节"提供了广阔市场空间。

　　四是发展有基础。改革开放以来，特别是党的十八大以来，我国农业连年丰收，农民持续增收，粮食生产能力已经连续5年稳定在1.2万亿斤水平；农业现代化在加快推进，绿色发展、农村改革、结构调整都取得了明显的成效。特别是脱贫攻坚和农民增收，可以说有巨大变化，农村社会保持长期稳定。这些都为举办"中国农民丰收节"奠定了坚实基础。

　　另外，世界上也有很多国家在农产品收获以后，会举办农事节日活动。比如波兰的丰收节、美国的感恩节、葡萄牙的农业节、俄罗斯的农田日，巴西也有这种丰收之后狂欢的节日，这都为我们设立"中国农民丰收节"提供了借鉴。

当然，我国是农业大国，农民最多、民族众多、地域辽阔，农事品类最全，所以我相信，"中国农民丰收节"一定会办成世界上最有特色、最有人气、最为丰富、最有影响的农民节日、丰收节日。谢谢。

📷 中国评论通讯社记者：

两个问题。第一个问题，今年首次庆祝"中国农民丰收节"，请问这次庆祝有没有计划组织一些新的庆祝活动？第二个问题，现在中美贸易摩擦升温，请问这对我国农产品和农业有什么影响？如何缓解这样的压力？

🎤 韩长赋：

"中国农民丰收节"是一个全国性的广大农民参与的节日，所以，这个节日一定是很隆重的、很丰富的，在全国层面也会举办一些活动，但更多的是在地方，发挥地方的创造性。各个地方有自己的农事特点，无论是农耕生产方式还是农产品品类，都有自己的特点。所以，不会全国统一搞很多的规定动作，主要是让各个地方、让广大农民来创造。中国农民的创造力是非常强的，家庭承包、乡镇企业、进城打工等等，都是农民的创造。你问将来会组织哪些活动，农业农村部会牵头组成一个"中国农民丰收节"组织指导委员会，进行顶层设计，同时发挥地方创造。相信各地方的活动会各有特色、异彩纷呈。

关于你说的中美贸易摩擦，我想说两句。关于中美贸易摩擦问题，我国外交部、商务部已经明确表明了中方立场和态度，农业农村部完全赞同，我们不想打贸易战，但也不怕打贸易战。

📷 农村工作通讯、中国农村网全媒体记者：

听到设立"中国农民丰收节"的消息，我们很振奋，我想这个节日将承载亿万中国农民对新时代美好生活的众多期盼。请问韩部长，如果出现粮食歉收的情况，是否还会举办"中国农民丰收节"？谢谢。

🎤 韩长赋：

你这个问题挺有意思，因为国家大，这种情况肯定会发生，我回答几个问题了，这个问题请我部新闻发言人回答。

🎤 **潘显政：**

谢谢你的提问。党的十八大以来，党中央、国务院出台了一系列强农惠农富农政策，尤其是通过持续推进藏粮于地、藏粮于技战略，目前粮食综合生产能力已经稳定在 1.2 万亿斤以上的水平，这是农业的基本面。

当然，我们国家是一个自然灾害多发的国家，在部分地区、在部分时候可能会出现减产或者歉收的情况。俗话说，东方不亮西方亮，我国幅员辽阔，局部减产并不代表全国层面上的情况。如果某些地方歉收，更要激发、振奋农民的精神夺丰收，在其他方面以丰补歉。通过举办"中国农民丰收节"，既可以提振信心，又可以为农民增收搭建一个平台。

🎤 **韩长赋：**

如果有地方歉收了，那更要振奋精神，抗灾夺丰收。

📷 **新华通讯社记者：**

"中国农民丰收节"设在农历秋分，现在距离秋分还有三个月时间，农业农村部将如何组织筹备这个节日？谢谢。

🎤 **韩长赋：**

你提的这个问题也是我们现在思考的。我前面说道，这是第一个农民的节日，而且今年又是第一年举办，一定要搞好。最近，农业农村部按照党中央、国务院的要求，在研究这个问题。我们将会同有关部门，做好组织指导工作。总的考虑是，办好这个节要做到"四个坚持"。

一是要坚持因地制宜办节日。鼓励各地从实际出发，结合当地的民俗文化、农时农事，组织开展好农民群众喜闻乐见的活动，做到天南地北、精彩纷呈。突出地方特色，不搞千篇一律。我刚才讲，不会搞全国统一的规定动作，而是让地方去创造。

二是坚持节俭热烈办节日。乡村风情不在奢华，办好"中国农民丰收节"，既要有节日的仪式感，又要避免铺张浪费，要形成上下联动、多地呼应、节俭朴素、欢庆热烈的全国性节日氛围。我相信农民办节，一定会节俭，而且一定会很热闹。

三是坚持农民主体办节日。农民是丰收节的主体，农民广泛参与是关键，这是亿万农民的节日。所以，我们支持鼓励农民开展与生产生活生态相关的丰富多彩的活动，让农民成为节日的主角，农民的节日农民乐。

四是坚持开放搞活办节日。"中国农民丰收节"是综合性的节日，既是农民的节日，也向其他社会群体开放。所以，要用开放思维办节日，组织开展亿万农民庆丰收、成果展示晒丰收、社会各界话丰收、全民参与享丰收、电商促销助丰收等各具特色的活动，还要举办各种优秀的农耕文化活动，让全社会、全民都感受到丰收的快乐。

我们相信，在中央有关部门的指导下，在地方党委、政府的指导和支持下，"中国农民丰收节"一定能够办成农业的嘉年华、农民的欢乐节、丰收的成果展、文化的大舞台。当然，今年是首届，要探索、要创新、要积累经验。我相信，在各方面努力下，尤其是有农民的参与和创造，"中国农民丰收节"一定会越办越好。我相信，"中国农民丰收节"在全中国、全世界，一定会成为一个节庆的大品牌。谢谢。

🎥 农民日报记者：

我国幅员辽阔、民族众多，很多地方和民族都有自己庆祝丰收的传统，请问举办"中国农民丰收节"，是否意味着要取消地方的这些活动？

🎤 韩长赋：

你讲全国节日和地方节日的关系，这个问题也请潘显政同志回答。

🎤 潘显政：

谢谢你的提问。在举办"中国农民丰收节"的同时，我们认为各地区、各民族庆祝丰收的这些活动，还是应该继续保留和传承，这些活动对推动农业发展和社会进步都起到了积极作用，是我们国家农耕文化的重要组成部分，不能因为办了统一的国家级节日，就把这些淡化和取消了，两者不是替代关系。继承和弘扬各地庆丰收的传统，有利于弘扬中华优秀传统文化，增进民族团结和区域交流，这和设立"中国农民丰收节"的目的是一致的，各方面可以互动。概而言之，不会取消，要相得益彰。

📷 中央广播电视总台央广记者：

举办"中国农民丰收节"的过程中，我国一些龙头企业应该发挥什么样的作用。这样的节日会不会成为龙头企业招商引资合作的舞台。谢谢。

🎤 韩长赋：

举办"中国农民丰收节"，是开放搞活的一个节日。这些年来，我国农村改革的一个重大成果，就是新型经营主体大量涌现，家庭农场、农民合作社，包括你说的龙头企业，现在全国大概有 300 万家，国家级和省级龙头企业有上万家。这些企业作为农业产业的龙头，采取"公司＋农户""公司＋合作社"等多种方式，已经深度融入农业产业化、农业产业链和现代农业发展。现在讲农村一二三产业融合，电商是重点，通过电商扶贫、电商助农，既帮助农民销售农产品、增加收入，企业本身也实现了自身利益。所以，这些新型经营主体，包括你关注的龙头企业，他们是"中国农民丰收节"的重要参与者，我们欢迎并鼓励他们通过参与"中国农民丰收节"，与农民形成更广泛的联系，包括在庆祝丰收节的过程中，推动农产品的加工、销售，把新技术、新信息、新管理带进农村，把农产品、农村劳动力带进市场、带进城市，这都是我们支持的。我想这些农业新主体，包括其他方面的企业和有关涉农方面的企业，我们都欢迎他们参与"中国农民丰收节"。谢谢。

📷 袭艳春：

大家还有没有感兴趣的问题？如果没有的话，在结束之前，我们再请韩部长给大家讲两句。

🎤 韩长赋：

我再说两句。第一句，还是感谢媒体朋友们对"三农"的关注，感谢大家带着感情支持"三农"。第二句，党中央、国务院高度重视"三农"工作，习近平总书记提出了一系列关于"三农"工作的新理念、新思想、新论断。最近，中央对"三农"工作做出了一系列重大决策部署，包括党的十九大提出的实施乡村振兴战略，坚持农业农村优先发展，也包括今天我们在这里发布的设立"中国农民丰收节"。当然，还有一系列强农惠农政策，包括在这一轮党和国家机构改革中组建农业农村部，并且把中央农办设在农业农村部，进一步加强党对"三农"工作的集中统一领导，加强农村工作、农村发展，加强农村政策的制定和全面深化农村改革，加强农业转型升级、高质量发展，加强脱贫攻坚、农民增收，补短板、强弱项，使亿万农民尤其是还在贫困中的农民同步进入小康，等等。这些重大决策，为新时代"三农"工作指明了方向，提供了动力。农业农村部将按照党中央、国务院的部署，抓好贯彻落实，开创"三农"工作新局面，为广大农民增加更多的获得感、幸福感、安全感。感谢大家的支持，谢谢！

◎ 袭艳春：

　　再次感谢韩长赋先生，感谢潘显政先生，也谢谢大家。听了韩部长的介绍，我们可以更多地聚焦农业农村工作，也让我们共同期待首个"中国农民丰收节"的到来。谢谢，今天的发布会到此结束。

刘健／摄

5.《关于打赢脱贫攻坚战三年行动的指导意见》新闻发布会

《关于打赢脱贫攻
坚战三年行动的
指导意见》发布会

一、基本情况

时间	2018 年 8 月 20 日（星期一）上午 10 时	
地点	国务院新闻办公室新闻发布厅	
主题	解读《关于打赢脱贫攻坚战三年行动的指导意见》	
发布人	中央农村工作领导小组办公室副主任、农业农村部副部长	韩　俊
	国务院扶贫开发领导小组办公室副主任	欧青平
主持人	国新办新闻局副局长、新闻发言人	袭艳春

二、现场实录

袭艳春：

女士们、先生们，上午好。欢迎大家出席国务院新闻办公室新闻发布会。今天，非常高兴地邀请到中央农村工作领导小组办公室副主任韩俊先生和国务院扶贫开发领导小组办公室副主任欧青平先生，请他们为大家介绍《中共中央　国务院关于打赢脱贫攻坚战三年行动的指导意见》有关情况，并回答大家的提问。下面，先请韩俊先生作介绍。

🎤 **韩俊：**

女士们、先生们，大家上午好！昨天，新华社受权播发了《中共中央　国务院关于打赢脱贫攻坚战三年行动的指导意见》（以下简称《指导意见》），这个《指导意见》对今后三年的脱贫攻坚工作做了全面部署。下面，我向大家简要通报有关情况。

元绍达／摄

首先，介绍《指导意见》出台的背景。

党的十八大以来，以习近平同志为核心的党中央把贫困人口脱贫作为全面建成小康社会的底线任务和标志性指标，举全党全国全社会之力，采取超常规的举措，全面打响脱贫攻坚战。习近平总书记亲自部署、亲自挂帅、亲自出征、亲自督战，脱贫攻坚工作以前所未有的力度推进。经过几年的努力，已经取得决定性进展。贫困人口减少6 853万，贫困县摘帽100多个，贫困地区群众生产生活条件明显改善，贫困群众收入水平明显提高、获得感明显增强，中国特色的脱贫攻坚制度体系不断完善，创造了我国减贫史上的最好成绩，谱写了人类反贫困史上的辉煌篇章。

我国脱贫攻坚面临的任务仍然十分艰巨。未来三年，3 000万左右农村贫困人口需要脱贫，越往后难度越大，平均每年需要减贫1 000万人以上。扶贫工作中还存在责任不落实、工作不到位、措施不精准、形式主义官僚主义、数字脱贫虚假脱贫、扶贫资金违纪违规使用等问题。

党的十九大把脱贫攻坚、把精准脱贫作为决胜全面建成小康社会必须要打好的三大攻坚战之一，作出了新的部署。为了全面贯彻落实党的十九大精神，根据各地区、各部门贯彻《中共中央　国务院关于打赢脱贫攻坚战的决定》过程中出现的新情况、新问题，中央决定出台《指导意见》，进一步完善顶层设计、强化政策措施、加强统筹协调，以便推动脱贫攻坚工作更加有效开展，确保如期实现脱贫攻坚的目标任务。

其次，关于《指导意见》的主要内容。

这个《指导意见》是今后三年脱贫攻坚工作的一个纲领性文件，明确了各项工作的时间表和路线图。《指导意见》明确了打赢脱贫攻坚战三年行动的工作要求，提出必须要做到"七个坚持"，也就是：要坚持严格执行现行扶贫标准，坚持精准扶贫精准脱贫基本方略，坚持把提高脱贫质量放在首位，坚持扶贫同扶志扶智相结合，坚持开发式扶贫和保障性扶贫相统筹，坚持脱贫攻坚与锤炼作风、锻炼队伍相统一，坚持调动全社会扶贫积极性。

《指导意见》提出，实施好打赢脱贫攻坚战三年行动，一要进一步完善顶层设计。特别是强调我们的各项政策要聚焦深度贫困地区和特殊贫困群体，要着力改善贫困地区的发展条件，着力解决深度贫困地区群众的特殊困难，着力加大对深度贫困地区各项政策的倾斜力度。二要进一步强化政策措施。《指导意见》提出要从十个方面强化各项到村到户到人的精准帮扶举措。这十个方面是：加大产业扶贫力度，全力推进就业扶贫，深入推动易地扶贫搬迁，加强生态扶贫，着力实施教育脱贫攻坚行动，深入实施健康扶贫工程，加快推进农村危房改造，强化综合性保障扶贫，开展贫困残疾人脱贫行动，开展扶贫扶志行动。《指导意见》提出要从四个方面加快补齐贫困地区基础设施的短板，即加快实施交通扶贫行动，大力推进水利扶贫行动，大力实施电力和网络扶贫行动，大力推进贫困地区农村人居环境整治。三要进一步加强统筹协调。《指导意见》提出要加强和改善党对脱贫攻坚工作的领导，加强财政、金融、土地、人才和科技等各个方面的支撑保障，动员全社会力量合力攻坚。

最后，关于贯彻《指导意见》的工作安排。

习近平总书记就打赢脱贫攻坚战三年行动作出重要指示，李克强总理作出批示，要求各级党委和政府把打赢脱贫攻坚战作为重大政治任务，明确责任、尽锐出战、狠抓实效。国务院扶贫开发领导小组已对贯彻落实《指导意见》作出具体安排部署。下一步，我们将认真贯彻习近平总书记关于扶贫工作的重要论述，根据党中央、国务院的决策部署，坚持中央统筹、省负总责、市县抓落实的工作机制，旗帜鲜明地抓落实，突出问题导向，优化政策供给，下足绣花功夫，压实攻坚责任，加强作风建设，打造过硬的脱贫攻坚工作队伍，强化各项支持保障措施，完善脱贫攻坚督战机制，扎扎实实把脱贫攻坚各项举措落到实处，切实提高贫困人口的获得感，确保到 2020 年贫困地区的群众同全国一道进入全面小康社会。

我就介绍到这儿。下面，我和我的同事欧青平先生愿意回答媒体朋友的提问。

袭艳春：

感谢韩俊先生的介绍。下面开始提问，提问前请通报所在的新闻机构。

中央广播电视总台央视记者：

这两年通过脱贫攻坚的努力，很多贫困户和贫困县都已经退出贫困序列。现在看到在农村贫困人口中大多数都是缺乏劳动能力的老弱病残特殊群体，扶贫攻坚工作中保障性扶贫的比重越来越大。请问，对于他们这些特殊群体，今后在顶层上如何设计？谢谢。

🎙 欧青平：

首先，非常感谢新闻媒体各位朋友对脱贫攻坚工作的高度关注和支持。正如刚才这位记者朋友提到的，未来三年还有3 000多万贫困人口需要脱贫。根据建档立卡的数据分析，这3 000多万建档立卡贫困人口中大多数都是老病残等特殊群体。按照建档立卡的数据，当前建档立卡贫困户中因病、因残致贫比例分别超过40%、14%，65岁以上的老年人的比例超过16%。而且随着脱贫攻坚进程的不断深入，这些特殊贫困群体的比例还会越来越高，他们的贫困程度很深，减贫的成本非常高，脱贫的难度也很大。习近平总书记反复强调，对贫困人口中完全或部分丧失劳动能力的人，由社会保障来兜底，确保他们病有所医、残有所助，基本生活有保障，实现脱贫。

应该说在农村这些特殊贫困群体，无论是老年人、残疾人还是病人，很多都不具备自我发展能力和条件，也就是我们经常讲的无业可扶，没有产业能带动，同时自己也无力脱贫，所以开发式扶贫难以发挥作用。必须调整攻坚的打法，从以开发式扶贫为主向坚持开发式和保障性扶贫相统筹转变，这也是这次中央文件提出的明确要求。同时要明确的是，保障性扶贫并不是对剩下的贫困人口采取低保一兜了之的方式，而是重点针对那些完全丧失劳动能力或部分丧失劳动能力，且无法依靠产业就业帮扶脱贫的贫困人口，建立以社会保险、社会救助、社会福利制度为主体，以慈善帮扶、社工助力为辅助的综合保障体系。通过这些综合措施来实现对他们的兜底保障。

为了做好综合性保障扶贫工作，《指导意见》也提出了一系列的政策举措。一是加强养老保障。包括完善城乡居民基本养老保险制度，对所有符合条件的贫困人口由地方政府按规定为他们代缴养老保险费。二是深入实施健康扶贫工程。文件中明确将贫困人口全部纳入城乡居民基本医疗保险、大病保险和医疗救助的保障范围。加大医疗救助和其他保障政策帮扶力度，切实降低贫困人口就医负担。贫困人口因病致贫其中有一个最重要的原因就是看病支出负担太重。通过三项措施，基本医保、大病保险和医疗救助，降低他们就医支出负担。三是保障住房安全。特别是通过加快易地扶贫搬迁和农村危房改造等措施解决贫困群体的住房安全，同时我们也鼓励通过闲置农房的置换或长期租赁方式，解决他们的基本住房安全问题。四是推进农村低保和扶贫开发两项制度衔接。既要健全农村低保对象的认定方法，将符合条件的贫困人口全部纳入低保范围，同时还要加强农村建档立卡工作和农村低保对象的认定这两项工作的相互衔接。五是保障义务教育。特别是加大控辍保学的工作力度，确保贫困家庭适龄学生不因贫失学辍学。文件中还明确全面推进贫困地区义务教育薄弱学校改造工作，重点加强乡镇寄宿制学校和乡村小规模学校建设，确保所有义务教育学校达到基本办学条件。通过这些综合性的保障措施来确保贫困地区这些特殊贫困人群完全能实现兜底，得到保障。谢谢。

新华通讯社记者：

有两个问题。第一，《指导意见》当中明确提出要严格执行现行扶贫标准，请问这出于什么考虑？第二，《指导意见》有哪些突出亮点？请介绍一下。

韩俊：

你这两个问题，第二个问题很大，我先回答第一个问题。

关于扶贫标准的问题。无论是在学术界还是在实际工作部门，大家都经常提出这个问题，为什么我们反复强调要严格执行现行扶贫标准？2015年，中共中央、国务院制定了《关于打赢脱贫攻坚战的决定》（以下简称《决定》），现在我们脱贫攻坚工作的总遵循就是这个《决定》。这个《决定》明确提出，到2020年要稳定实现农村贫困人口不愁吃、不愁穿，义务教育、基本医疗、住房安全有保障，贫困地区基本公共服务主要领域的指标要接近全国平均水平。现在的脱贫攻坚工作，衡量贫困人口是不是脱贫的标准是"两不愁、三保障"，即不愁吃、不愁穿，义务教育、基本医疗、住房安全有保障。这个标准在2015年制定《决定》的时候我们做了大量研究，请世界银行专家组一起评估，中国制定的扶贫标准在国际上是什么水平？世界银行派出了非常强的专家组，世界银行的观点认为中国制定的"两不愁、三保障"，包括贫困地区基本公共服务主要领域要达到全国平均水平，这个标准在国际上是一个不低的标准，他们甚至认为这是一个比较高的标准。我们也认为这个标准符合中国国情和承受能力。

我们严格按照"两不愁、三保障"这个标准来搞脱贫攻坚，如果实现了，是了不起的成就，也是不容易的。现在脱贫攻坚工作非常重要，重视程度非常高，一些地方自觉不自觉地把扶贫标准拔高了，甚至不同地区之间互相攀比看谁的标准高，对贫困户做了一些不切实际的承诺，设置的地方性考核指标明显超过了"两不愁、三保障"的标准，这样一来，就使得贫困户和非贫困户待遇差距太大。当时世界银行提出中国的脱贫攻坚工作一定要防止出现"悬崖效应"，如果贫困户和非贫困户享受的待遇差距太大，那就是"悬崖效应"。世界银行当时还明确提醒我们要防止陷入"福利陷阱"，指的是如果我们制定的"两不愁、三保障"标准被突破了，造成社会新的不公，可能有很多贫困户不愿意脱贫、不愿意摘帽。所以，随意拔高标准，一定会加大脱贫攻坚的难度，加大财政负担，也是不可持续的。如果将来兑现不了不切实际的承诺，党和政府的公信力也会受到损害。所以《指导意见》明确提出必须严格执行现行的扶贫标准。

"两不愁"在理解上比较清楚，"三保障"的内容需要准确把握。义务教育有保障，就是要保障贫困家庭的孩子能够接受九年制义务教育，确保他们有学上、上得起学，不是上什么学都包起来、都免费。基本医疗有保障，就是要保障贫困人口的基本医疗需求，确保贫困人口患了大病、慢性病等得到及时救治，他的医药费负担应该降低到合理水平，否则他会因病返贫、因病致贫，基本医疗有保障不是看什么病都不花钱。住房安全有保障，是保障贫困人口的住房基本条件，不是把他的房拆了盖大房、盖好房。所以"三保障"需要准确把握，一些地方在做的时候突破了这些政策底线和政策要求。另外，有些地方对贫困村、贫困县的退出，规定了很多硬性的验收指标，验收指标也存在层层加码的问题，有些指标确实与"两不愁、三保障"，以及基本公共服务主要指标接近全国平均水平没有太直接关系。为了完成这些硬性指标，一些贫困县确实尽力而为，但是没有量力而行，甚至不惜举债搞贫困村建设，有的贫困村一投就是一两千万，贫困村和非贫困村出现了"悬崖效应"，加剧了财政负担，不可持续。

当前脱贫攻坚工作，有条件的地方可以把工作做得更好，但是对群众的承诺必须坚持现行标准，做到言出必行、言而有信。按照党中央脱贫的要求，量力而行、尽力而为，也就是说既不能降低扶贫标准，打折扣搞变通，也不能擅自拔高标准，提一些不切实际的目标。文件明确提出要取消行业部门与脱贫攻坚无关的搭车任务。有的地方搭车任务很多，每个部门、每个行业都借脱贫攻坚提一些考核要求，现在要进行清理，取消超出"两不愁、三保障"

标准的考核指标。一些经济实力很强的省份没有国家的脱贫攻坚任务，制定了自己的扶贫标准，比国家标准要高得多，在精准扶贫上开展了很多自选动作，必须明确这是"地方粮票"，不是"全国粮票"，不是说中西部都要学经济发达省份，也把标准搞得这么高，这一点必须讲清楚，不能盲目攀比、不能形式浮夸。

此外，贫困人口解决了"两不愁、三保障"，并不是说我们的脱贫事业就万事大吉了。脱贫攻坚任务完成后，对相对落后地区和低收入人口肯定要采取一些扶持政策。下一步要做好今后三年的脱贫攻坚和三年以后的反贫困事业的有效衔接，做好脱贫攻坚与乡村振兴的有效衔接。今后三年，我们就是要把脱贫攻坚工作聚焦到"两不愁、三保障"上来，确保靶心不变、焦点不散，否则要完成脱贫攻坚任务就会非常困难。这是关于怎么看待现行扶贫标准的问题。

你问这个文件有什么亮点。这是一个三年行动的《指导意见》，最大的亮点是两个字"行动"。大家认真读一读，这个文件确实是沉甸甸的，每一项任务都有牵头部门、都有负责部门，是个行动指导意见。这个文件还根据前几年脱贫攻坚工作中出现的新情况、新问题，完善顶层政策设计，最核心的理念，是一定要聚焦深度贫困地区和特殊贫困群体。因为现在脱贫攻坚最难的就是深度贫困地区，所以说我们的各项政策对深度贫困地区都要倾斜，这是这个文件又一个突出的亮点。此外，我们特别强调要把脱贫攻坚的基础性工作做得更实，贫困户的识别、退出一定要做到精准。谢谢！

⬜ 中国日报记者：

现在一些基层扶贫干部反映比较强烈的一个问题是，在扶贫工作中检查评比多、填表报数多、压力大任务重，导致他们投入到扶贫工作中的精力有限。扶贫办有哪些具体措施解决这方面的问题？

🎤 欧青平：

这个问题确实有一段时间基层干部反映比较强烈。我们的媒体朋友们也反映比较强烈。在媒体上也都能看到大家报道基层干部对这方面情况的反映。

脱贫攻坚是我们党和政府的核心工作、重点工作，也引起了各级党委、政府的高度重视和关注。在中国任何一个事情受到了高度重视和关注，肯定在这方面受到的压力就比较大。脱贫攻坚以来，尤其是前一两年基层反映层层搞检查、迎评迎检、搭车考核检查等情况确实不少。由于层层检查、层层考核、层层评估，也导致基层干部忙于填表报数，给基层带来了不小负担。网上媒体也有反映，有些基层干部说一个月要填几十张表，一天要填十几张表。但是也要分析一下这个情况的来源，这是怎么造成的？一方面是层层传导压力，另一方面各个行业部门都在强化自己的工作，希望从基层能得到第一手的信息。针对基层干部的这些反映和新闻媒体的这些报道，这些年，特别是去年以来，国务院扶贫开发领导小组采取了强有力措施来解决这些问题。

一是开展扶贫领域作风建设年活动。中央明确 2018 年是扶贫领域作风建设年，扶贫开发领导小组部署开展扶贫领域作风问题专项治理，将精简考评检查、减少填表报数作为治理的重要内容。

二是明确提出了两个"不"的要求。扶贫领导小组明确除每年根据统一部署填报一次建档立卡信息数据以外，任何单位和部门不得以任何理由要求村级填报扶贫数据。建档立卡工作实际上是一年填报一次，每年搞一次动态调整，年底时由基层干部入村入户采集一次信息。我们发现有些地方层层加码，变成了每个月都要让基层干部到农户家里采集他的相关信息，包括他买了几条烟、几瓶酒。说实在的这些数据采集上来以后也不能完全反映农民收入情况。毕竟农民对自己的收入情况不是特别掌握，这些不是特别有效的工作手段，我们现在坚决制止，一年只允许入村入户采集一次。第二个"不"，除了党中央、国务院确定的督查巡查、考核评估外，国务院扶贫开发领导小组不再组织其他检查考评。在去年以前还有一些行业部门每年也组织搞一些行业的评估检查，今年以后全部取消。

三是指导地方精简考核评估。严禁各地多头考核、层层考核、搭车考核。行业部门的考核工作任务也比较多，现在明令严禁搭车考核，并要求各地改进省市两级对县及县以下扶贫工作的考核，原则上每年对县的考核不超过两次。未经省里批准，市级以下不得开展第三方评估。

四是加强信息共享。为什么填表报数这么多，行业部门条条的下去，要求基层填表报数，实际很多填的表、报的数都是重复的。通过数据共享、大数据平台就能够比较好地解决这个问题。目前国务院扶贫办正按照国务院要求进一步完善扶贫开发大数据平台建设。现在已经和十几个部门建立了数据的经常性比对和交换，通过这个手段也能减少基层负担。

根据我们掌握的情况，去年下半年以来，总体上基层检查、评比、填表报数总量呈逐步减少趋势，检查多填表多的问题得到初步遏制。这个问题的解决也是长期的过程，所以《指导意见》对切实解决基层疲于迎评迎检的问题作出了安排，针对各地反映的考核评估、督查检查过于频繁问题，初步考虑从明年开始对省级党委政府扶贫开发成效考核结束以后，中央向地方反馈考核结果，在一定时间内暂停各级、各类的考核评估督查检查活动，让地方特别是让基层有充足的时间研究问题、查找原因、整改工作。通过这些措施我们能有效遏制形式主义的泛滥，让基层干部有更多时间承担起帮扶的责任和帮扶的工作。谢谢。

📷 **路透社记者：**

最近有一些人士称中央的扶贫工作设定了到 2020 年的目标，使得可能出现一些比较短视的行为。一些专家和学者表示他们想提出一些扶贫工作的新理念以及一些意见，但没有充足空间来做这件事。您是否同意这个说法？

🎤 **韩俊：**

我们明确脱贫攻坚是一项重大政治任务。为什么说它是一项重大政治任务？到 2020 年中国要全面建成小康社会，我们最大的短板在农村，最突出的短板是农村地区的贫困人口。全面建成小康社会，如果这个短板不补上，我们的目标就会落空。您刚才提到我们太集中于 2020 年的目标，有些人认为我们设定的目标太短期化。这个问题要客观看待。2015 年我们制定了五年的政策蓝图，当时提出来的目标，包括现在新的政策性意见提出的要求非常清楚，不是说到 2020 年中国的反贫困、减贫工作就划句号了，只能划分号，到 2020 年我们解决的是农村的绝对贫困，解决相对贫困则将贯穿于整个现代化的全过程。我们的脱贫攻坚工作是长短结合，到 2020 年的目标，我们制定了详细的政策蓝图。长期来看，2020 年以后中国的反贫困事业还会继续向前推进，我们会制定新的战略、新的政策蓝图。《指导意见》已经提出，要抓紧制定 2020 年以后的减贫战略，我们现在就在做这项工作。所以，说我们的脱贫攻坚太短视化了，这是不正确的，我们有短期的考虑，也有长远的考虑。

刚才您提到很多专家学者试图提出扶贫工作的新理念、新建议，他们没有足够的空间。我不太了解有多少专家学者持有这样的观点。我本人、我们这个机构从2015年以来参与了所有政策的制定，在政策制定过程中、政策实施过程中，我们和国内、国外研究扶贫的专家有大量的交流，我们有非常通畅的渠道，我们有很多很好的平台让他们发表意见，我们听取他们的意见。现在很多专家学者提出中国应该借鉴多维减贫的理念，我们的脱贫攻坚标准，就是典型的国际上的多维减贫理念的生动实践，不局限于单纯的收入标准，"两不愁、三保障"就是多维的减贫理念。我们在制定政策蓝图时和世界银行一些权威专家深入交换意见，我们还认认真真研究了国外许多专家好的意见，比如安格斯·迪顿的意见，他得过诺贝尔经济学奖，他是研究贫困监测的。在中国脱贫攻坚政策制定和实施过程中，我们有足够的空间、有通畅的渠道来听取各个方面的意见，我们在这方面是非常开放的。

📷 经济日报记者：

关于贫困群众返贫的一个问题。最近几年经过努力全国减贫了6 800多万人，有100多个贫困县宣布减贫摘帽。这个成果确实非常巨大，但是我们在基层采访时发现，有个别贫困群众脱贫后又返贫了，请问全国这方面的情况是什么样的？在顶层设计上有什么措施来持续巩固脱贫成果？

🎤 欧青平：

党的十八大以来，我们累计减少贫困人口6 853万，年均减贫人口达到1 370万，创造了我国减贫历史上的最好成绩。刚才韩主任也提到，十八大以来我们借鉴了国际上的先进经验，建立了一套比较完善的以多维减贫为基础的扶贫识别体系，对贫困人口进行建档立卡、精准识别，并加强了对返贫问题的监测和研究。按照建档立卡数据分析，目前全国贫困人口中返贫的数量不是特别大。比如2016年以前脱贫的人口中，在2016年返贫的人口有60多万，2017年返贫的人口只有20万，总体上呈现逐步减少趋势。我们也分析了为什么贫困人口出现返贫的原因。一个方面是脱贫不稳定导致返贫，换句话说当时脱贫就没有真正地脱贫。比如说以前个别的地方还存在算账脱贫、数字脱贫的问题。通过算账算出去了，这些当年就不能算真正脱贫，这些人还是要作为返贫纳入回来。另一方面是偶发因素导致返贫，偶发因素最多的就是因病返贫，病的问题始终是农村减贫工作面临的比较大的障碍。现在不仅仅是返贫是因病造成，还有很多是因病造成了新的致贫。每年建档立卡做动态调整的时候，每年都有一些新发生的贫困人口纳入到建档立卡范围里面来，大部分都是因病还有因残也有因灾的，但因病比例最多。

怎么防止脱贫人口重新返贫，我们认为最重要的是把提高脱贫质量放在首位，扎扎实实做好基础性的工作。《指导意见》也明确要加强建档立卡的动态管理，进一步摸清脱贫底数和返贫底数，做到"脱贫即出、返贫即入"。脱贫就标注出去，返贫了再纳入到帮扶范围之内。同时更要注重帮扶的长期效果，夯实脱贫致富的基础，不能急功近利、好高骛远。所以说现在的脱贫既要经得起巡查督查，更要经得起2020年要开展的普查，不能一搞普查，问题就出来了，说远一点，必须经得起历史和实践检验。

为了持续巩固脱贫的成果，防止脱贫人口返贫，《指导意见》提出了一系列的明确要求。一是要严把退出关。防止没有稳定实现"两不愁、三保障"的贫困人口因为数字脱贫、算账脱贫把他算出去，始终把提高脱贫质量放在首位，瞄准脱贫目标，严把脱贫标准，规范退出程序，坚决防止急功近利、弄虚作假、搞突击脱贫，我们认为最重要一条是提高脱贫质量。解决了"两不愁、三保障"还要考虑产业和就业的问题，这是解决稳定脱贫的最根本出路。二是要建立防止因病致贫返贫的长效保障的机制。刚才都已经讲了，通过完善大病保险、医疗救助等各方面制度。各地还在探索为贫困人口再上一份商业补充医疗保险，再加一道闸门，切实减轻他的医疗支出负担。三是要坚持脱贫不脱政策。文件明确要求贫困人口退出后一段时间内帮扶政策不变、力度不减，巩固脱贫效果，实现稳定脱贫防止返贫。

通过以上措施，我们相信到2020年我们能有效地防止大规模的返贫。但是几个甚至几十个、几百个都不出现，这不可能。那么怎么做好我们的工作，完善我们的兜底保障制度，只要发现有返贫的，就及时纳入进来进行帮扶，这样到2020年就能做到"不落下一个贫困人口"。谢谢。

📷 **中国国际电视台记者：**
我在贫困地区采访时经常看到当地在实施一些扶贫产业政策，像是产销对接、营销帮扶，但是也存在一些薄弱环节，比如我们看到好多好的农产品出现卖不出去或者卖不到好价钱，对此有什么对策？谢谢。

🎤 **韩俊：**

这个问题我来回答。从我们了解的情况来看，现在各地在脱贫攻坚工作中都高度重视产业扶贫，帮助贫困群众上了不少的种养业项目，生产搞起来了，产品有的已经上市，有些即将上市，怎么把这些产品卖出去，卖出好价钱，需要认真谋划。目前贫困地区生猪、牛羊、家禽等养殖业，果品蔬菜等种植业的生产规模迅速扩大。一个区域内同类产品扎堆，产业发展确实存在单一化、雷同化的倾向。近期看，一些产品前景还是不错的，增收效果也比较明显。但有一些产品已经出现供给过剩，现在有一些贫困地区已经出现价格下跌、滞销、亏本，长期来看，许多产品的销路难问题可能会进一步凸显。脱贫攻坚首先要把产业搞好，确保产得出卖得出、产得好卖得好，解决这个问题，从根本上要强化市场导向，根据市场需求，因地制宜地调整这个地区的种养业结构，培育"一村一品"，扶贫产业不能盲目跟风，不能一哄而上。政府在这个过程中需要加强信息服务、技术服务、资金服务、营销服务，但是不能大包大揽。最理想的方式是让农民跟着市场走，而不是跟着政府走。这方面的教训是比较多的。

农民跟着市场走需要一个过程。我们需要常规措施和应急措施并用，多措并举来解决贫困地区农产品卖难问题。抓产业扶贫不能够只抓生产不抓市场，要生产、市场两手抓，也就是说生产、技术、资金服务都要跟上，市场营销服务也要跟上。《指导意见》提出要拓宽农产品销售渠道，加强产销衔接，并做了明确政策部署。从各地实践来看，加强产销衔接关键是要发挥市场主体的作用，比如说要组织农业龙头企业和农民合作组织这些新型经营主体与贫困户建立合同购销关系，形成市场带动的关系，确保贫困户产出来的东西有人收，能够卖得出。我们大力发展农村电商、农超对接，加快推进"快递下乡"工程，供销、邮政、电商企业服务网点要加快向贫困地区覆盖，为贫困地区农产品出村进城创造条件。要大力推广以购代捐的新扶贫模式，从一些机构定点扶贫的情况看，我们的党政机关、事业单位、企业、学校、医院这些单位到贫困地区，特别是定点扶贫地区购买农产品，产销挂钩非常直接。我们把它称之为以购代捐，这是一种消费扶贫的方式，效果比较直接，可以加快推广。

要加快贫困地区贮藏、保鲜、烘干、加工、冷链物流等配套设施建设，优化上市时间，延长产业链条，提升价值链，这样就可以为农产品的销售创造更好条件。我想通过采取这样一些综合性措施，农产品卖难问题是可以解决的。谢谢！

袭艳春：

韩主任说看到还有记者举手，考虑再加一个问题，我们再增加一个提问机会。

中国新闻社记者：

我们观察到现在基层反映较多的是一些贫困地区的农民争当贫困户，一些当上贫困户的群众不愿意脱贫，想问对此有哪些措施？

韩俊：

我们每年都在全国范围内开展扶贫督导巡查。现在贫困户享受的政策优惠比较多，你反映的争当贫困户的现象确实是存在的。比如说有个别农户的儿女不承担赡养老人的义务，把老人分户出去，因为贫困户是按户建档立卡的，老人当着贫困户，住老房子、破房子，享受贫困户待遇。各地在贫困人口建档立卡工作当中，为了防止有些农户争当贫困户，提高建档立卡贫困识别的精准度，可以说想出了各种各样的办法，防止出现优亲厚友，防止一些农户隐瞒他的收入和家庭状况被错评为贫困户。我想大家比较清楚，你到一个村里调查谁是贫困户，很难算清他的收入是多少，因为农民不记账，自己也搞不清楚一年赚多少钱，贫困不是算收入算出来的。但是到村里看哪一家生活条件怎么样，谁家经济是不是困难，是可以看出来的，街里街坊心里一清二楚。所以我们实际工作中在确定谁是贫困户的时候是把"两不愁、三保障"分解为很多看得见的指标来做综合判断，多数村庄还要让村民进行民主评议。2014年全国范围内建档立卡，2015年开展"回头看"，现在每年都进行动态更新和调整。全国有的省份"回头看"已经开展了两轮。从扶贫的督查巡查、调查暗访、第三方评估提供的信息来看，现在贫困户错评漏评比例已经很低了。这次中央发布的《指导意见》要求进一步加强建档立卡工作，抓紧完善扶贫开发的大数据平台，强化政府各个部门信息的有效对接。通过扶贫信息的共享可以及时剔除不符合条件的贫困户。经过这两年的摸索，采取各种措施，现在你不符合条件，想争当贫困户，越来越难了。

你提到一些人当了贫困户不愿意脱贫。这个问题也是存在的。因为贫困户退出他个人要签字，我们经常到贫困地区调研，每到一个村就问村干部，这个贫困户愿意不愿意签字。可以说绝大多数的贫困户心服口服地签字，也有极个别的贫困户符合退出要求但不愿意退出，这种情况也是存在的。当前脱贫攻坚工作中各地确实存在一定比例的贫困户，安于现状什么都不想干，认为扶贫是干部的事，"等、靠、要"思想严重，存在"干部干、群众看"这种现象。这些行为会助长不劳而获的不良风气，也挫伤了基层干部扶贫工作的积极性。我们也认识到一些地方扶贫方式过于简单化，为了赶进度、图省事，送钱送物，有的地方干脆让贫困人口都吃低保，一兜了之。这些扶贫方式也助长了不良风气。贫困群众毫无疑问是扶贫对象，但也是脱贫致富的主体。我们做好精准扶贫工作必须要坚决克服"等、靠、要"思想，扶贫政策不能养懒汉。如果我们的扶贫政策把懒汉都养起来，就会破坏社会规则。党和政府公信力也会受到影响。所以我们必须坚决避免我们的扶贫政策养懒汉。

《指导意见》强调要坚持扶贫和扶志、扶智相结合，强化脱贫光荣导向，要更加注重培养贫困群众依靠双手实现脱贫致富的意识，真正变"要我脱贫"为"我要脱贫"，也就是要培育他们的内生动力。在具体措施上：一是加强教育引导，开展扶智教育活动，治贫要先治愚、治贫必须治懒，要引导贫困群众增强脱贫主体意识，这方面有的地方创办了农民夜校、讲习所，通过这些平台弘扬自尊、自爱、自强精神，各地可以大力推广；二是要改进扶贫方式，扶贫项目要让贫困群众多参与，动员贫困群众更多地投工投劳、多劳多得，不能提倡不劳而获，对绝大多数有劳动能力的贫困人口不能通过发钱发物的方式帮扶，对完全丧失劳动能力或者部分丧失劳动能力的人口必须通过保障兜底，但对大多数有劳动能力的贫困群众应该鼓励通过劳动实现脱贫致富；三是进一步激发贫困群众的内生动力，要实现这个目标关键还是要让他们有技能，可以发展产业，可以就业，提高他们的综合素质，同时要把不履行赡养老人义务、虚报冒领扶贫资金、严重违反公序良俗的人列入失信名单，加大惩戒力度。脱贫攻坚一定要应扶尽扶，能够通过就业来脱贫就要应扶尽扶，还要应保必保，这样才能体现社会公平。谢谢。

📷 **袭艳春：**

再次感谢两位发布人，也谢谢大家，今天的发布会到此结束。

张馨／摄

6.《乡村振兴战略规划（2018—2022 年）》新闻发布会

一、基本情况

时间	2018 年 9 月 29 日（星期六）上午 10 时
地点	国务院新闻办公室新闻发布厅
主题	解读《乡村振兴战略规划（2018—2022 年）》
发布人	国家发展改革委副主任　　　　　　张　勇（正部级） 农业农村部副部长　　　　　　　　余欣荣
主持人	国新办新闻局局长、新闻发言人　　胡凯红

《乡村振兴战略规划（2018—2022 年）》新闻发布会

二、现场实录

胡凯红：

女士们、先生们，大家上午好，欢迎大家出席国务院新闻办公室举办的新闻发布会。今天这场新闻发布会是我们新的新闻发布厅举办的首场新闻发布会，将来我们会为大家提供更多、更好的服务。今天我们很高兴请来了国家发展改革委副主任张勇先生，农业农村部副部长余欣荣先生，请他们向大家介绍《乡村振兴战略规划（2018—2022年）》的有关情况，并回答大家的有关提问，下面先请张主任作介绍。

🎤 **张勇：**

女士们、先生们，各位新闻界的朋友，大家上午好。

实施乡村振兴战略，是党的十九大作出的重大决策部署。习近平总书记强调，乡村振兴是一盘大棋，要沿着正确方向把这盘大棋走好，必须规划先行，科学制定乡村振兴战略规划。遵照党中央、国务院决策部署，依据2018年中央1号文件，国家发展改革委牵头会同有关部门编制了《乡村振兴战略规划（2018—2022年）》（以下简称《规划》），《规划》已由中共中央、国务院印发实施。经授权，新华社已全文公布了《规划》。现在我向大家作一个简要的介绍。

除前言外，《规划》共11篇37章107节，设置1个指标专栏和15个任务专栏，是实施乡村振兴战略的第一个五年规划。

《规划》以习近平新时代中国特色社会主义思想为指导，深入贯彻党的十九大和十九届二中、三中全会精神，在全面总结农业农村发展历史性成就和历史性变革的基础上，科学研判经济社会发展趋势和乡村演变发展态势，围绕农业农村现代化的总目标，坚持农业农村优先发展的总方针，按照分三个阶段实施乡村振兴战略的部署，设定了阶段性目标。明确了今后五年的重点任务，提出了22项具体指标，其中约束性指标3项、预期性指标19项，首次建立了乡村振兴指标体系。同时，《规划》还对到本世纪中叶的乡村振兴目标，分两个阶段作了远景谋划。

《规划》坚持乡村振兴与新型城镇化双轮驱动，对如何统筹城乡发展空间、优化乡村发展布局、打好精准脱贫攻坚战提出了要求，并按照集聚提升、城郊融合、特色保护、搬迁撤并4种类型，明确了分类推进乡村振兴的方法和步骤。

《规划》坚持乡村全面振兴。按照产业兴旺、生态宜居、乡风文明、治理有效、生活富裕的总要求，围绕推动乡村产业、人才、文化、生态和组织振兴，抓重点、补短板、强弱项，对加快农业现代化步伐、发展壮大乡村产业、建设生态宜居的美丽乡村、繁荣发展乡村文化、健全现代乡村治理体系、保障和改善农村民生等作了明确安排，部署了82项重大工程、重大计划、重大行动。围绕乡村振兴"人、地、钱"等要素供给，提出了推动城乡融合发展、加快城乡基础设施互联互通、推进城乡基本公共服务均等化的政策举措。

为确保《规划》目标任务落实落地，《规划》从落实各方责任、强化法治保障、动员社会参与、开展评估考核等方面提出了明确要求。同时，从聚焦阶段任务、把握节奏力度等方面，对梯次推进乡村振兴作了部署，强调既尽力而为、又量力而行，有序实现乡村振兴。

我就介绍到这里。谢谢大家。

📷 **胡凯红：**

谢谢张主任，下面请余欣荣副部长作介绍。

🎙 **余欣荣：**

女士们、先生们，新闻界的朋友们，大家好！很高兴在这里和媒体朋友们见面，感谢各位长期以来对"三农"工作和乡村振兴的关注支持。刚才张勇副主任系统介绍了规划编制背景和规划框架，我简要再做一补充。

实施乡村振兴战略，是党中央从党和国家事业全局出发、着眼于实现"两个一百年"奋斗目标、顺应亿万农民对美好生活向往作出的重大决策。党的十九大以来，习近平总书记多次作出重要讲话和指示批示，深刻阐述了实施乡村振兴战略的内涵要求、方向道路、工作布局、基本任务和原则要求，9月21日中央政治局专门以实施乡村振兴战略为主题进行集体学习，习近平总书记发表重要讲话，为新时代做好"三农"工作、推进乡村振兴提供了根本遵循和行动指南。9月26日《乡村振兴战略规划（2018—2022年）》对外发布，

张馨／摄

党中央、国务院采取的一系列重大举措，对指导全国各族人民更好地推进乡村振兴战略实施，将具有重要的现实意义和历史意义。

《规划》细化实化了乡村振兴各项工作，部署了一系列重大工程、重大计划和重大行动，是推进实施乡村振兴战略的总蓝图、总路线图。相信《规划》的发布实施，必将不断开创新时代乡村振兴的新局面。

农业农村部将与国家发改委一道，围绕《规划》部署要求，真抓实干，扎实工作，努力把党管农村工作的要求落到实处，把坚持农业农村优先发展的要求落到实处，充分调动农民主动性积极性，一件事情接着一件事情办、一年接着一年干，把规划蓝图变为现实，让广大农民在乡村振兴中有更多获得感、幸福感、安全感。

◉ 胡凯红：

谢谢余欣荣副部长。下面开始提问，提问之前，还是按惯例先通报一下所代表的新闻机构。

我们注意到这次发布的《规划》是国家层面实施乡村振兴战略的第一个五年规划，这与今年中央1号文件有着怎样的关系？主要发挥什么样的作用？

🎤 **张勇：**

实施乡村振兴战略是党中央作出的重大决策部署。习近平总书记在十九大报告以及中央经济工作会议、农村工作会议和今年参加"两会"山东省代表团讨论时，都对实施乡村振兴战略发表了重要讲话，作出重要指示批示。9月21日，中央政治局集体学习时，习近平总书记又专门对乡村振兴战略发表了重要讲话，特别是总书记指出这是关系到全面建设社会主义现代化国家的全局性、战略性任务，也是我们新时代"三农"工作的总抓手。习近平总书记对实施乡村振兴战略的方法、步骤以及应该遵循的规划都作出过一系列的重要批示指示。今年，中央1号文件对实施乡村振兴战略作出了全面的部署，《规划》是在落实这一部署的前提下，提出的第一阶段的任务。应该说，《规划》是依据中央1号文件作出的阶段性安排和部署，但与1号文件有着一个区别，1号文件是全面的、总体的、全局性的部署，《规划》是围绕今后5年主要任务作出的具体安排。刚才我在前面简要介绍《规划》时说到了，我们一共确定了22项指标，这些指标都是到2020年、2022年要实现的目标。同时我们还明确82项重大工程、计划和行动，都是在这个阶段需要着力推进和加以实施的。《规划》也对远景目标作出了简要的描述，这都是完全按照中央1号文件来制定的。具体来讲，《规划》就是要落实中央1号文件。

同时，《规划》是个更具体的操作性方案，落实中央1号文件明确的原则和任务。对现阶段、今后5年内要做哪些事，加以具体安排，以便乡村振兴战略能够有序、稳步地推进。同时，也能够使我们在乡村振兴战略每个阶段都能够取得既定的成果，使乡村振兴战略能够按照中央的部署如期的实现。谢谢大家。

我的问题是，现在不少村庄垃圾乱堆、污水乱排的问题比较突出，农民的反映也是很强烈，请问《规划》对推进农村的人居环境整治有什么样的部署？农业农村部将如何推进这项工作？谢谢。

🎤 **余欣荣：**

谢谢记者朋友，这个问题提得很好。这是习近平总书记多次关心的问题，也是社会各界关注的问题，更是农村群众期盼解决的问题。农业农村部将坚定不移地把这件事情务实科学地推进好。

农村人居环境整治工作是实现乡村振兴的第一场硬仗。这些年来，农村人居环境保护建设有了比较大的进步，但是与城市相比还是明显落后的。这里有几个数字，全国还有近1/4的村生活垃圾没有得到收集和处理，使用无害化卫生厕所的农户比例还不到一半，80%的村庄生活污水没有得到处理，约1/3的行政村村内道路没有实现硬化。行路难、如厕难、环境脏、村容村貌差、基本公共服务落后等问题都还比较突出，影响了农民群众的获得感、幸福感。对此，《规划》提出以建设美丽宜居村庄为导向，以农村垃圾、污水治理和村容村貌提升为主攻方向，开展农村人居环境整治行动；制定了农村垃圾治理、农村生活污水治理、厕所革命、乡村绿化、乡村水环境治理和宜居宜业美丽乡村建设六个重大行动。下一步，中央农办农业农村部将按照《农村人居环境整治三年行动方案》和全国人居环境整治工作会议要求，发挥好牵头抓总、统筹协调的作用，与有关部门一道，坚决打赢实施乡村振兴战略的第一场硬仗。重点做好三件事：

一是坚持《规划》先行。 "规划"是我们做好人居环境整治的基本功，好的规划能够经得起历史检验，能够真正体现出农民群众的主体愿望。所以，我们把《规划》作为人居环境的先手棋来抓，推动各地抓紧编制完善县域乡村布局规划和村庄规划，尽可能体现出农民群众所思所想所盼，尽可能体现出我们乡村千差万别环境和农民群众生产生活之间的关系。同时，做好乡村规划布局，引导乡村建设，实现可持续、健康发展，努力打造出各具特色的农村现代版的"富春山居图"。

二是强化督导考核。 我们将坚持中央抓总、省负总责、市县抓落实，农民是农村人居环境整治主体这个基本思想，研究建立农村人居环境整治工作的评估体系和办法，对开展整治工作好的先进县给予奖励，推动各地把农村人居环境整治工作纳入党委政府目标责任考核范围。组织开展农村人居环境整治专项督导，压实地方责任。

三是抓好示范引领。 学习借鉴浙江"千村示范、万村整治"经验做法，启动"百县万村示范工程"，着力打造一批示范县、示范乡镇和示范村，进一步发挥示范带头作用，让基层干部群众学有榜样、干有遵循。谢谢。

📷 **人民日报记者：**

当前我国仍处于城镇化快速发展阶段，农民工进城还是大趋势，我们的《规划》是如何考虑和处理乡村振兴与新型城镇化之间的关系的？谢谢。

🎤 **张勇：**

这个提问很好。党中央之所以高度重视实施乡村振兴战略，恰恰是因为我们在社会主义现代化建设过程当中，乡村是一个短板。农耕文明在中国历史悠久，源远流长，我们往前查几代，都是农民、都是农村出来的。城市也是在农村的基础上，随着经贸、商贸特别是工业的快速发展崛起的。城市确实有集聚的功能，在工业化进程中，城市发展的速度远远比我们当年农村发展的速度要快得多，因为农村主要是依靠土地，跟农村的耕种相联系，形成了这么多的村庄，中国现在行政村将近 60 万个，自然村落就更多了。

在城镇化进程中，从国外经验来看，确实存在很多城乡差距不断拉大、城市高度繁荣、繁华，农村落后跟不上发展的情况，这种情况在我们国内也依然存在。农村垃圾、污水问题，是需要我们高度重视去解决的。中央提出实施乡村振兴战略，就是要着力在这方面下工夫，就是要加速农村的发展，使它能够跟上整个国家现代化建设的步伐。总书记多次强调，能否处理好城乡关系，某种意义上是关系到现代化建设成败的大问题。在当前阶段，按照补短板的要求，我们要找准农村的短板，然后发力。同时我们也要发挥城市辐射带动作用，双轮驱动，不可偏废，只抓农村不抓城市，或者只抓城市不抓农村。实际上前几年就提出要城市反哺农村、工业反哺农业，这是一脉相承的。当然，这有个过程，需要我们国家不断加大力度。现在我们发改委安排的中央预算内资金，一半以上用在了农业农村方面。当然，这个力度还在持续加大，比例还在进一步提升。随着《规划》出台，我们下一步要着力在以下几个方面做好工作。

一是统筹城乡发展空间。完善城乡布局结构，增强城镇地区对乡村的带动作用，形成田园乡村与现代城镇各具特色、交相辉映的城乡发展态势。也就是说，在城镇化进程中，乡村不能掉队，也要发展，要把农村建设成为美丽、宜居、富裕的乡村。

二是要推进城乡统一规划。我们农村道路硬化还不完善，城里人现在出门很少说下雨踩到泥，乡村在很多地方确实还有这个问题，一下了雨，邻居之间串门都很不方便，因为道路没有硬化。过去城市搞交通规划、搞其他规划，基本上是着眼于城镇的发展，今后就要和城镇同步来统筹做好城乡规划。当然我们也有经验，应该说现在公共交通解决得很好。过去农村出门走路，有的为坐个汽车要走十几里山路，现在这些问题解决了，但是很多其他方面的问题还有待于进一步加大力度，把这些短板补上，特别是在产业发展、基础设施、公共服务、资源环境保护这些领域，还要进一步促进城乡一体化发展，形成城乡产业发展互补、基础设施互联、公共服务均等、资源能源共享、生态环境互促的格局。现在乡村环境改善了，"十一"黄金周就要来了，我最近刚刚陪总理到浙江，浙江的同志讲，现在城里的房子好订，农家乐的房子不好订，原因就是它的乡村发展起来了，富裕了，而且山清水秀，城里人都愿意到乡村呼吸新鲜空气，享受田园风光，通过城乡统一规划要进一步促进农村这方面的发展。

三是完善城乡融合发展的政策体系。城乡融合发展，发改委专门制定了农村一二三产业融合发展的意见。乡村振兴"二十个字"的总要求，产业兴旺是第一位的，农村只有产业兴旺了，农村发展才有基础，才有后劲。要重塑城乡关系，特别要向改革要动力，推动人才、土地、资本等要素在城乡之间的双向流动、平等交换，为乡村振兴注入新动能。

下一步《规划》在促进城镇和乡村双轮驱动、共同发展的过程中，要在这几个方面更加着力。谢谢。

📷 **新加坡联合早报记者：**

我们看到《规划》说要建设美丽宜居的乡村，我觉得这个《规划》确实很好，但是有两个问题。第一个问题，政府打算投入多少资金来做这个五年的规划？第二个问题，投入资金之后，我们看到以前在一些地方搞建设的时候，很多地方可能会力度过大，然后建成了很大的城市或者很多基础设施，但是没有人去用、没有人入住，所以这个乡村振兴战略怎样避免类似的问题？就是建得过于华丽、过于美丽，但是最后没有人用的问题。

🎙 **张勇：**

谢谢你的提问。中央 1 号文件对乡村振兴战略作出了总体安排，《规划》对今后五年的战略实施又作出了阶段性安排，下一步我们还要具体分工，根据各部门的职责进一步细化、实化。同时地方也要拿出自己的方案。在《规划》编制过程中，我们也特别注意了你刚才提到的这些问题。这些问题其实也是过去发展过程中的一些经验教训。经验就是不能搞"一刀切"，特别是在中国的农村。中国农村差异太大。现在你到浙江去，城里人想变成农村户口，因为变成了农村户口，光每年土地分红就有几十万元。但是如果到西部地区，到青海、甘肃这些地方，农民就想进城，变成城里人。恰恰是因为有这些差距，所以我们不能搞"一刀切"，尤其是在具体的标准、具体的建设内容和路径方面，更要因地制宜、实事求是。农村人居环境整治三年行动方案着力于解决农村垃圾、污水和道路硬化问题。在讨论时，汇总了各个方面的意见。大家认为在指标上一定要留有余地，要让各地根据自己的实际情况来确定任务指标，不能搞"一刀切"，包括农村厕所问题。在江南，水是富裕的，水冲厕所，解决起来相对容易；但在干旱地区，完全用水冲厕所，就不符合实际。现在，我们会同农业农村部等部门，也是在提出不同地区、不同类型、适宜的标准，使他们在造价上尽量降低，确实能够达到卫生的要求，同时也符合当地的实际。

实施乡村振兴战略，你一下子问我需要多少钱，我确实算不出来。因为这还需要每个地方具体作方案、作规划、定阶段性任务。乡村振兴只能一个阶段一个阶段去推进。从现在的规划来讲，因为任务比较多，需要广泛筹集资金。除了政府之外，还有社会的资金。现在社会公益活动越来越多，很多企业都愿意投入和帮助农业农村，尤其是在扶贫方面。像广东，一个省对口帮扶县的数量，和本省的县数差不多，大概是九十多个县。还有企业和城镇居民，都能够伸把手。同时，农民也不能袖手旁观，也要出力。要共同努力把《规划》实施好、落实好。《规划》已经公布了，下一步就要具体分工。各省、市、县都要制定当地的规划或方案，因为省与省之间、省内部的差异也很大，财政的状况也有很大的差异。总之要坚持一条，就是要实事求是、遵循规律，既要实用，同时还要俭朴，不能搞那种华而不实的东西。《规划》里已经把这些原则和要求都提出来了，要进一步实化、细化，去落实它。

刚才张主任的发言当中提到了乡村振兴，产业兴旺是重点，我们采访当中也发现，有些农村地区存在产业规模小、链条比较短、品牌比较杂的问题，对此《规划》如何部署？接下来农业农村部会采取什么样的举措来解决这些问题？

🎙 **余欣荣：**

感谢记者朋友的提问，你这个问题提得很好、很重要。乡村振兴，产业振兴是基础。产业能否科学合理顺利振兴，决定了乡村全面振兴能否实现。正如刚才张主任所介绍的和刚才记者朋友提到的，这些问题要从两方面来看。

一方面，在乡村产业发展上，这些年特别是党的十八大以来，各级党委、政府贯彻落实农业农村优先发展，推动做大做强农业，取得了很大成绩。这里，我用几个数字：十八大以来，粮食生产连续五年都在 1.2 万亿斤以上，农产品能够基本满足消费者需要，同时我们还要看到，现在不仅是农牧业发展，同时种养加销游等新产业新业态，发展态势也非常好。农产品加工产值已经超过了 20 万亿元，休闲农业和乡村旅游业年营业收入在 7 000 亿元以上，农业生产性服务业也有很大发展，年经营收入在 2 000 亿元以上，成为农村一个新的兴奋点。所以，我们要充分看到，要完成好党中央、国务院提出的产业振兴要求，是在这样一个基础上的再出发、再前行。

另一方面，我们也要看到，乡村产业还存在着小、散、杂等问题。比如说我们的粮食生产能力，总体上看，还要进一步强化抗风险能力，高标准农田建设还有 5.6 亿亩的目标还没有完成，粮食生产功能区和重要农产品生产保护区建设在推进过程中还碰到这样和那样的困难。

再比如，我们现在更多的是产量型农业产业发展方式，怎样转到以绿色发展为导向、推动农业农村可持续发展，我们的任务还十分艰巨，不仅要考虑到我们这一代人消费需要，更多的还要给子孙后代留下一片蓝天、一片净土、一片清水，这些都是摆在我们面前非常繁重而严峻的任务。总体上看，我们在取得巨大成就的同时，乡村产业仍然存在着大而不强、产品多而不优、品牌杂而不亮的问题，这些差距就是我们努力的方向。

因此，《规划》围绕着乡村产业振兴提出了 28 项重大工程、重大计划和重大行动。今后，我们要紧紧围绕这"三个重大"，来动员和组织方方面面的力量，把乡村产业发展好。重点在四个方面推动落实。

一是坚定不移地夯实农业基础。牢固树立农业基础意识，扎实推进"藏粮于地、藏粮于技"的战略，全力实现好总书记要求的中国人的饭碗要牢牢端在中国人的手上，中国人的碗里要装中国人自己生产的粮食，中国人的粮食要用中国自己繁殖的先进品种，进一步推动国家粮食安全战略更实更牢。同时，进一步优化农业结构，提高农业的国际竞争能力，不断增加农民收入。

二是推进质量兴农。坚持农业绿色发展。我们把今年确定为"农业质量年"，正在加快编制《国家质量兴农战略规划》，启动实施农业高质量发展八大行动，完善乡村产业标准体系，加强质量安全监管，不断创新符合乡村产业振兴的新组织形式，进一步构建现代农业产业体系、生产体系和经营体系。

三是抓好产业融合。我们总结国际农业现代化的成功路子和不成功的路子，有个共同点，就是要在推动城镇化、推动工业化的过程中，始终注意不仅要把工业产业发展的重点放在城市，同时要制定诸多的政策，引导资源聚集到乡村发展、聚集到县域经济发展这个方向上来。不然的话，就容易出现城市兴旺繁荣了，农村衰败了。所以，乡村产业振兴就要努力通过各种政策、各种措施，引导方方面面的力量，在继续推进城市繁荣发展的同时，将更多的要素导入到县域经济发展这个平台上来，为乡村创造更多的适合农民需要的、适合各方面人才展示才华的广阔天地，促进乡村产业振兴。在这方面，我们要继续推动现代农业产业园建设，推动农村一二三产业融合发展。

四是抓好特色产业，尤其是要推动特色优势产业区的发展。这一条我们将配合国家发改委，采取一些新的措施，以促进发展。

🎤 **张勇：**

我补充一句，产业兴旺确实很重要，这其中还包括一项非常重要的工作，《规划》里也专门明确了，就是强化人才的支撑，因为戏好还得靠唱戏人。农村产业兴旺，最根本的是靠亿万农民群众，把他们的积极性、主动性、创造性调动起来。有的地方现在搞"迎老乡、回故乡、建家乡"活动，把那些见过世面的、经过历练的人才请回到家乡去，作为带头人，来推进乡村的产业发展。我觉得人才振兴也是重要的工作，《规划》里专门有一章。谢谢。

我们看到，推动农村发展的政策主要是两个，一个是钱，一个是人。但是细看，有一章节讲到关于人才的部分，主要是引进一些知识性人才、志愿者或者扶贫人才为主，同时还有一个章节重点强调的是将农村人口转移城市化的问题，这两个是否存在一定矛盾？如何保障农村有足够的人力发展农村？尤其是在中西部地区？

🎤 **余欣荣：**

记者朋友这个题目非常好，你这个题目和张主任前面讲的完全吻合在一块儿了。五大振兴，人才振兴是关键。同时，产业振兴和其他方面的振兴，归根到底都要靠人才这个基石，没有牢靠的人才基石和不断持续注入新动力，我们乡村振兴也难以实现。

关于这个问题，《规划》里已作了全面叙述，就我们农业农村部来讲，具体就是三句话。

第一句话，乡村振兴为一切有志于"三农"的各类人才提供了广阔的天地，亟须打造一支结构合理、素质优良、能力突出的乡村振兴人才队伍。我们要进一步深化改革，扩大开放，从今天农业、农村、农民发展的实际出发，制定一系列搞活人才的政策措施，让方方面面的人才在乡村振兴的舞台上展示才华。

最近这段时间，我们在农村进村入户，其中很多新的朋友都是这些年回到乡村的，有的是研究生，有的是搞网络的、搞新媒体工作的，他们回到乡村，成为乡村的佼佼者，成为农民致富的引领人。这方面的故事太多。正好借着这个机会，向媒体提一个建议，希望利用你们各方面的渠道，讲更多的农村人才先进事迹，讲好中国乡村振兴、人才振兴的故事新篇。这方面会成为一个时代的标志，我们将共同努力。

第二句话，乡村振兴需要进一步创造更好环境，来吸引人才，留住人才。既要加快改善乡村人居环境、基础设施、交通信息等硬件条件，更要创造良好的营商环境，打造"永久牌"的乡村振兴人才队伍。

第三句话，乡村振兴需要创造更好的条件，来培养人才、用好人才。这方面《规划》里面已经做了比较详细的安排，各地也在按照《规划》要求，从实际出发，制定不同类型、不同方面、不同区域的人才战略和人才政策。

我相信，大家陆续会了解到这方面的政策。

总而言之，要做好人才振兴工作，一要练好内功。不仅要发挥好党管人才的政策引领作用，还要人才本身更了解农村、熟悉农民、研究农业，只有这样，人才在乡村这块土地上才能真正服水土，发挥应有作用。二要借外力。乡村振兴、人才振兴这个舞台是开放的，要更好地欢迎各方面人才，聚焦到我们乡村舞台上展示才华。三要强保障。各级党委、政府要在人才队伍建设上面下功夫，从农业农村部来讲，要推动实施农业科研杰出人才计划、杰出青年农业科学家项目、农业推广服务特聘计划，形成新时代乡村人才振兴的大合唱。谢谢。

📷 **中国新闻社记者：**
近些年国家强农惠农富农的力度不断加强，但是距离农民最实际的相关需求还有一定差距，请问本次《规划》对于改善和保障农村民生，提升农民的幸福感、安全感有哪些具体措施？谢谢。

🎤 **张勇：**
谢谢，你的这个问题实际上也是我们要着力解决的问题。改革开放四十年，应该说中国的经济得到了快速发展，跃居世界第二位。所以现在人们到了北京、到了上海、到了广州，都觉得城市比发达国家还发达。相比较而言，农村确实在一些地方，特别是中西部地区还是相对比较落后，这也是我们为什么有那么多农民工进城的一个原因。实施乡村振兴战略，最终就是要让我们的农业得到进一步发展、农民进一步富裕，最终走向共同富裕的道路，当然这需要一个过程。但是，对于这个过程，我们必须要尽量下大力气把它缩短，因为它本身已经成为一个短板，所以我们要在补短板、强弱项上下力气。农业强不强、农村美不美、农民富不富，决定着亿万农民的幸福感、获得感、安全感，也决定着全面小康社会的成色和社会主义现代化的质量。因此，《规划》坚持把维护农民群众根本利益、促进农民共同富裕作为出发点和落脚点，在具体措施上细化、实化，以使《规划》在补短板、强弱项上真正做得到、做得好。

一要进一步加强农村基础设施建设，改善农村的条件。其实很多同志都出过国，在发达国家，有很多企业，特别是世界知名企业就在农村，并不在大城市。之所以这些大的企业能够在农村布局，原因就是农村的基础设施条件与城市相差无几。随着国家投入的加大，我国农村的基础设施条件也在不断改善，现在这种地域的差距越来越小，有很多企业实际上已经向农村发展，特别是一些以农产品为生产资料的企业，到农村去加工，原料的新鲜度好、运输简便，更能够发挥出优势来。虽然现在基础设施比以前大大改善，但是我们的农村确实仍然是个短板，在这方面我们还是要不断持续加大投入，改善农村的交通、物流、水利、能源、信息等基础设施条件。

二要进一步加快提升农村劳动力就业质量。 刚才记者也提出了人才流动问题，实际上人才应是自由流动，也是双向流动，既有农村人才流向城市，也有城市人才流向农村，还有农村人才流向了城市又回到了农村，有多种形式。人才流动本身也是市场经济的一个特点和规律。随着农村基础设施条件的改善，农村人才不断集聚、农村面貌不断改善，乡村产业兴旺是指日可待，当然需要我们不断地努力。

三要进一步增加农村公共服务有效供给。 要把社会事业发展的重点放在农村。过去人们说一出生，待遇上、公共服务上的差异就好像决定了，城里人就有社保、医保，农村就没有。这些年国家不断加大这方面的投入，农村的养老保险、医疗保险等制度都陆陆续续建立起来，并不断完善。刚才我回答记者朋友提问时说过，城乡要统一规划，也要完善和统一这些政策，使农民也有自己的发展空间、发展天地，也可以解除后顾之忧，这样，农村的吸引力就会越来越强。在实施乡村振兴战略过程中，随着"三农"投入的不断加大，公共教育、医疗卫生、社会保障、养老服务等资源不断向农村倾斜，城乡之间的差距会越来越小，这也是实施乡村振兴战略的一个重要目标。谢谢。

📷 胡凯红：

时间关系，最后两个提问。

📷 新华通讯社中国经济信息社记者：

我所关注的是留守儿童和农村留守老人的问题，这些问题可能已经得到了社会普遍的关注，随着我们乡村振兴战略的开展，这个问题有没有得到解决？在这次《规划》当中，对这个问题是否作出了一些部署？

余欣荣：

记者朋友这个问题问得很好。乡村振兴是全面振兴，我们讲治理有效、生活富裕，其中很重要的就是让农民群众的生活得到方方面面改善。您刚才提到关于农村留守老人问题和留守儿童教育问题，党中央、国务院对此高度重视，各地各部门都采取了一系列措施，取得了比较好的成效。一方面，在农业现代化过程中，我们为农村居民在生活改善方面创造了很多好的条件，农民收入持续提高，农村养老保险保障水平也得到了较大提高。另一方面，随着这些年农村教育的发展，农村留守儿童教育得到了比较好的改善，为农村社会的和谐稳定提供了重要保障。我们也要看到，农业农村发展的不平衡不充分问题还比较突出，正因为如此，以习近平同志为核心的党中央把乡村振兴战略作为七大战略之一，全方位、深入地推进，使农村居民能够和全国人民一道，享受现代化的生活，努力缩小城乡差距。

在《规划》中，对包括农村学前教育、中小学教育、高中阶段教育都做了相应安排，同时也进一步对农村养老保险、养老设施建设作出了部署。现在，各地各部门在推动乡村振兴战略规划落实过程中，也针对农村留守儿童教育、生活保障、养老等问题，研究出台了一系列更有力、更有针对性的措施。我们相信，随着乡村振兴战略的深入实施，农村社会事业会有新的发展，广大农民群众会有更多的获得感、幸福感。谢谢。

胡凯红：

最后一个提问。

经济日报记者：

大家都知道，我国农村的情况千差万别，不同的情况不可能用同样的一个模式来实现乡村振兴，不同的乡村振兴路径也不尽相同，所以请问《规划》对此有哪些考虑？谢谢。

张勇：

总书记对乡村的差异性作过明确的指示和要求。总书记强调，要科学把握不同村庄变迁的发展趋势，分类指导，因村制宜，精准施策，推动乡村振兴健康有序进行。刚才在回答记者朋友提问时说到了，尽管我们都是城里人，对农村也很熟悉，也都去过农村，但不同地域农村的差异确实非常大，不能定"一刀切"的农业农村发展规划指标和目标。要遵循农村经济发展的规律，因地制宜制定符合实际的发展目标和指标，《规划》特别注意了这些问题，提出要区别对待，根据发展阶段的不同、实际情况的不同、差异的客观存在进行区别处理。

第一，对现有乡村作了分类。《规划》把现有乡村分成了四类，一是集聚提升类，二是城郊融合类，三是特色保护类，四是搬迁撤并类。针对这四类不同乡村，分别明确了乡村振兴的原则、方向、目标和任务。当然，因为中国的农村太多，这四类也不可能涵盖全部的乡村，只是一个大致的分类方向，各地还要在这四种类型基础上，结合实际划分本地区的乡村类型并区别对待。

第二，坚持梯次推进乡村振兴。《规划》提出，东部沿海发达地区和集体经济实力强的乡村，到 2022 年要率先基本实现农业农村现代化，起到示范带动作用。其他大部分村庄，目标任务就不可能像东部沿海农村定得那么快、那么高，基本实现农业农村现代化的时点就要到 2035 年。贫困地区的农村，现代化的目标就可能要到 2050 年才能实现。这就要区别农村的实际情况，防止一哄而上、"一刀切"，不顾客观现实，搞大拆大建，盲目制定一些高目标，还是要遵循规律，实事求是，因地制宜。

第三，聚焦阶段任务。在 2020 年以前，贫困地区乡村振兴的任务和东部沿海地区的不一样，最优先、最重要的任务，是打好精准脱贫攻坚战，《规划》对此提出了明确要求。

第四，还要把握好节奏力度，稳中求进。乡村振兴要办的事不可能一天办成，财力也不允许。实施乡村振兴战略要循序渐进、一个阶段一个阶段地推进，坚持稳中求进的总方针，扎扎实实、一步一步地向前推进。谢谢。

胡凯红：
今天的发布会到此结束，谢谢张主任，谢谢余部长，谢谢各位。

刘健／摄

7.《关于加快推进奶业振兴和保障乳品质量安全的意见》政策例行吹风会

一、基本情况

时间	2018 年 5 月 25 日（星期五）上午 10 时
地点	国务院新闻办公室新闻发布厅
主题	解读《关于加快推进奶业振兴和保障乳品质量安全的意见》
发布人	农业农村部副部长　　　　　　　　　　　于康震
	教育部部长助理　　　　　　　　　　　　郑富芝
主持人	国新办新闻局副局长、新闻发言人　　　　袭艳春

《关于加快推进奶业振兴和保障乳品质量安全的意见》政策例行吹风会

二、现场实录

📷 袭艳春：

女士们、先生们，上午好，欢迎大家出席国务院政策例行吹风会。本周的国务院常务会议研究讨论了加大困难地区和薄弱环节教育投入、采取措施加快推进奶业振兴保障乳品质量安全的有关情况。为了帮助大家更好地了解相关情况，我们今天非常高兴地邀请到两部门的两位负责同志，向大家介绍有关情况。农业农村部副部长于康震先生为大家介绍加快推进奶业振兴发展意见的有关情况，教育部部长助理郑富芝先生为大家介绍教育投入继续向困难地区和薄弱环节倾斜有关工作的情况，并回答大家的提问。下面先请于部长作介绍。

🎤 于康震：

女士们、先生们、新闻界的朋友们，大家上午好！很高兴和大家交流奶业振兴发展问题。感谢各位多年来对我国奶业发展的关心和支持。

党中央、国务院高度重视奶业发展。习近平总书记指出，我国是奶业生产和消费大国，要下决心把乳业做强做优，生产出让人民群众满意、放心的高品质乳业产品，打造出具有国际竞争力的乳业产业，培育出具有世界知名度的乳业品牌；并多次强调要提高奶业质量安全和发展水平，实现奶业振兴。李克强总理批示，实现国内乳业健康发展，既关系广大奶农利益，又关系奶制品安全和群众健康。5月23日，国务院常务会议审议通过了《关于加快推进奶业振兴和保障乳品质量安全的意见》（以下简称《意见》）。《意见》贯彻党的十九大精神，以习近平新时代中国特色社会主义思想为指导，突出落实新发展理念、推进供给侧结构性改革等要求，围绕奶源基地建设、乳制品加工流通、乳品质量安全监管以及消费引导等方面作出全面部署，是指导今后一个时期我国奶业发展的纲领性文件。

一杯牛奶，强壮一个民族。这次国务院常务会议审议通过《意见》，向全社会发出了振兴奶业的强烈信号，为奶业更好发展指明了方向和路径，对于推动奶业持续健康发展具有重大的现实意义和深远的历史意义。下一步，农业农村部将按照国务院的部署，会同有关部门认真抓好贯彻落实。

下面，我愿意回答大家的提问。

元绍达／摄

🎤 **郑富芝：**

新闻界的各位朋友，大家上午好。非常感谢大家长期以来对教育工作的关心和关注。5月23日，国务院常务会议确定，要加大对困难地区和薄弱环节教育的投入力度，并且提出了一系列政策和措施。下面我简要向大家介绍相关情况，主要介绍两个方面的情况。

第一，近年来主要做法和成效。根据中央的部署，教育部会同财政部和国家发展改革委主要采取了以下措施，重点是实现了"四个倾斜"。

一是专项倾斜。面向困难地区和薄弱环节，实施了多个重大教育专项，比如学生营养改善计划、学校薄改计划，在这些计划当中，中央对地方教育转移支付，80%以上用于中西部地区。

二是分担倾斜。城乡义务教育、学生资助等需要的资金，中央与中西部地区在分担的时候，中央财政都拿大头，比例是对西部 8 : 2，中央拿 8，西部拿 2，对中部是 6 : 4。

三是因素倾斜。 我们将贫困人口数、贫困发生率这些指标作为中央对地方教育专项转移支付的重要因素。

四是资助倾斜。 基础教育阶段学生资助资金 80% 左右用于中西部地区。

通过这些"倾斜"政策，使得中西部和农村地区的教育明显加强。从 2012—2017 年这五年，国家财政性教育经费的使用呈现了"两快一加强"。从区域上看，西部地区增长最快，增长 50%，特别是"三区三州"增长得更快，增长 82%，远远高于全国平均增幅。从教育阶段看，对学前教育增长最快，五年翻了一番。从困难群体上看，对学生资助的力度持续加强。2017 年全国资助困难学生的经费已经达到 1 400 多亿元，五年增长了 62%。

第二，下一步我们将采取的具体措施。针对目前仍然存在的一些薄弱状况，比如说困难地区教育基础薄弱，一些教育环节薄弱，还有乡村教师队伍建设薄弱的实际状况，下一步我们总体考虑是，首先要用好现有政策，然后调整完善相关政策，着力解决发展当中的突出问题。今年中央对地方教育转移资金再新增加 130 亿元，这些经费将更多地向困难地区和薄弱环节倾斜。主要有"五个着力"：

一是着力支持教育脱贫攻坚。 2018—2020 年，我们计划增加中央对地方教育转移支付资金 70 亿元，专项用于"三区三州"的教育发展。

二是着力提升职业教育的质量。 在现代职业教育质量提升计划当中，再新增加 10 亿元，重点支持产教融合、校企合作。

三是着力增强地方高校综合能力。 中央再增加 27 亿元资金支持地方高校"双一流"建设和"一省一校"的建设，这些资金更多向中西部地方高校倾斜。

四是着力充实乡村教师队伍的力量。 今年再新增加 1 万名特岗计划的教师名额，重点向深度贫困地区倾斜。同时我们还要进一步推动落实乡村教师生活补助政策，促进优秀教师向乡村流动。

五是着力推动落实教师工资待遇。 当前要贯彻落实中央刚刚印发的《关于全面深化新时代教师队伍建设改革的意见》，逐步全面实现义务教育教师平均工资收入水平不低于当地公务员平均工资收入水平。

谢谢郑富芝先生的介绍，下面进入答问环节，按照惯例，提问前还是请通报一下所在的新闻机构。请大家提问。

📷 **人民日报记者：**

想问于部长一个关于奶业的问题。党中央一直重视我国奶业发展，刚才您也提到，我国奶业振兴已经取得阶段性成效。十八大以来，有关部门也出台了一系列关于奶业发展的支持政策，请问在这样的背景下，为什么此次还专门出台关于奶业振兴的意见？是基于什么样的考虑？谢谢。

🎤 **于康震：**

你的问题也是大家最想问的，为什么现在还要出台这个文件？奶业是惠及亿万人民身体健康、关系国计民生的一个大产业，《意见》的审议通过，是党中央、国务院高度重视奶业发展，立足新的发展阶段，对奶业振兴发展作出的总体规划和系统部署，所以意义是十分重大的。

党的十八大以来，各地区各有关部门按照党中央、国务院的决策部署，切实采取有效措施，加快推进奶业发展。我国奶业的规模化、标准化、机械化、组织化水平大幅提升，龙头企业发展壮大，品牌建设持续推进，质量监管不断加强，产业素质日益提高。

但是我们也应该看到，我国奶业仍然面临着产品供需结构不平衡、产业竞争力不强、消费培育不足等突出问题。目前，我国牛奶的消费水平还不高，或者可以说还很低，2017年人均乳制品消费量折合成生鲜乳，是36.9公斤。这是什么概念呢？与全球其他国家乳制品消费量相比，包括发达国家，也包括不发达国家，我国的乳制品消费水平只有世界平均水平的1/3。所以我国奶业发展潜力和空间十分巨大。

党的十九大作出了深化供给侧结构性改革、实施乡村振兴战略等一系列重大部署，2017年中央经济工作会议和中央农村工作会议又进一步明确了相关要求，2018年中央1号文件提出要实施质量兴农、做大做强民族奶业。面对这种新形势新任务，迫切需要出台一个指导奶业振兴发展的纲领性文件，向全社会发出奶业振兴的强烈信号，着力解决奶业发展中的薄弱环节和突出问题，全面推动奶业高质量发展。所以在这种背景下，国务院这个《意见》

就应运而生。

国务院常务会议审议通过的《关于加快推进奶业振兴和保障乳制品质量安全的意见》指出，奶业是健康中国、强壮民族不可或缺的产业，要求必须加快推进奶业振兴，提升乳品的质量安全水平。主要有三方面：一是大力引进和繁育良种奶牛，建设国家核心育种场，加强优质饲草料生产，发展标准化规模养殖，建设优质奶源基地；二是强化乳品质量安全监管，修订提高生鲜乳、灭菌乳等国家标准，建设全过程质量追溯体系，力争三年内显著提升国产婴幼儿配方乳粉的品质、竞争力和美誉度；三是强化金融保险、奶畜养殖用地等支持，为奶业振兴创造条件。所以，《意见》必将对振兴我国奶业产生重要作用和深远影响。谢谢。

📷 **中央广播电视总台央视记者：**

我的问题是有关教育方面的。我们都知道在义务教育阶段，"城市挤、农村弱"是普遍存在的一个主要的问题，这方面有一些什么样的举措和方案，谢谢。

🎙 **郑富芝：**

在整个义务教育发展过程当中，"城市挤"是一个新的问题，是伴随着城镇化进程推进产生的一个新的问题。"农村弱"是个老的问题，多少年来，由于城乡二元结构的差距，我们的农村教育和城市相比，总体上是比较弱的。这两个问题是制约当前整个义务教育发展的瓶颈，这也是发展不平衡在教育当中的一个突出表现。因此，下一步必须要下很大的力气来解决这个问题。

"城市挤"，现在突出表现在大班额，大班额的比例非常高、量比较大。根据我们的统计，截至2017年年底，全国56人以上的大班额有36.8万个。从比例上看是10%，不是特别的高，但是绝对数很大，有36.8万个。66人以上的超大班额还有8.6万个。这个超大班额和大班额的问题，严重影响教育教学的质量，一个班人太多，我们很难做到因材施教。因此，中央对这件事非常重视，李克强总理在今年《政府工作报告》当中指出，要抓紧消除城镇大班额问题。教育部也已经明确，我们做了一个规划，今年年底要基本消除66人以上超大班额，2020年要基本消除大班额。

那么如何能够实现这样的目标，如何能够解决这个问题？我们想主要的措施就是要研究和调整已有计划资金的使用方向，继续加大资金投入力度。2018年，薄改计划资金又新增加了5亿元，这个项目资金现在已经达到360亿元。这360亿元要优先解决超大班额的问题。

关于"农村弱"的问题，刚才讲到，农村教育整体上比较薄弱，在这当中最薄弱的是两个方面，一方面是乡村小规模学校，即平时我们讲的教学点，另一方面是乡镇寄宿制学校，就是学生可以寄宿的学校。乡村小规模学校弱在哪个地方呢？主要是运行的问题。因为这样的学校规模很小，有的就几十个人、十几个人，按照生均经费拨款，经费总量上不去，因此维持日常运转就很有困难。寄宿制学校的问题主要是办学条件不足，还有非常重要的问题是学生的床位不够，在一些地方还有两个床睡三个孩子的现象。当然从全国的面上来看，是基本解决了，但是还有部分边远贫困地区这个问题仍然存在，还没有完全解决。这就是农村弱，整体上弱，但是更弱的是这两个方面。

下一步，关键是要落实已有的公用经费补助政策，重点是落实好两项政策，一是要督促各地对乡村不足一百人的小规模学校，要按照一百人拨付公用经费，八十人也要按一百人来拨付。二是督促落实寄宿生年生均200元的标准增加公用经费的补助政策。寄宿制学校生均经费再提高两百块钱，按照这样的补助政策，加快去落实。

实际上这样的政策已经有了，但是还没有完全落实到位。我们定了一个目标，2018年全部到位。除了落实这两项政策之外，同时我们鼓励各地要结合实际进一步提高两类学校生均公用经费的水平，确保学校更好更正常地运转。

📷 中央广播电视总台国广记者：

于部长，《意见》提出要振兴中国奶业，目前我国奶业现状怎么样？具体在乳品质量安全方面的水平是什么样的？此次出台《意见》，在保障乳品质量安全方面有哪些具体措施？谢谢。

🎤 于康震：

奶业的振兴和乳品质量问题，大家非常关心。近年来，特别是党的十八大以来，在党中央、国务院的高度重视下，有关部门、地方政府和行业全面推进奶业振兴，狠抓质量安全监管、技术进步、生产发展和品牌建设，可以说我国奶业发生了翻天覆地的变化，或者说是脱胎换骨的变化。奶牛规模养殖和乳品加工也达到了国际先进水平，乳品质量安全水平不断提高，奶业迈进全面振兴的新时期。

我觉得有以下三个方面可以体现。

第一，产品质量显著提升。奶业全产业链质量安全监管体系不断完善，生鲜乳监测计划全面实施，生鲜乳抽检覆盖所有奶站和运输车。2017年，生鲜乳抽检合格率达到99.8%，三聚氰胺等违禁添加物抽检合格率，已经连续九年保持在百分之百。生鲜乳乳蛋白抽检平均值达到3.23%，脂肪抽检平均值达到3.81%，主要质量指标均高于生乳的国家标准，达到奶业发达国家的水平。乳制品加工实行出厂批批检验制度，乳制品抽检合格率达到99.2%，在食品领域处于领先的水平。婴幼儿配方乳粉抽检合格率达到99.5%。可以说，当前是乳品质量安全水平最好的时期。

第二，产业素质显著提升。通过大力发展奶牛标准化规模养殖，实施振兴奶业苜蓿发展行动，推行奶牛遗传改良计划，推动乳品加工企业改造升级和婴幼儿配方乳品企业兼并重组，奶业转型升级步伐在加快推进。一是区域布局优化。目前九个奶类产量超过百万吨的奶业主产省，产量已经占到全国总量的80%以上。二是养殖转型加快。2017年全国奶牛规模养殖比重达到58.3%，比2008年提高了38.8个百分点，规模养殖成为主力军；奶牛年均单产已经达到了7吨，比2008年增加了2.2吨。三是加工水平进一步提高。乳制品加工结构逐步优化，主要乳制品加工装备等硬件设施条件基本达到了世界先进水平。四是行业联合进一步加强。全国奶农专业合作社达到了1.6万个，乳品企业自建和参股的奶源基地比重已经超过了30%，奶业企业前20强的市场份额已经超过了55%，产业集中度明显提高。

第三，品牌影响力显著提升。农业农村部推动建立了奶业20强企业，我们的"D20"联盟，会同中国奶业协会连续举办了三届中国奶业20强峰会，开展小康牛奶行动和奶酪校园推广行动，打造向社会开放的示范工厂和休闲观光牧场，通过一系列组合拳，赢得了消费者的信任，大大增强了国产品牌的影响力。

为促进奶业高质量发展，进一步加强乳品质量安全监管，这次《意见》提出了三方面的措施。一是加强乳品生产全程管控。落实乳品企业质量安全第一责任，严格奶牛养殖环节饲料、兽药等投入品的使用和监管，实施乳品质量安全监测计划，健全乳品质量安全风险评估制度，及时发现并消除风险隐患。二是加大婴幼儿配方乳粉的监管力度。加强婴幼儿配方乳粉产品配方注册管理，严禁进口大包装婴幼儿配方乳粉到境内再分装。支持乳品企业建设自有自控的婴幼儿配方乳粉的奶源基地，进一步提高婴幼儿配方乳粉乳品的品质。三是推进行业诚信体系建设。支持乳品企业开展质量安全承诺活动和诚信文化建设，建立企业诚信档案，推动乳品企业信用信息共享，实行乳品企业"黑名单"制度和市场退出机制，加强社会舆论监督。谢谢。

📷 **中国日报社记者：**

我的问题提给教育部。我们都知道，中央已经明确了打好三大攻坚战是未来三年工作的重要目标，"脱贫攻坚、精准扶贫"是当中非常重要的一项，请问郑富芝先生，在教育扶贫方面，我们对做好"三区三州"教育扶贫有哪些具体的打算？

🎤 **郑富芝：**

脱贫攻坚是我们国家当前一项重大的战略任务，"三区三州"是整个脱贫攻坚的主战场，也是重点和难点。从教育角度看，"三区三州"教育脱贫问题也是重点，任务还是非常艰巨。因此，教育部去年专门做了一个规划，做了一个具体的实施方案。从教育投入的角度来讲，我们主要是要做好这么几件事。

第一，现有政策要抓落地。 目前我们正在实施的项目很多，刚才我给大家介绍过，有十多个重大教育项目。现在的关键是如何把这些项目实施好，能够用在"三区三州"，因此下一步我们重点是抓好两个方面。一是专项倾斜力度。这些项目更多向"三区三州"倾斜，继续加大倾斜力度。这些项目的资金要去做"雪中送炭"的事，不去做"锦上添花"的事，把这些钱用在最困难、最薄弱的地区和环节。二是加大执行力度。指导相关省份，围绕国家脱贫目标，聚焦脱贫重点任务，把现有的政策用好，要落地见效。

第二，新增项目攻难点。 当前"三区三州"教育资源仍然比较短缺，刚才讲到，有些地方大班额现象非常突出，办学条件也不足。我们做过调研，仅靠现有的项目还远远不够，因此必须采取超常规的措施，新设一些专项，专门聚焦到"三区三州"，攻克"三区三州"教育发展当中的难点和重点。因此，中央财政已经决定，2018—2020年，中央财政新增加70亿元，今年是先拿 30 亿元，专门支持"三区三州"教育脱贫攻坚。这些钱重点是补短板、强弱项。从使用范围上讲，首先保义务教育，这是脱贫攻坚的目标。在此基础上，我们还要加快普及学前教育，加快普及高中阶段教育，提高这两类教育的普及水平，比如要解决入园难入园贵的问题。从项目资金使用内容上，主要解决校舍设施设备、图书、教师培训，特别是因为"三区三州"绝大部分是少数民族地区，还要推广国家通用语言文字。总的原则是这些资金在"三区三州"的使用，缺什么就去补什么。

第三，强化管理要重绩效。 重点要抓好两方面的事。一是抓规划编制。我们要指导相关省份，全面摸清底数，统筹财力，把规划要编制得非常科学、非常合理。二是抓绩效考核。要建立从中央到省、州、县一个系列的工作推进体制，加强绩效考核，把有限的资金能够花在刀刃上，争取如期实现教育脱贫攻坚的目标。

中国新闻社记者：

我的问题也是关于教育的，请问教育部部长助理郑富芝先生，我们知道农村贫困地区的师资一直是我们师资队伍的薄弱环节，您在以前工作当中也一直提出要解决农村师资队伍"下得去、留得住、教得好"的问题，这次有没有具体的举措，让这个问题更好地得以解决？

郑富芝：

关于乡村教师队伍建设的问题，这是我们整个教育发展当中短板当中的最短板，即乡村教师薄弱的问题。刚才也讲到了，突出的表现是，下不去，下去之后也留不住。造成这样问题的原因是多方面的，但是其中有个非常重要的原因，就是这些地区老师的待遇比较低。党中央和国务院对乡村教师队伍建设非常关心，高度重视。下一步关键是要怎么去提升教师的待遇，提高乡村教师职业的吸引力。下一步需要综合治理，当前重点要抓好三件事。

第一，依法保障工资。 依据《义务教育法》，根据中央有关规定，要保障教师工资的收入水平，要逐步实现义务教育教师平均工资收入水平不低于当地公务员平均工资收入水平。这个提了多少年了，现在关键是要逐步实现，要落实到教师身上。这里有个口径问题，我们这里的工资收入不是仅仅指基本工资，因为基本工资占整个工资总收入的一部分，不是全部，还包括津补贴、绩效工资。将来我们谈教师的工资收入水平，应该是全口径的工资收入水平，不只是基本工资，这一点必须要说清楚。再有，在发放的时候要做到"两同"，第一同，和公务员工资收入做到同口径发放，公务员工资是什么口径，义务教育教师工资的口径是一样的；第二同，同步发放，公务员什么时候发，义务教育教师的工资也什么时候发。

第二，**激励促进流动**。从 2013 年开始，国家实施了乡村教师生活补助政策，教育界的媒体朋友们都很熟悉，乡村教师生活补助政策规定，凡是到乡村任教的老师，都给予一定的生活补助，提高吸引力。但是这一政策各地落实得不是很平衡，有的地方落实得比较好，吸引力很强，有大批的城市教师或者新招来的教师到乡村任教。但是也有的地方落实得不是特别好，还没有完全落实到位。因此下一步的关键就是一定要把这项非常好的政策落地。这是我们下一步落实这项激励政策、促进流动方面要下大力气解决的一件事。同时我们也鼓励有条件的地方，还可以进一步提高补助标准，特别是要依据学校艰苦边远的程度，实行差别化的补助，越到艰苦的地方，越到困难的地方，补助的标准、补助的水平越要高一点，这样才能促进优秀教师向乡村流动。

第三，**特岗充实力量**。从 2006 年开始，国家开始实施特岗计划（教师特殊岗位计划），全省统一招聘教师，送到农村去任教，国家给予工资的补助。2017 年，新招聘的特岗教师现在已经分布在全国 22 个省份，将近 1 000 个县，学校的数量有 3 万所农村的学校都有特岗教师，切实解决了许多问题，解决了结构性的短缺问题，包括教师素质问题，发挥了很大的作用。2018 年，我们想再增加特岗计划 1 万名，这 1 万名将重点向"三区三州"这些深度贫困地区倾斜，刚才讲了，目的是促进解决困难地区学校师资短缺以及结构不合理的问题。谢谢。

📷 **经济日报记者：**

我的问题是关于奶业振兴的。源头治理是确保奶业质量安全的一个重要环节，我们想知道下一步农业农村部会在确保源头安全上面如何发力？还有一个问题，随着关税的降低，乳制品进口量会激增，您觉得这是否会给国产奶带来冲击？又该如何应对？谢谢。

🎙 于康震：

谢谢。"一份部署，九分落实"，《意见》发布后，下一步的工作就是落实。农业农村部将全面贯彻落实《意见》的各项要求，按照国务院部门的职责分工，协同奶业产业链上的其他有关部门，持续抓好奶业振兴各项工作。作为农业农村部来说，有四个方面的工作需要重点做好。

一是"养好牛"，**夯实优质奶源基地建设基础。**继续实施奶业振兴苜蓿发展行动，每年新建 50 万亩高产优质苜蓿基地，加大粮改饲力度，实施奶牛遗传改良计划，建设国家奶牛核心育种场，推进奶牛标准化规模养殖，大幅提高存栏 100 头以上规模养殖比重，稳步提高奶牛的单产。

二是"强监管"，**提高生鲜乳的质量安全水平。**完善奶牛养殖标准和规范，建立健全生鲜乳标准化生产体系，落实养殖者的主体责任，不断提高"产出来"的水平。深入实施生鲜乳质量安全监测计划，加强饲料、兽药等投入品的使用监管，对全国奶站和运输车全部纳入精细化、全时段管理，构建严密的全产业链质量安全监管体系，不断增强"管出来"的能力。

三是"促融合"，**完善养殖、加工、利益联结机制。**培育壮大奶农专业合作组织，支持奶牛养殖存量整合，增强养殖环节应对市场风险的能力。鼓励乳品企业通过自建、收购、参股、托管等方式加强奶源基地建设，提高自有奶源的比例。指导奶业主产省份建立生鲜乳价格协调机制，开展第三方检测试点，督促乳品企业严格履行生鲜乳购销合同，稳定产销关系。

四是"树品牌"，**增强中国奶业的影响力。**定期发布中国奶业质量报告，举办奶业 20 强峰会，实施奶业品牌推进行动，持续开展中国小康牛奶行动和奶酪推广行动，推荐休闲观光牧场，加大国产乳品质量安全宣传引导力度，组织奶业公益宣传活动，普及科学饮奶知识，提振乳品消费的信心。

同时，农业农村部将按照《意见》的要求，会同各有关部门，制定和完善具体的工作措施，进一步加大扶持政策落实力度，充分发挥奶业工作部际联席会议制度的作用，加强协调配合，确保各项工作能够落到实处。

关于奶业竞争的问题。中国奶业国际关联度高，竞争涉及乳制品进口，目前在我们奶业发展过程中，进口乳制品的问题是个不容回避的问题。近年来，像大包粉等进口乳制品，完税后的价格大幅低于国内的生产成本，进口大包粉大量进入国内市场，出现了国内"卖奶难"与大量进口乳制品并存的现象。

据海关的数据，我国乳制品进口量从 2008 年的 38.7 万吨，增加到了

2017 年的 247.1 万吨。2017 年进口乳制品如果折合成生鲜乳的话，达到了 1 485 万吨，这个量占到了我们国内生鲜乳产量的 40.6%。乳制品进口大头是原料粉，也就是大包粉，2017 年进口量是 71.8 万吨，折合成生鲜乳相当于 570 万吨生鲜乳，可见这个量非常大。这有两个方面的原因：一方面是国内奶业的竞争力还不强，特别是饲料等养殖成本比国外高。另一方面是我们乳制品关税低，国际上乳制品的进口关税平均是 55.6%，而我们的关税是 12.2%。

如何应对呢？一是要加快国内奶牛养殖节本增效提质，增强我们的竞争力，练好内功，这是根本。二是制定政策，加强大包粉、还原奶使用等管理。三是支持国内更多以生鲜乳为主要原料生产乳制品。从这几方面来着手应对，统筹国内生产与进口的调剂，促进国内奶牛养殖健康发展。谢谢。

🄾 袭艳春：

再次感谢两位发布人，也谢谢大家，今天的吹风会到此结束。谢谢。

刘健／摄

8. 推进"互联网＋农业"促进农村一二三产业融合发展政策例行吹风会

一、基本情况

时间	2018 年 7 月 2 日（星期一）上午 9 时
地点	国务院新闻办公室新闻发布厅
主题	介绍"互联网＋农业"和一二三产业融合发展情况
发布人	农业农村部副部长　　　　　　　　　　屈冬玉
	农业农村部市场与经济信息司司长　　　唐　珂
	农业农村部农产品加工局局长　　　　　宗锦耀
主持人	国新办新闻局副局长、新闻发言人　　　袭艳春

推进"互联网＋
农业"促进农村
一二三产业融合发
展政策例行吹风会

二、现场实录

袭艳春:

　　女士们、先生们，上午好，欢迎大家出席国务院政策例行吹风会。最近，国务院召开常务会议，讨论深入推进"互联网＋农业"促进农村一二三产业融合发展的有关情况。为了帮助大家更好地了解相关情况，我们非常高兴地邀请到农业农村部副部长屈冬玉先生，请他为大家介绍有关情况，并回答大家提问。出席今天吹风会的还有农业农村部市场与经济信息司司长唐珂先生，农产品加工局局长宗锦耀先生。下面先请屈部长作介绍。

🎤 **屈冬玉:**

　　谢谢主持人。女士们、先生们，新闻界的朋友们，大家上午好。

　　很高兴和大家交流"互联网＋农业"和农村一二三产业融合发展情况。感谢各位多年来对农业农村的关心和支持。

　　党中央、国务院高度重视"互联网＋农业"和农村一二三产业融合发展。习近平总书记指出，要瞄准农业现代化主攻方向，提高农业生产智能化、经营

元绍达／摄

网络化水平；加快信息化服务普及，降低应用成本，为老百姓提供用得上、用得起、用得好的信息服务。李克强总理在《政府工作报告》中强调，要推进农业供给侧结构性改革，深入推进"互联网＋农业"，多渠道增加农民收入，促进农村一二三产业融合发展。农业农村部会同有关部门和地方，认真贯彻落实党中央、国务院决策部署，狠抓工作落实，强化政策制定，推动生产智能化水平提升，推进农业农村电子商务发展，健全完善为农综合信息服务体系，强化信息资源共享开放，加强农村地区网络基础设施建设。总的看，"互联网＋农业"和农村一二三产业融合发展取得了初步成效。

6月27日，国务院常务会议听取了深入推进"互联网＋农业"促进农村一二三产业融合发展情况汇报。会议指出，按照党中央、国务院部署，深入实施乡村振兴战略，更大发挥市场作用，依托"互联网＋"发展各种专业化社会服务，促进农业生产管理更加精准高效，使亿万小农户与瞬息万变的大市场更好对接，对推动农业提质增效、拓宽农民新型就业和增收渠道具有重要意义。会议强调，要加快信息技术在农业生产中的广泛应用，要实施"互联网＋"农产品出村工程，要鼓励社会力量运用互联网发展各种亲农惠农新业态、新模式，满足"三农"发展多样化需求。下一步，农业农村部将按照国务院的部署，会同有关部门认真抓好贯彻落实，推进"互联网＋"农产品出村工程，深入实施信息进村入户工程，组织全国农民手机应用技能培训，继续办好"双新双创"博览会，推动大众创业、万众创新在农村向深度发展，扩大农业物联网区域试验规模、范围和内容，建设重要农产品全产业链大数据，做好农业信息监测预警工作，促进农村一二三产业融合发展。

下面，我和我的同事愿意回答大家的提问。

📷 袭艳春：

谢谢屈冬玉先生的介绍，下面进入答问环节，提问前请通报一下所代表的新闻机构。

📷 光明日报记者：

2015年国务院曾经出台过一个关于推进"互联网＋"行动的指导意见，其中提出了关于创业创新和现代农业等在内的11项重点行动，请问屈部长目前"互联网＋"现代农业这一行动进展如何？在利用互联网发展现代农业，促进农村一二三产业融合上取得了哪些新的成效？谢谢。

🎤 屈冬玉：

2015 年国务院出台"互联网＋"行动意见以后，"互联网＋农业"本身就是"互联网＋"行动指导意见的重要组成部分，就是利用移动互联网、大数据、云计算、物联网等新一代信息技术与农业的跨界融合，通过资源整合、信息共享和要素互联，创新基于互联网平台的现代农业新产品、新模式和新业态。党的十八大以来，农业农村部积极推动互联网在农业农村的应用，"互联网＋农业"呈现出良好的发展态势。

一是"互联网＋"发展环境不断优化。我们会同有关部门印发了《"互联网＋"现代农业三年行动实施方案》，28 个省份出台了"互联网＋行动实施方案"，都将农业作为一项重要的内容，每年举办一次"互联网＋"现代农业会议，特别是党中央、国务院批准了 2017 年在江苏由农业农村部和江苏省人民政府举办新农民新技术创业创新博览会，这充分体现了党中央、国务院对此项工作的高度重视，也带动和引领了各个省份对这项工作的关注和重视，今年 11 月中旬将在江苏继续举办"双新双创"博览会，也欢迎大家多多关注。

二是互联网技术在农业生产中的应用不断深化，农业转型升级成效显著。最近几年我们组织了 9 个省份开展农业物联网区域试验，发布了 426 项节本增效农业物联网产品技术和应用模式。2017 年启动实施了数字农业建设试点，前不久，成功发射了首颗农业高分卫星，现代农业技术在轮作休耕、监管、动植物疫病远程治疗、农机精准作业等方面发挥了明显作用。小麦联合收割机等大型收割机都安装了 GPS 或者是北斗卫星系统，发挥了重要的作用。新疆生产建设兵团的棉花大田种植中，集成应用了物联网技术，综合应用效益每亩增加 210 元。

三是农业农村电子商务快速发展，新业态蓬勃兴起。在 14 个省份开展了农业电子商务试点，探索鲜活农产品、农业生产资料、休闲农业等电商模式，在 428 个国家级贫困县开展电商精准扶贫试点。2017 年年底，电子商务进农村综合示范已累计支持了 756 个县，2017 年农村网络零售额达到了 1.25 万亿元，农产品电商正迈向 3 000 亿元大关，带动就业人数超过 2 800 万人。

四是信息进村入户工程实施范围扩大，农村信息综合服务能力不断提升。在全面总结"12316"经验做法和试点的基础上，2017 年开始在 18 个省份开展整省推进。目前，主要是建设益农信息社，提供公益服务、便民服务、电子商务和培训体验等服务，打通城乡数字鸿沟，目前有 20.4 万个村已经建立了益农信息社，这在全世界都是史无前例的，占了全国行政村的 1/3，预计未来两三年在各部门和各地方政府、农业农村部门的共同努力下要在 80% 以上的行政村建立益农信息社，这对农业农村的信息化是革命性的，也是最大的基础工程。

特别是近三年，对农民进行了手机应用培训。在农民手里手机不仅仅是生活资料，也是一个生产资料，更重要的是成为了新的生产工具，可以了解外边的世界、市场的需求和新的技术，还可以通过互联网远程诊断动植物疫病病害，所以它是"新农具"。汪洋同志要求我们，要加强对农民手机应用的培训，这个事看似很小，但是影响深远。所以几大电商，包括中国电信、中国移动几大国字号的电信企业都高度重视和支持，我们还要加大工作力度。

五是信息资源共享开放不断深化，数据价值开始显现。农业农村大数据是海量的，天文数字，基础比较弱，所以我们要通过数据的收集、整理、开发、利用，提供权威的政务信息服务，提供管用的商务信息服务。农业农村部引领在全国建立四大平台，农产品质量安全追溯、农兽药基础数据、重点农产品市场信息、新型农业经营主体信息直报，目前组织了 21 个省份开展 8 种主要农产品大数据的试点，完善监测预警体系，每日发布农产品批发价格指数，这是从部里的层面做的，每月发布 19 种农产品市场供需报告和 5 种产品供需平衡表，逐步实现用数据管理服务、引导产销。

六是网络基础设施建设不断优化，"互联网＋农业"支撑条件明显改善。在国务院要求下，有关部门深入实施"宽带乡村"工程，持续推进农村地区电信普遍服务，农村互联网基础设施条件明显改善。2017 年年底，全国行政村通宽带的比例达到了 96%。所以，在信息化互联网领域，相对来说，城乡差距还是比较小的，每百户农民手机拥有量超过 300 部，但是很多农民把手机当作通讯工具，并没有作为互联网工具。手机的应用案例和行业都很多，在不同的行业如养殖业、种植业、产后加工，全产业链的方面都得到了应用。

总的来说，时间比较短，不到三年，取得的进展是可喜可贺的，但我们也知道，面临的任务是异常艰巨的，特别是与人民对美好生活的期待和要求有很大的差距，这也是我们今后努力的方向和目标。

📷 **中国日报记者：**

屈部长，刚才您简单提到了"互联网＋"农产品出村工程，我想请您介绍一下，下一步将从哪些方面着手推动？

🎤 屈冬玉：

"互联网＋"可以加很多，但加农业农村，里面还有很多不同的事项，当务之急是"互联网＋农产品营销"，就是农产品出村。现在传统的电商，通过互联网把大量的工业品、消费品输送到农村，对活跃农村的物质供应，生活方便发挥了很重要的作用。但是对于农业农村部来说，对于乡村振兴的大业来说，最重要的是要帮助农民，把优质合格的、有特色的农产品出村，卖到城市来，就是所谓的农产品上行。

第一，农产品出村上行。这次国务院常务会议作为重点，要求我们会同有关部门出台政策，包括农产品的质量安全可追溯，标准化，还有分级包装，冷链物流，要确保农产品出村，出得来，出得好，而且出得好价钱，所以出村工程是为了乡村振兴、产业振兴和农民致富。我们会同有关部门尽快出台农产品出村工作的指导意见，解决农产品产销对接的问题，这也是中央领导一直关注的贫困地区农产品产销的问题，而且不仅仅是贫困地区，还有各地特色的农产品。中国未来30年还是小农大国，怎么对接大市场，互联网提供了难得的历史机遇和手段，这是一个手段，一个平台，所以我们要配合出村工程，来帮助贫困地区、其他有特色地区的农产品和亿万小农这三个层面来对接大市场，不仅仅是中国的大市场，甚至是国际大市场。

第二，做好全产业链。"互联网＋农业"首先是农业的数字化，传统产业要实现数字化处理，然后才有可能打造数字农业，所以全产业链包括产前、产中、产后，也包括产地环境的数字化。

第三，抓能力建设。能力建设包括管理能力，全国农口的科研教学，农民应用信息化手段的能力，包括和物联网、信息化应用相关的硬件基础设施建设。还有其他非农部门，我们也希望在党中央、国务院的领导下，加大对农业农村的支持和关注，这也很重要。要加大农村基础设施的建设，尽管我们说在互联网领域城乡差距相对其他领域来说差距比较小，但是数字鸿沟的差距是现实存在的，所以，关键问题是怎么把先进的信息技术和设备应用到农业农村去。我们部里前几年总结海南、四川的经验，搞互联网小镇的建设，把一个小镇，依托他的特色产业和一二三产业融合发展，农旅结合，让互联网成为影响当地农民和居民生活方式的重要因素，到了那个小镇可能是wifi全覆盖，所有的特色农产品是可追溯的，你想要买当地的土特产可以物流直接配送，不用消费者大包小包往回搬了。

所以我们要做的工作很多，总而言之就是围绕乡村振兴的二十字方针来开展我们的各项工作，布局"互联网＋农业""互联网＋农村事务管理"，以及农村发展有关工作。

📷 **经济日报记者：**

刚才屈部长提到信息进村入户工程的实施范围不断扩大，想问一下，这项工程对于缩小城乡数字鸿沟，促进农民增收起到了什么作用，下一步我们将从哪些方面继续推进这项工程？

🎤 **屈冬玉：**

信息进村入户在中国 18 个省份已经铺开了，下一步将面向所有的省和村。具体问题请农业农村部市场与经济信息司唐珂司长介绍。

🎤 **唐珂：**

城乡差距和二元结构的一个重要体现就是城乡的数字鸿沟，我们针对这一难点和痛点，在总结"12316""三农"信息服务热线经验基础上，实施了信息进村

元绍达／摄

入户工程，并且把它作为发展现代农业的重大基础工程，也是重大民生工程来对待。2014年我们开展试点，2017年中央1号文件规定，要全面实施信息进村入户工程，并且整省推进。到目前为止，已经在18个省份开展整省推进，效果非常好，覆盖面不断地扩大，功能不断地拓展，作用凸显，效果显著，也深受基层干部群众的欢迎，成为农业农村信息服务的突破口。具体来讲有四个方面的作用。

一是把服务资源聚集在一起，有效满足农民群众的生产生活需要。我们调研中了解到，从乡镇、县里延伸到村的各种服务达到了四五十项，这些服务完全可以在一个平台上解决，所以集聚各类服务满足农民群众的多种需求，做到进一个门，办百样事，像农民购买车船票、交水电费、小额提现、招聘应聘等等各种服务都可以在这个平台上办，成为农业技术的传播点、农村信息的采集点、农民生活的便利点、农产品上行的起始点和基层政府与农户的联系点。

二是线上线下结合，有力带动农业转型升级发展。实际上就是把互联网的技术与农业的生产、经营、管理、服务深度融合，就是刚才屈部长讲的"互联网＋农业"，带动传统农业转型升级、提质增效。

三是构建农村双创平台，提供农业农村发展新动能。益农信息社就是带动、发动当地乡亲们创业创新的一个重要平台。益农信息社的带头人和信息员带动能力很强，有的是带动一方百姓致富奔小康，有的是直接组织各种培训、电商、双创，比如江西，我们了解到他们的很多益农信息社承担了当地行政服务中心的职能，营造了良好的营商环境和双创环境。

四是有效改善乡村治理。乡村的地域非常广阔，信息进村入户工程通过省为核心，市县为纽带，村为节点的体系，建立起覆盖人民群众、新型农业经营主体和农业社会化服务组织，连接涉农部门的农村信息服务网络，不仅是经济活动、社会管理而且政务管理都能延伸到村里面，所以能够有效改善乡村治理。

下一步，农业农村部将会同有关部门重点做好以下几个方面工作：一是加快益农信息社建设，确保到2020年覆盖全国80%以上的行政村；二是强化村级信息员选聘培训，坚持以有文化、懂信息、能服务、会经营的标准和原则，优先从返乡下乡人员和有志于从事信息服务的农村青年中选聘信息员，开展培训、提升能力；三是健全完善建设运营机制，调动企业等社会力量参与积极性，实现可持续发展；四是加强部门合作，集聚涉农信息资源，建设公益服务平台，提升益农信息社服务功能和水平。

🎤 **屈冬玉：**

刚才我提到了农产品卖难的问题，农产品大多数是鲜活农产品，所以农产品卖难，在全世界都是重要话题。但并不能因为有困难就无所作为。农产品标准化、分级预处理是实现交易的前提条件。所以，农业农村部多年来首先抓了农产品批发市场，包括城市的批发市场和田头市场的建设，这个已经很多年了，市场化基础设施的能力大大加强，批发市场标准水平越来越高，这是有目共睹的，产地批发市场全国各地有很多，都是有冷链、预处理、分级包装。有了分级预处理能力以后，怎么让消费者知道，所以要营销，2001年开始，国务院批准每年搞一届中国国际农产品交易会，已经办了16届，最近几年，由农业农村部牵头。今年在长沙，还要继续办，规模越来越大，影响越来越强，这是大的、综合的。还有一些专场的，最近三四年，弄了150多场专场的推介。上个星期，为解决贫困地区农产品产销对接的问题，我们策划了一系列的活动，上周搞了首场的现场对接活动，签约54亿元，这54亿元是实实在在的。总采购金额达到了127亿元，采购量252万吨，得到了新闻界和社会各界的广泛宣传。利用电商推介各地特色农产品，同时开辟了一些扶贫的频道。很多媒体开展了很多宣传工作。这次国务院常务会议明确要求我们，专门实施"互联网+"农产品出村工程，这是一个很重要的方面。

还有，我们要开展农产品品牌建设。前不久，农业农村部常务会议已经审议，上周已经对社会发布了，要加强农产品品牌建设，分三个层面。一是区域品牌，每个区域的文化、自然和历史等条件不同，区域品牌是不一样的。二是企业品牌，各个龙头企业、大公司利用现代科技、现代标准、现代营销手段构筑起来的企业品牌，所谓的百年老店。三是产品品牌，比如章丘的大葱，家喻户晓，既是产品品牌又是区域品牌，还有定西马铃薯，还有贵州的都匀毛尖茶叶，这些也都是区域品牌。所以，加强农产品的品牌建设是解决产销对接的重要方面。

还有创新，科技创新、市场营销的创新和管理的创新，特色农产品如果没有技术、标准、管理的创新和市场营销的创新，在激烈的竞争中是没有优势的，因为现在我们是全球最开放的农产品市场，消费者享受了全世界最优质农产品的同时，对我们国内农业特色农产品的发展带来了不小的压力，我们必须面对这个压力。中国的开放会越来越大，不可能关起门来搞农业，五千年来我们是自给自足的农业，现在是开放环境下的国际化的农业，统筹国际国内两个市场、两种资源的农业，这是我们现代农业人，包括管理生产和科技人员必须面对的挑战，只有过了这一关，中国的农业农村现代化才能真正迈上新的台阶。所以我们要抓住互联网弯道超车的机遇，构建新型经营主体、小农户与大市场有机衔接的方式。为什么党中央、国务院重视"互联网＋农业""互联网＋农村"，因为小农户生产通过互联网组织起来，来推销特色农产品、优势农产品，这是最经济、最方便、最有效的，这就抓住了要害。所以我希望新闻界的朋友，多为我们农产品的有效生产、有效对接，推动农业供给侧结构性改革共同努力，谢谢。

📷 **中国新闻社记者：**
刚刚听屈部长的介绍，确实感觉"互联网＋"在农村一二三产业融合方面有着非常重要的作用，但是一二三产业融合也涉及其他方方面面的工作，能否请您具体介绍一下，农业农村部在推进产业融合方面还有哪些具体措施？

🎤 **屈冬玉：**
"互联网＋农业"大的目的是促进乡村振兴，具体来说就是促进一二三产业融合发展，不是简单的"1+2+3"，所以互联网是一个很好的手段和平台。下面我们请农业农村部加工局局长宗锦耀详细回答。

🎤 **宗锦耀：**
这个问题很有针对性，推进农村一二三产业融合发展是党中央、国务院作出的重大决策，也是"三农"政策理论的创新和发展。过去就是农业抓农业，种养业搞种养，没有把加工、流通、销售等联起来，这是不行的，要全产业链、全价值链打造，使农业不断增值、增效，农民增收。我认为，农村产业融合发展有四方面意义和作用：可以构建现代农业的产业体系、生产体系、经营体系；可以促进农民持续较快的增收，可以培育农村新产业、新业态、新模式的发展，

可以推动城乡融合发展。总之，推进农村一二三产业融合发展，可以推动实施乡村振兴战略，增强农业农村的新动能。

"互联网＋"具有互通互联、连接万物的作用，刚才说是新农具、新工具、新设施，连接人、连接商品、连接市场、连接万物，可以利用市场需求和消费信息来引导生产、加工、流通，增强一二三产业的互联互通性，还可以把"互联网＋"的理念、技术引入到农业，推进农业与其他产业深度融合，打造农业农村经济的升级版。2017年，我国的农产品加工业产值达到22万亿元，休闲农业、乡村旅游营业收入达到7 400亿元，各种创意农业、分享农业、众筹农业、电子商务等新业态、新模式层出不穷，不断挖掘了农业的多功能，让农民分享增值的收益，这些都是"互联网＋"催生出来的。

近年来，农业农村部积极贯彻中央的决策部署，深入推进农村一二三产业融合发展，从2015年开始，我们组织实施一二三产业融合发展补助政策，到目前为止，已经累计安排了121亿元资金支持融合发展项目。现在农村融合发展呈现出多模式推进、多主体参与、多利益连接、多要素发力、多业态打造的新格局。

下一步，农业农村部要继续实施农村一二三产业融合发展推进行动：一是落实政策引导融合，推动落实财政、金融、税收、科技人才、用地用电等这些扶持政策的落地生效，扶持一批县、乡镇、村，发展农村的融合发展先导区、示范园，培育融合发展的一些企业主体。二是创业创新促进融合，鼓励农民工、大专院校毕业生、退役士兵、科技人员等返乡下乡创业创新。国务院曾经出台过支持返乡下乡人员创业创新的八个政策大礼包，前年也在这里举行过新闻发布会发布政策措施，推动创业创新。三是发展产业支撑融合，围绕现代农业和一二三产业融合发展，鼓励发展种养业、加工流通、休闲旅游、电子商务、健康养老、养生等产业，构建乡村产业体系，促进产业兴旺。四是完善机制带动融合，我们要引导企业和农户通过订单农业、入股分红，特别是要采取股份合作制、股份制等形式，来完善利益联结机制，让农民合理分享里面的增值收益，形成利益共同体、命运共同体。五是加强服务推动融合，为企业提供政策咨询、融资信息、人才对接等服务，力争到 2020 年，农村一二三产业融合主体规模不断扩大，产业链不断延长，价值链明显提升，供应链加快重组，企业与农民的利益联结机制更加完善，模式更加多样，农村一二三产业融合发展体系初步形成，为实现乡村振兴提供有力支撑。

谢谢。

◎ 袭艳春：

今天的吹风会到此结束，再次感谢三位发布人，谢谢大家！

焦非／摄

9. 加强长江水生生物保护工作政策例行吹风会

一、基本情况

时间	2018 年 10 月 17 日（星期三）上午 10 时
地点	国务院新闻办公室新闻发布厅
主题	解读《国务院办公厅关于加强长江水生生物保护工作的意见》
发布人	农业农村部副部长 于康震
	农业农村部长江流域渔政监督管理办公室主任 马 毅
主持人	国新办新闻局副局长、新闻发言人 袭艳春

加强长江水生生
物保护工作政策
例行吹风会

二、现场实录

女士们、先生们，上午好，欢迎大家出席国务院政策例行吹风会。最近国务院办公厅印发了《关于加强长江水生生物保护工作的意见》，为了帮助大家更好地了解相关情况，今天我们非常高兴邀请到农业农村部副部长于康震先生，请他为大家介绍有关情况，并回答记者朋友们的提问，参加今天吹风会的还有农业农村部长江流域渔政监督管理办公室主任马毅先生。下面先请于康震先生作介绍。

🎤 **于康震：**

女士们、先生们，媒体朋友们，大家上午好！首先感谢大家对长江水生生物保护工作的关心和支持！

为解决好长江珍稀濒危物种和水生生物多样性保护面临的突出问题，日前国务院办公厅印发了《关于加强长江水生生物保护工作的意见》（以下简称《意

张馨／摄

见》）。很高兴有机会就《意见》背景情况、主要内容和工作部署等与大家进行交流。

推动长江经济带发展是党中央作出的重大决策，是关系国家发展全局的重大战略。党的十八大以来，习近平总书记就推动长江经济带发展发表了一系列重要讲话，深刻阐述了长江经济带发展的战略定位、发展理念、发展方向和工作要求。2016年1月和今年4月，习近平总书记在重庆和武汉两次主持召开座谈会，对长江生态环境和水生生物保护与修复提出了明确要求，强调长江经济带建设要"首先立个规矩，把长江生态修复放在首位，保护好中华民族的母亲河，不能搞破坏性开发。通过立规矩，倒逼产业转型升级，在坚持生态保护的前提下，发展适合的产业，实现科学发展、有序发展、高质量发展""当前和今后相当长一个时期，要把修复长江生态环境摆在压倒性位置，共抓大保护，不搞大开发""要用改革创新的办法抓长江生态保护""绝不容许长江生态环境在我们这一代人手上继续恶化下去，一定要给子孙后代留下一条清洁美丽的万里长江"。这是《意见》出台总的背景和总的遵循。

以水生生物为主体的水生生态系统，在维系自然界物质循环、净化水域生态环境等方面发挥着重要作用，是保障国家生态安全的重要基础。长江是中华民族的母亲河、生命河，拥有独特的生态系统，孕育了丰富的水生生物，是我国重要的生态宝库和生态屏障。但是，随着经济社会的高速发展，各类高强度人类活动在创造了巨大经济效益的同时，也改变了长江的水域生态环境，对于水生生物的影响尤其突出。所以，习近平总书记指出："长江病了，而且病得还不轻""长江生物完整性指数到了最差的'无鱼'等级"。

针对长江水生生物面临的突出问题，原农业部从2016年1月重庆座谈会后即会同发展改革委等相关部门着手组织开展《意见》的起草工作。起草过程中，我们和长江流域各省（自治区、直辖市）渔业等相关主管部门、有关科研机构专家、社会公益组织代表等一起，进行了深入调研、反复论证和广泛征求意见，充分汇聚了各方智慧、凝聚了广泛共识。《意见》于今年9月26日经国务院审定印发，共8个部分、22条具体政策措施，基本涵盖了有关长江水生生物保护工作的全过程和各环节，从国家政策顶层设计的高度确立了相关制度框架和措施体系，是当前和今后一段时间指导长江生物资源保护和水域生态修复工作的纲领性文件。

下一步，农业农村部将会同有关部门和沿江各级党委、政府，深入动员部署，健全保障措施，完善推进机制，全力抓好《意见》的贯彻和落实。我们相信，《意见》的贯彻实施，将有力推动恢复长江流域水生生物资源、减缓重点物种濒危程度、改善生态功能、优化生态环境，让长江母亲河早日实现水清岸绿、鱼翔浅底的美好愿景。

下面，我和我的同事愿意回答大家的提问。

袭艳春：
感谢于康震先生的介绍，下面开始提问，提问前请通报所在新闻机构。

新华通讯社记者：
我国山川湖泊众多，据了解这是国家针对单一流域出台的第一个水生生物保护方面的文件，请问是出于一种什么样的考虑？谢谢。

于康震：
改革开放 40 年来，我们的经济高速发展，同时我们也牺牲了一部分的生态环境，这是高速发展付出的代价。水生态环境问题尤其突出，而水生生物又是水生态环境中最重要的指示性物种、指示性生物。长江作为世界第三、亚洲第一大河，水域生态类型多样，水生生物资源丰富，是地球上极其宝贵的淡水生物宝库，对于维系生物多样性和生态平衡，保障国家生态安全，具有不可替代的重要作用。据统计，长江流域分布的水生生物多达 4 300 多种，其中鱼类 400 多种，拥有中华鲟、长江鲟、长江江豚等国家重点保护的水生生物 11 种。还有长江特有的鱼类 170 多种，所以保护的责任尤其重大。

国家一级保护动物"长江女神"白鳍豚，大家都知道，我们已经多年没有见到了。长江江豚数量急剧下降，现在的数量只有我们的国宝大熊猫数量的一半。"淡水鱼之王"白鲟，从 2003 年以来到现在已经连续 15 年没有见到踪迹了。还有国宝中华鲟，野生群体的数量也在急剧减少，难以稳定自然繁殖。作为淡水养殖产业支柱的"四大家鱼"的鱼苗发生量，这是专有名词，每年新生的鱼苗幼育的数量，鱼苗的发生量持续下降，现在与 20 世纪 80 年代相比下降了 90% 以上。我举的这几个例子就说明，总体看来长江水生生物资源持续衰退，生物多样性指数持续下降，鱼类资源趋于小型化、低龄化，珍稀水生动物的濒危程度在加剧，甚至部分珍稀特有物种正在灭绝或者濒临灭绝，我们现在说的白鳍豚是功能性灭绝。

可以说长江水生生物保护的总体形势十分严峻，已经到了危急关头，甚至成为事关国家文明兴衰的大问题。所以这个时候国务院办公厅发布《意见》，是贯彻习近平总书记"共抓大保护、不搞大开发"重要指示精神的重要举措，也是落实党中央、国务院生态文明战略的有力抓手，是十分必要和及时的。全面遏制长江水生生物资源衰退和水域生态恶化的趋势，是各级政府和全社会的共同责任。《意见》明确长江水生生物保护的目标任务、主攻方向、重大行动和保障措施，符合长江生态保护的实际，具有较强的针对性和可操作性。出台《意见》有利于形成各部门合力推进、齐抓共管的工作格局，有利于营造全社会齐心协力、共建共享的良好氛围。

刚才记者提到，这么多的山川湖泊，首先出台的是长江，我们也没有忘了其他的水域水生生物的保护。在生态文明建设的总体布局之下，长江以外的其他流域相关的保护工作我们也在大力推进，根据中央的定位，长江经济带要成为生态文明建设的先行示范带，在长江行之有效的保护措施要根据实际需要逐步往其他流域复制和推广。例如，珠江、淮河、黄河等流域，现在已经在施行休渔禁渔制度，有效保护了水生生物资源和水域生态环境，取得了良好的经济、社会和生态效益。目前，我们农业农村部正就辽河、海河、松花江等流域禁渔期制度公开征求意见，争取早日实现七大流域能够全部实行禁渔休渔的管理。这是我们的一个路线图。

谢谢。

📷 光明日报记者：

我们知道，《意见》的出台对于加强长江水生生物保护工作具有非常重要的指导性意义，接下来农业农村部将采取哪些具体的措施，来推动《意见》的落实和长江水生生物保护工作？谢谢。

🎤 于康震：

我部将会同各有关部门和沿江省市的党委、政府来细化相关的配套措施，打好组合拳，把《意见》的各项要求不折不扣地贯彻落实到位，确保《意见》规定的各项任务目标能如期实现。这是《意见》对我们的总体要求，也是我们必须要努力做到的。

第一是实施重要生态系统保护和修复的重大工程。 在重要水生生物的产卵场、索饵场、越冬场和洄游通道等关键的栖息地，通过灌江纳苗、江湖连通、过鱼设施、生态调度、增殖放流等措施，增殖水生生物资源，恢复原有的生态功能，全力扭转水域生态恶化的趋势。

第二是实施珍稀濒危物种拯救行动计划。 加强网格化监测站点的布局建设，提高中华鲟、长江鲟、长江江豚等珍稀物种及其水域环境监测评估的动态化、网络化、信息化水平。坚持就地保护与迁地保护并重，开展珍稀濒危水生生物迁地保护工作，实施自然种群与栖息地就地保护工程，通过对关键物种的保护来带动促进整体生态环境的保护与修复。

第三是统筹处理好保护与建设的关系。 坚持上下游、左右岸、江河湖泊、干支流有机统一的空间布局，进一步规范水生生物保护区、水源涵养区、江河源头区及生态脆弱地区等重要地区的开发建设活动，守好生态保护红线、环境质量底线和资源利用上线。

第四是加快实施捕捞渔民的退捕转产。 当务之急是加快推进水生生物保护区和长江干流、重要支流等重点水域的渔民退出生产性捕捞作业，严厉打击"绝户网""电毒炸"等各类非法捕捞行为，让长江水生生物得以休养生息。

第五是建立健全水域生态补偿机制。 充分考虑保护和修复措施的流域性、系统性特点，制定差别化的保护策略与有针对性的管理措施，探索建立多元化生态保护补偿机制，逐步推动补偿资金和修复措施向禁止开发区域、重点生态功能区等重点区域倾斜，优先支持解决重点水域生态环境治理、各级各类保护地的保护与恢复等紧迫性的任务和问题。

第六是推动落实责任分工和工作推进。 会同有关部门分解落实行业主管责任，明确沿江各级地方政府的属地主体责任，结合实施乡村振兴战略及河长制、湖长制等制度，细化目标任务，明确时间表、路线图、任务单和责任人，严格督查考核，强化执法监管，将保护和修复的责任层层分解落实，尽快把《意见》的政策红利转化为长江的生态红利。

除此之外，今年11月3—4日，我们将会同有关部门在长江流域15个省（自治区、直辖市）人民政府和有关保护机构、科研院所，一起在湖北共同举办长江生物资源保护论坛，俗称"长江论坛"，专题共商长江水生生物保护大计，深入研讨贯彻落实《意见》的配套措施体系，推动加快形成共抓长江大保护的强大合力。所以，在这里我也提前向媒体朋友们发出一个邀请，欢迎大家届时能够关注我们的论坛活动，届时能够踊跃参会，参加论坛活动的宣传报道。谢谢大家。

📷 **中国新闻社记者：**

随着现在人们对环境保护和珍爱生命意识的增强，我注意到"放鱼""放生"这种公益放流活动受到越来越多民众的欢迎和喜欢，我看到《意见》中也提到了增殖放流活动的具体要求，能否请您介绍具体情况？谢谢。

🎙 **于康震：**

我建议请农业农村部长江流域渔政监督管理办公室主任马毅来回答一下这个问题。

🎙 **马毅：**

水生生物增殖放流是我们修复天然水生生物资源、改善水域生态环境的一项有效措施，也是一项老百姓都非常愿意参加的公益活动。每年6月6日，我

张馨／摄

们农业农村部都要组织开展全国范围的"放鱼日"活动，同时同步开展增殖放流活动。其中，2015—2017年，在长江流域累计放流经济物种129.3亿尾，珍稀特有物种3 414万尾，在一定程度上补充了繁殖亲本和生物资源，初步遏制了濒危物种急剧衰退的趋势。

但是放流也是一项专业性和技术性很强的工作，如果不是科学的规范放流，不仅不能够起到正面作用，反而会对自然生态系统造成负面影响。为此《意见》专门提出，要完善增殖放流管理机制，科学确定放流种类，合理安排放流数量，建立健全严格的放流苗种管理追溯体系和效果跟踪评估制度，严禁向天然开放水域放流外来物种、人工杂交或转基因种，防范外来物种入侵和种质资源污染。此外，农业农村部还制定《水生生物增殖放流管理规定》，规范了增殖放流管理要求、实施方法和技术标准等。如果开展放流活动达到一定的规模，还要依法依规进行申报，并接受渔业主管部门的监督指导。谢谢。

📷 **中央广播电视总台央广记者：**

《意见》里提到，到2020年长江流域重点水域实现常年禁捕，请问常年禁捕的水域是哪些水域，而对于此前在这些水域里以捕鱼为生的渔民该如何安置？谢谢。

🎤 **于康震：**

我们说的长江禁捕就是指整个长江流域，包括长江的干流、长江的支流，还有通江的湖泊等区域。刚才你提到长江禁捕与渔业生产的关系。我们现在的渔业主要是有两大生产方式：一是捕捞，是传统的捕捞野生鱼类；二是人工养殖。根据我国资源禀赋的实际情况，我们的选择只能是坚持"以养为主"的方针，同时推动保护和合理利用天然渔业资源。

我给大家报告几个数字，可以看出捕捞和养殖这两个方面在渔业生产中的比重，就可以说明这个问题。2017年，我国水产品的总产量是6 445万吨，其中养殖产量4 905万吨，捕捞产量1 539万吨。这个数字说明我们的养殖产量占到3/4以上，而捕捞产量不到1/4。长江流域的水域面积占到全国淡水总面积的50%，渔业资源曾经非常丰富，20世纪50年代长江渔业年均捕捞量都在45万吨左右，那个时候总产量没有那么高，这45万吨占到当时全国淡水捕捞产量的60%，占了一半多。因为全国淡水水产品的总产量大幅度增加，现在长江干流的捕捞产量已经不足10万吨，只占到全国淡水水产品总量的0.32%。由此可见，长江野生鱼类资源在中国渔业产量中的比重已经是微乎其微，影响不大。长江捕捞业已经走入了一个"死胡同"，资源越捕越少，鱼类越捕越小，渔民越捕越穷，生态越捕越糟，进入到恶性循环的境地。

国办《意见》对长江渔业的发展进行了统筹考虑和安排。一方面，建立长江流域重点水域禁捕补偿制度，就是不让捕捞了，但是国家给予适当补偿，对渔民生计进行合理保障，引导长江流域捕捞渔民退捕转产，率先在水生生物保护区实现全面禁捕，在重点水域实行合理期限的常年禁渔期制度，为长江的休养生息留出时间和空间。

另一方面，推进水产健康养殖，还是从"养"上找出路，满足全国人民对水产品消费的需求。推广成熟的生态增养殖、循环水养殖、稻渔综合种养等生态健康的养殖模式，发展不投饵滤食性、草食性的鱼类养殖，以鱼控草、以鱼抑藻、以鱼净水的生态修复制度。这也说明一个很重要的理念，不是说只要养鱼就会对水域生态带来破坏，要想维持好的水域生态，必须要有鱼，所以以鱼控草、以鱼抑藻、以鱼净水，这都是鱼对水域生态环境保护的积极作用，不仅要让老百姓能吃上鱼，更要"好水养好鱼"，让老百姓吃上"放心鱼"，这是我们在长江大保护的背景下对长江流域渔业发展总的考虑。谢谢。

📷 中央广播电视总台国广记者：

目前生态环境保护已经成为全社会共识，但社会上还是有少部分的人对水生生物保护的重要意义认识不够深刻，您能不能给我们介绍一下长江水生生物保护对于整个长江生态系统的保护，乃至全社会的可持续发展能够起到什么样的作用？谢谢。

🎤 于康震：

抓好长江水生生物保护工作，对于正确认识、准确理解长江大保护的实质具有重要意义。长江水生生物保护在长江大保护中到底处于什么地位、能起到什么作用，我想可以从以下几个方面理解。

首先，生物与环境是统一的生命体，要从尊重自然、顺应自然的高度认识水生生物在长江生态系统中的作用。 生物与环境之间相互影响、相互制约，并在一定时期内处于相对稳定的动态平衡状态，人类对生物与环境的伤害最终会伤及我们人类自身，这是无法抗拒的自然规律。以水生生物为主体的水生生态系统是维系自然界物质循环、净化水域生态环境的重要有机组成部分，没有水生生物的水就是没有生命的"一潭死水"。大家可以想象，自然界中没有鱼的水是什么水，"一潭死水"是带有文学性的描述，连鱼都生活不了的水，其他指标再好也不是健康的生态系统，各项指标也不可能长期维持。

其次，人与自然是命运共同体，要从中华民族永续发展的深度认识水生生物在历史文化传承中的作用。 以鱼为代表的水生生物，不仅是人类重要的食物来源，也是与人类生死存亡休戚相关的命运共同体。发源于长江和黄河的中华文明之所以能够绵延五千多年，一个重要的原因就是历来重视"天人合一、道法自然"的哲学思想，始终坚持"以时禁发、取之有度"的生态理念，强调世间万物"各得其所、各养其成"。保护好长江水生生物，打破资源过度使用的"公地悲剧"，不仅是推动长江经济带绿色发展的重要支撑，也是民族和历史对我们这代人的要求和期望。

最后，良好的生态是最普惠的民生福祉，要从顺应人民群众美好期待的角度认识水生生物在社会可持续发展中的作用。 生态环境是关系党的使命宗旨的重大政治问题，也是关系国计民生的重大社会问题。水生生物是水域生态系统持续健康运行的基础，除了具有为社会提供丰富优质动物蛋白的渔业或者水产品生产功能之外，还担负着维护国家生态安全、改善生态环境质量、提供良好人居环境的重要生态保障功能。这些都是水生生物为广大人民群众提供的丰富优质的生态产品，是最具基础性和普惠性的公共产品，也是习近平总书记"水清岸绿、鱼翔浅底"美好愿景的应有之义。

📷 **袭艳春：**

大家还有没有关心的问题，如果没有的话，今天的吹风会到此结束，再次感谢两位发布人，也谢谢大家。

10. 推进农业机械化和农机装备产业升级政策例行吹风会

一、基本情况

时间	2018 年 12 月 19 日（星期三）上午 10 时
地点	国务院新闻办公室新闻发布厅
主题	介绍推进农业机械化和农机装备产业升级的政策措施
发布人	农业农村部副部长　　　　　　　　　　　　张桃林
	农业农村部农业机械化管理司司长　　　　　张兴旺
	工业和信息化部装备工业司负责人　　　　　罗俊杰
主持人	国新办新闻局副局长、新闻发言人　　　　　袭艳春

推进农业机械化
和农机装备产业
升级政策例行吹
风会

二、现场实录

袭艳春：

　　女士们、先生们，上午好，欢迎大家出席国务院政策例行吹风会。上周国务院常务会议部署了加快推进农业机械化和农机装备产业升级，助力乡村振兴的有关工作。为了帮助大家更好地了解相关情况，我们今天非常高兴地邀请到农业农村部副部长张桃林先生，请他为大家介绍推进农业机械化和农机装备产业升级的政策措施，并回答大家提问。出席今天吹风会的还有农业农村部农业机械化管理司司长张兴旺先生，工业和信息化部装备工业司负责人罗俊杰先生。下面，先请张桃林先生作介绍。

张桃林：

　　女士们、先生们，大家早上好。很高兴与媒体朋友们见面，也感谢各位长期以来对农业机械化和"三农"工作的关注和支持。

张馨／摄

农业机械化和农机装备是转变农业发展方式、提高农村生产力的重要基础，是实施乡村振兴战略的重要支撑。没有农业机械化，就没有农业农村现代化。习近平总书记指出，要大力推进农业机械化、智能化，给农业现代化插上科技的翅膀。李克强总理强调，要推进农业机械化全程全面发展，加快我国农机装备产业转型升级。12月12日，李克强总理主持召开国务院常务会议，研究部署加快推进农业机械化和农机装备产业升级，明确了一系列政策措施。下面，我对政策措施的出台背景和有关内容，作一简要介绍。

党的十八大以来，我国农业机械化和农机装备产业保持较快发展态势。2017年全国农机总动力达到9.88亿千瓦，全国农作物耕种收综合机械化率超过66%，规模以上农机企业发展到2 500多家。我国已成为世界第一农机生产大国和使用大国，农业生产方式实现了从主要依靠人力畜力到主要依靠机械动力的历史性转变。

当前，实施乡村振兴战略，推进农业农村现代化，对农业机械化提出了新的更高要求，但总体上看，农业机械化和农机装备产业发展还不平衡、不充分，一些深层次的矛盾和问题亟待解决：一是农机装备有效供给不足，缺门断档和中低端产品产能过剩并存，机具的可靠性、适用性有待进一步提升；二是农机和农艺融合不够，品种选育、栽培制度、种养方式、产后加工与机械化生产的适应性有待加强；三是适宜机械化的基础条件建设滞后，存在农机"下田难""作业难"和"存放难"问题。要破解这些矛盾和问题，需要加大工作力度，出台更多务实管用的政策措施。

按照国务院部署，农业农村部、工业和信息化部会同有关部门，认真谋划加快推进农业机械化和农机装备产业转型升级的思路举措，国务院常务会议已审议通过。

在指导思想上，深入贯彻习近平新时代中国特色社会主义思想，以农机农艺融合、机械化信息化融合、农机服务模式与农业适度规模经营相适应、机械化生产与农田建设相适应为路径，补短板、强弱项、促协调，推动农机装备产业向高质量发展转型，推动农业机械化向全程全面高质高效升级。这里说全面机械化是指：我国农业机械化发展领域开始全面拓展，即从粮食作物机械化向经济作物机械化拓展，从种植业机械化向畜牧养殖业、水产养殖业、设施农业、农产品初加工业机械化延伸，从平原地区机械化向丘陵山区机械化进军。

在发展目标上，力争到2025年，农机装备品类基本齐全，产品质量可靠性达到国际先进水平。全国农机总动力稳定在 11 亿千瓦左右。全国农作物耕种收综合机械化率达到 75%，粮棉油糖主产区（县）基本实现农业机械化，丘陵山区（县）农作物耕种收综合机械化率达到 55% 以上，设施农业、畜牧养殖、水产养殖和农产品初加工机械化率总体达到 50% 左右。

在工作举措上，一是通过完善农机装备创新体系、推进全产业链协同发展、优化产业结构布局和加强质量可靠性建设，加快推进农机装备产业高质量发展；二是通过加快补齐全程机械化生产短板、协同构建高效机械化生产体系，着力推进主要农作物生产全程机械化；三是通过加强绿色高效新机具新技术示范推广、推动智慧农业示范应用，提高农业机械化技术推广能力，大力推广先进适用农机装备与机械化技术；四是通过发展农机社会化服务组织、推进农机服务机制创新，积极发展农机社会化服务；五是通过提高机械化作业便利程度、完善农机作业配套设施，持续改进农机作业基础条件；六是通过健全新型农业工程人才培养体系、注重农机实用型人才培养，切实加强农机人才队伍建设。从上述六个方面入手，出台有针对性的扶持政策。

下一步，农业农村部、工信部将按照国务院的总体部署，与有关部门密切协作，建立协调推进机制，加快推进农业机械化和农机装备产业转型升级，为实施乡村振兴战略提供有力的装备和技术支持。

下面，我和我的同事愿意回答大家的提问。

袭艳春：
感谢张桃林先生的介绍。下面进入答问环节，提问前请通报所在新闻单位。

中央广播电视总台央视记者：
我们看到 12 月 12 日的国务院常务会议提出，要加快主要农作物生产过程的全程机械化，为什么要特别强调这一点？下一步会有哪些具体措施进行扶持？谢谢。

张桃林：
农业机械化发展水平是农业现代化的重要标志，也是农业综合生产能力的一个重要体现。目前我们国家主要农作物是小麦、水稻、玉米，三大粮食作物的耕种收机械化水平超过 80%。但是，就这三大作物从全程机械化的角度来讲也不平衡，比如水稻的机插机械化率相对还比较低，玉米机收的水平上升比较快，但相对其他方面要低一点。特别是我们过去主要是重点推进耕作、种植、收获三个环节的机械化，高效植保、秸秆处理、产地烘干的机械化水平还不高，其他的农作物，特别是经济作物的弱项比较多，比如马铃薯、棉花、油菜等作物的机械化率只有30%左右，甘蔗的机械化率更低，仅3%左右。

党中央、国务院对推进主要农作物生产全程机械化高度重视，乡村振兴战略规划对此也提出了明确要求。上周国务院常务会议也作出了进一步部署，我们下一步要认真贯彻落实决策部署，采取措施来推进全程机械化，主要从三个方面着手。

一是聚焦短板弱项。瞄准农业机械化的需求，研发适合国情、农民需要、先进适用的各类农机，同时要加大先进的机具和技术的试验示范力度，探索具有区域特点的全程机械化解决方案。

二是创新协同机制。农业机械化牵扯到方方面面，包括地域、品种、种植栽培制度，还有产后加工等。我们提出要使良种、良法、良地、良机配套，也就是良田良制、良种良法、农机农艺融合配套，为全程机械化发展创造良好条件。

三是加强组织推动。深入实施主要农作物生产全程机械化推进行动，这方面我们过去有一些示范基地，也有一批典型。我们要继续创建一批示范县，通过典型引路来示范带动农机化水平全程全面提升。

目前，全国已有300多个县区率先基本实现了全程机械化，计划到2020年示范县的数量达到500个以上。谢谢。

📷 **经济日报记者：**

我们了解到，近年来我国农机社会化服务发展较快，帮助很多小农户解决了机械化生产问题，能否为我们详细介绍一下农机社会化服务发展的现状，以及下一步如何推动其更好地发展？谢谢。

🎤 **张桃林：**

正如您所讲，这些年来农机社会化服务发展比较快，特别是随着工业化、城镇化步伐加快，请工难、用工难的问题日益突出，对机械化的需求也越来越迫切。现在农业劳动力的结构发生了很大的变化，青壮年劳动力相对比较短缺，如果按照过去劳动方式、劳动强度，粮食生产面临比较大的挑战。大家都知道，我国农户经营规模水平都比较小，家家户户都去买农机也没必要，而且农田也比较分散，社会化服务应运而生、蓬勃发展。

目前，农机专业户已有约 500 万户，农机合作社等作业服务组织差不多有 20 万个，每年的作业服务面积累计超过 40 亿亩，已经成为农业发展非常重要的支撑。农机化社会化服务既为广大小农户解决了耕种难的问题，实际上也通过农机的载体功能，让先进适用的农业技术得到更好的应用和推广。可以说，农机化也促进了粮食等农业生产的科技化水平，促进了土地流转、规模化经营、标准化生产。我们认为农机化服务是一个引擎，可以聚集先进的生产要素，而且可以带动其他各类农业专业合作社或者服务组织的发展。

下一步，我们将按照国务院常务会议精神，加快推进农机化服务提档升级。一是进一步加大政策支持力度。在总结过去好的做法和经验基础上，培育壮大农机专业户、农机合作社和农机作业公司等各种形式的新型农机服务化主体。二是要推进服务机制进一步创新。我们鼓励农机服务的主体与家庭农场、种植大户、普通农户，以及农企构建联合体，促进机具共享、互利共赢，也更大限度提高机具的利用效率，减少降低生产成本。三是要推动服务业态创新。建设一批全程机械化＋综合农事服务中心，为各类生产主体提供全过程、全要素的机械化服务。我们通过机械化服务组织，把其他一些要素聚集起来提供服务，可以把农业生产资料、技术培训、市场信息通过合作组织进行聚集，打造共同平台，来提供"一站式"的服务，助推多种形式的适度规模经营。四是加快"互联网＋农机作业"应用。提升农机服务效率，扩展农机服务领域，推进农机服务向生产全过程、全产业链延伸，努力为农民生活、农业生态，包括农村能源、环保等方面提供机械化的高效率、高质量服务。谢谢。

📷 中国新闻社记者：

刚刚张部长提到，现在中国已经是世界上第一农机生产大国和使用大国，此次国务院常务会议提出要推进农机装备产业转型升级。请问我们在这方面还有哪些不足？下一步需要从哪些方面发力推进？谢谢。

🎤 张桃林：

这个问题请工信部罗俊杰先生回答。

🎙 罗俊杰:

谢谢记者的提问。改革开放以来，我国逐步建立起了适合于我国国情的农机工业体系，应该说在很短的时间内，我们实现了从"牛耕人拉"到"机耕铁犁"的进步，极大提高了社会生产力。总体看来，我国农机制造的体系基本健全，技术水平逐步提升，开放合作也初显成效，有力保障了我国农业机械化的稳步发展。刚才张桃林副部长介绍情况的时候也讲到了，我国现在农机装备行业规上企业 2 500 多家，去年的产值规模达到 4 500 亿元左右，我们已经是世界第一农机生产大国和使用大国。

但在发展过程中确实存在着不平衡、不充分的问题，特别是一些先进适用的农机装备有效供给还不足，缺门断档和中低端产品过剩的问题并存，还有机具的可靠性和适用性有待进一步提升，特别是农机与农艺融合不够。当前，全球农机装备向大型复式、节能高效、智能精准的方向加速发展，在我国农村人口结构变化的历史大背景下，我们确实也面临着"谁来种地、怎么种地"的新问题。发展农机装备是重要基础，必须与农业机械化统筹规划，一体推进。为此，我们将认真贯彻落实国务院常务会议的决策部署，下一步重点做好以下几方面工作。

一是要聚焦短板弱项，建设创新体系。这次国务院常务会议提出，要抓紧解决主要经济作物薄弱环节"无机可用"的问题。下一步，我们要加大科研支持力度，突破核心技术和关键零部件的"瓶颈"制约，不断优化产品结构，建立健全部门协同联动、覆盖关联产业的创新机制，完善以企业为主体、市场为导向的农机装备创新体系。同时，鉴于农机作业环境复杂、时效性强，对农机装备的可靠性、稳定性的要求非常高，我们鼓励企业加强研发后样机的工程化验证，深化农机农艺融合，与新型农业经营主体对接，探索"企业＋合作社＋基地"等研发生产新模式，切实提高农机装备的质量，破解"无机好用"的难题。

二是推进全产业链的协同发展，优化产业结构。农机装备企业要和产业链上下游企业深度对接，协同攻克基础材料、基础工艺、电子信息等"卡脖子"的问题。同时，零部件与整机企业要"主配牵手"，共同构建成本共担、利益共享的新型合作机制。我们也鼓励大型农机企业向成套设备集成转变，支持中小企业向"专、精、特、新"的方向发展，支持优势农机装备企业为龙头，带动区域特色产业集群的建设。

三是加强质量可靠性建设，促进智慧农业发展。我们将构建现代农机装备标准体系，加强农机装备产业计量测试技术研究，支持重点地区建立农机装备检验检测认证公共服务平台，促进新一代信息通讯技术在农机装备和农机作业上的应用，引导智能农机装备加快发展，推进"互联网＋农机作业"。

四是推动开放合作，加强国际交流。大家也知道，全球十大农机企业已在我国设厂，并得到了很好的投资回报，我国的一些骨干龙头企业也纷纷走出国门。所以下一步要积极推进先进农机技术及产品"引进来""走出去"，鼓励企业参与对外援助和国际合作项目，提升国际经营能力，融入全球的产业体系。我们也将积极培育具有国际竞争力的农机装备生产企业。

总体来说，要做的工作还很多，核心是要加快农机装备技术创新和产业的转型升级，推动农机装备产业实现高质量发展。谢谢。

📷 **光明日报记者：**

我注意到，这次国务院常务会议特别提到持续改善农机作业的基础条件，支持丘陵地区农田进行宜机化改造。请问张部长为什么强调这一点？未来将如何推动这项工作？

🎤 **张桃林：**

谢谢您的问题，确实非常重要，也是农机化发展当中需要破解的瓶颈问题。我前面提到，相对于平原地区，我们国家面广量大的丘陵地区农机化发展水平相对还比较低，还有不少制约因素，所以这次国务院常务会议在整个转型升级里把丘陵地区的农业机械化作为重要问题提出来，我想是非常及时的。

因为农田的条件也是农机作业的前提条件。当前，农机化发展总体来讲，北方快、南方慢，实际上是平原快、丘陵慢。整个农机化，全国农作物的机械化率是 66%，但是丘陵地区只有不到 40%。这里面很重要的一个原因，就是因为丘陵山区农田基础设施状况与农机作业的需求不相适应，突出表现在有些地方田间缺乏农机作业最基本的条件，就是机耕道，你的机具要能够上山、能够下田才能作业。有些俗语说"牛进得去，但是铁牛（就是农机具）进不去"。第二个是因为丘陵山区的情况，大家都了解，地块相对起伏变化比较大，而且地块相对来讲，特别是耕地也比较分散，不是集中连片，破碎化的程度比较高，田块比较细碎、高低不平，所以农机作业难度比较大，对机具的要求很高。要改变这种局面，加快丘陵山区农业机械化的发展，需要我们从顺应机械化作业要求来入手，改善农田基础条件。

为此，国务院常务会议也特别强调要支持丘陵山区"宜机化"改造，宜机化改造其实不少国家在推进农机化过程当中都作为基础工程来做的，像日本、韩国，他们丘陵山区机械化发展历程也都表明，机耕道建设和地块整合是重要的先决条件、前提条件之一。从国内来看，这几年我们也一直在探索在推进，尤其是重庆，我也多次到实地看，重庆搞"宜机化"改造方面做了有益探索，积极推进。许多巴掌田、鸡窝地，现在通过整理也能够进行大中型农业机械的作业，为丘陵山区开展标准农田建设、推进农业机械化提供了很好的经验。

下一步，我部将会同有关部门重点抓三项工作：一是修订完善高标准农田建设、土地整理、土地综合整治等方面的制度标准，进一步明确田间道路、田块长度宽度等宜机化的要求，我们最近在研究高标准农田建设跟农田整治的问题，把宜机化作为里面非常重要的内容或者指标，把它纳入进去。大家知道，高标准农田建设、土地整理等方面的职能，现在整合到农业农村部一家在做，这对于下一步更好地发挥职能作用做好工作是一个很好的机遇。二是统筹中央和地方各类相关资金以及社会资本，推动田块小并大、短并长、弯变直和互联互通，这些都是在这几年探索过程当中总结出的经验，为农机通行和作业创造条件。三是重点支持丘陵山区开展农田宜机化改造，加快补齐丘陵山区机械化基础条件这块短板。当然我们做这个还是要因地制宜，既要讲科学，也要讲效益，因为宜机化改造也要根据条件进行改造，还要考虑到经济、社会、环境生态等诸多方面的影响，综合统筹来抓好这项工作。谢谢。

📷 **中国日报记者：**

有两个问题。第一，早在 2004 年中央提出了对农机购置的补贴，这项政策对于提高农机化有什么作用？第二，上个星期国务院常务会议提出要对国内外的农机购置一视同仁，这项政策如何落实？对于外资企业来说会有怎样的机会？

🎤 **张桃林：**

这个问题请农机化管理司司长张兴旺来回答。

张馨／摄

🎤 **张兴旺：**

谢谢你的提问。这个问题，各方面都特别关注。实际上农机购置补贴政策，是关系农民群众福祉、关系农业农村现代化进程、也直接关系农机产业健康发展的一个含金量非常高的政策。这项政策是 2004 年党中央、国务院出台的一个非常重要的惠农强农富农政策，应该说，实施十几年来，为推动农业生产"面朝黄土背朝天"转变为机械化为主，发挥了至关重要的作用。到各地走一走看一看，就会感受到老百姓非常欢迎，非常拥护。政策实施 14 年来，中央财政累计投入资金 2 000 多亿元，直接惠及的农户 3 300 多万，扶持农民和各类农业生产经营主体购置农机具 4 000 多万台套。简单来讲就是"234"，也就是 2 000 多亿元、3 000 多万农户、4 000 多万台套，有力地促进了我国农业机械化和农机装备产业的跨越式发展。

有几个基本数据，在政策实施同期的 14 年里，从 2004 年到 2017 年，全国大中型拖拉机拥有量由 110 万台增加到 670 万台，增加了 5 倍多；每百户农民拖拉机拥有量由 6 台增加到 13 台，增加了 1 倍多；亩均动力由 0.33 千瓦增加到 0.49 千瓦，增加了 50%。同样的时间段里，全国农作物耕种收综合机械化率由 34% 提高到 66%。

今年年初，农业农村部、财政部在全面总结过去工作的基础上，对未来三年（2018—2020年）农机购置补贴的政策做出了进一步安排。按照上周国务院会议精神，要稳定实施这一政策，下一步重点要突出四个方面。

一是要更加注重有效性。要着眼于农业各产业对于农机装备的新需求，包括农村生态方面对于农机的新需求，来优化补贴机具种类的范围，加大对短板机具、高端机具、智能装备，当然也包括粮食等主要农产品生产所需机具补贴力度，促进装备提档升级，让政策发挥最大效益。一方面是要强化绿色导向，大力支持深松整地、秸秆还田离田、畜禽粪污资源化利用等绿色高效装备的推广应用。另一方面要突出特色导向，要从中国国情出发，大力支持包括小农生产对于机械化的需求，还有刚才张部长讲到丘陵山区对于机械化的需求，包括上周国务院常务会议讲到甘蔗这样的特色作物对于机械化的需求，也要给予重点支持。

二是要更加注重便利性。这几年在长期探索基础上，真正操作层面采取了"定额补贴、自主购机、先购后补、县级结算、直补到卡"的操作方法，老百姓在购买农机以前，是不需要先提出申请资格的，你买了以后，直接按照程序申请补贴就可以了。同时，这个政策不仅向农民开放，也向专业合作组织，包括农业企业各类生产经营组织开放。对于符合补贴范围的机具，实行敞开补贴。在实际操作过程当中，根据"放管服"要求，怎么样让好的政策更好地为农民提供便利化的服务，包括上门服务、利用现代信息化手段，我们也在积极推动各地在进行探索。

三是要更加注重开放性。也就是刚才你讲到对国内外农机产品是不是一视同仁。在整个制度设计上、安排上，现在无论是国内生产的农机具，还是国外进口的，只要符合补贴资质条件，农民购买以后都是可以申领补贴的。按照2018—2020年的操作办法，所有符合补贴范围的进口农机产品也可以享受补贴。这样在政策层面上，购买国内外农机产品已经做到了一视同仁，要通过这样的举措深化农机对外开放，促进公平竞争，真正让老百姓得实惠。

四是要更加注重安全性。在实施过程中，要加强监管，不断提高政策的规范化、制度化和信息化水平，坚决依法惩处失信违规行为，严格防控系统性风险。对于在政策实行层面出现的跑冒滴漏情况坚决查处。通过这样的措施，保障政策的廉洁高效实施，不断提高政策的透明度和政策的实现度。谢谢。

🎙 **张桃林：**

简单补充一点，刚才张兴旺司长把情况给大家作了介绍。农机购置补贴从2004年实施，我是2008年到农业部工作的，而且一直主管这项工作，我亲身经历了农机购置补贴资金支持强度快速增加的过程。农机购置补贴在推动我们国家农机化发展，特别是实现从人力畜力向机械动力的历史性跨越方面发挥了巨大作用。大家知道，农机化特别是在购置补贴过程中也经历了几个阶段，而且我们的农机购置补贴政策实施过程中，也由于链条长、层级多，各个方面发展不平衡，所以在这个过程当中也是在不断地探索、不断地创新、不断地改进和完善。总的来讲，农机购置补贴下一步要围绕农业绿色发展、高质量发展、农业转型升级，还要跟制造业转型升级协同推进。特别是围绕农业机械化的全程全面高质高效来进行购机补贴的创新和完善，能够实现整个购机补贴政策的指向性、精准性、高效性和便利性，在这些方面能够有更大的提高。谢谢。

📷 **袭艳春：**

大家还有关心的问题吗？我注意到只有一位记者举手，最后一个提问。

📷 **凤凰卫视记者：**

请问张部长，近期网上传闻农业农村部的食堂是不吃转基因的，尤其是腐竹、食用油都必须是非转基因的，不知道是否可以证实，如何作评价？转基因大家都比较敏感，对转基因食品的安全性如何看待？谢谢。

🎙 **张桃林：**

其实转基因问题，农业农村部包括我本人也多次在多个场合作过介绍和回应。转基因问题大家都很关注，关于食堂吃不吃转基因，有没有特供问题，我在今年"两会""委员通道"已经给大家作过介绍。据我了解，我们没有专门的特殊供应渠道，我们所吃的东西跟大家一样，都是从市场上购买的，这一点我再次说明一下。

转基因技术是生物科技的前沿技术，无论是从科学原理上，还是从长期的实践，特别是国际权威机构的长期跟踪、评估、评价、监测结果，都表明转基因技术的安全性是可以控制的，是有保障的。国际食品法典委员会、世界卫生组织等国际组织都专门制定了国际公认和遵循的转基因安全标准和规则，确保通过安全评价的批准上市的转基因产品，除了增加预期或者是期望的特定功能，比如抗虫、耐除草剂，或者抗旱的功能之外，并不增加额外的风险，这都有一整套科学权威严格的安全评价程序。我们国家对转基因发展方针也是一贯的、明确的，就是研究上要大胆，坚持自主创新；推广上要审慎，做到确保安全；管理上要严格，坚持依法监管。我们国家也专门建立了国家农业转基因生物安全委员会，这个委员会是由国家相关部委推荐遴选的跨学科、跨部门的权威专家组成，以保证我们国家转基因安全评价科学规范、严谨权威。

总的来讲，我们会以对人民高度负责的态度，积极研究，审慎应用，严格管理，推进转基因健康发展。让科学技术能够更好地造福人民，增进人民福祉。谢谢。

📷 **袭艳春：**

再次感谢张部长，也谢谢两位司长，今天的吹风会到此结束。

赵一帆／摄

11. "基层农业工作者话丰收"中外记者见面会

一、基本情况

时 间	2018 年 9 月 20 日（星期四）上午 10 时	
地 点	国务院新闻办公室新闻发布厅	
主 题	基层农业工作者话丰收	
发布人	湖南种粮大户	董敏芳
	江西稻田养鱼大户	黄国平
	河北内丘县岗底村党总支书记	杨双牛
	内蒙古自治区阿荣旗旗委书记	栾天猛
主持人	国新办新闻局副局长、新闻发言人	袭艳春

"基层农业工作者话丰收"中外记者见面会

二、现场实录

📷 **袭艳春：**

女士们、先生们，上午好。欢迎大家出席国务院新闻办公室中外记者见面会。前不久，农业农村部部长韩长赋先生在我们发布厅发布了一个大家非常关注的消息，就是今年我们国家首次设立了"中国农民丰收节"，现在已经临近首个"中国农民丰收节"了，为了帮助大家更好地了解相关情况，我们今天非常高兴地邀请到四位基层的农业工作者和大家见面，也围绕"农民丰收节"和大家作一下交流。

我先逐一地介绍一下，他们是内蒙古自治区阿荣旗旗委书记栾天猛先生，湖南省种粮大户董敏芳女士，河北省内丘县侯家庄乡岗底村党总支书记杨双牛先生，江西省彭泽县稻鱼综合种养领办人黄国平先生。首先，先让他们和大家聊两句，说一说他们平时都做什么样的工作，包括首个"中国农民丰收节"到来了，他们都是怎么想的。请栾天猛先来说说。

🎤 **栾天猛：**

各位媒体的朋友们，大家上午好。今天非常高兴也非常荣幸能够参加这个媒体见面会，我叫栾天猛，是来自内蒙古自治区呼伦贝尔市的一名基层农业工作者，我1995年大学毕业，毕业之后到了乡镇基层工作，亲历了农村农业的巨大变化，也深深地感受到了国家在"三农"政策上的强力支持。现在我作为一名基层县委书记，更加有幸地参加到了我们国家现在正在实施的乡村振兴战略当中，就更感觉到身上的压力很大，同时也感到一份责任和一份光荣。

阿荣旗地处呼伦贝尔东南，呼伦贝尔大家都知道的，它是世界驰名的大草原，这个草原是绿色的，呼伦贝尔的阿荣旗也是一样，我们也是一片绿色净土，得益于大兴安岭雪水和森林的滋养，滋养出470万亩的优质黑土地。在这片土地上生活了33万各族人民群众，我们是全国粮食生产先进县，是国家现代农业示范区，欢迎各位媒体朋友有机会到我们那里走访、参观。谢谢大家。

谢谢栾天猛书记。刚才在休息室里栾书记谈起呼伦贝尔大草原也是满满的自豪感，应该也是非常欢迎大家经常去看看。

🎤 **栾天猛：**

再给大家讲一下。阿荣旗是蒙语，翻译过来是清洁、洁净，所以我们的旗名是名副其实。

🎤 **董敏芳：**

大家好，我叫董敏芳，是湖南省岳阳县筻口镇人，创办了岳阳县丰瑞农机专业合作社，也是湖南省的种粮大户。我是一名返乡创业的新型职业农民，2001年到2012年先后在海尔集团和长沙通程电器从事管理工作，是一名标准的职业白领、城市白领。2013年带着积累多年的管理经验，返回家乡，领办了岳阳县丰瑞农机专业合作社和润升水稻专业合作社，到目前为止已经流转土地4 300多亩。合作社带领农户抱团闯市场，组建了我们的粮食产后服务中心，为周边的农户服务面积3万多亩，应该说为当地的农民带来了"种田乐"新感受。

📷 **袭艳春：**

敏芳是种粮大户，第一次见她的时候还挺吃惊的，竟然有那么漂亮的种粮大户，后来敏芳也和我分享了一路走来的心路历程，怎么去的农村，一会儿可以和大家再多聊一聊。下面请杨双牛先生作介绍。

🎤 **杨双牛：**

各位记者，大家上午好。我来自河北省邢台市内丘县太行深山区的一个小村，叫岗底村，我叫杨双牛。我是富岗果品专业合作社的发起人，我1984年接任村党支部书记，当时我们村里人均年收入不到80元，人称"九龙岗下穷舍庄，穷傻愚民传四方，糠菜树叶百年粮、光着脊梁睡土炕"。我就在这样的情况下接任的村党支部书记。特别是习近平总书记指示要学习李保国老师，大家称他是太行山上的新愚公，从1996年到我们岗底村扶贫了20年，使我们的年收入由过去人均80元变成现在39 000元，这完全是靠我们搞苹果产业和其他果品产业富裕起来的。老百姓做饭、取暖、烧燃气，家家都有小轿车，过去讲"30亩地一头牛，老婆孩子热炕头"，现在我们岗底人是"30亩果园一栋楼，老婆孩子热炕头"的这样一个舒适生活。外地人到我们岗底以后，用什么话来描绘我们的丰收呢？就是"十里听见果农笑，百里闻得苹果香"，政策带来大发展，科技为农业发展插上了金翅膀。

📷 **袭艳春：**

大家觉不觉得双牛书记的口才很好，有这样的村书记带领农民们致富应该说非常棒的。最后请黄国平先生作介绍。

🎙 **黄国平：**

大家好，我名字叫黄国平，来自美丽的长江支流鄱阳湖畔，江西省九江市彭泽县的一位农民。我毕业以后就是当农民的，天天跟土地在一起打交道，是一个地地道道的农民。我做过养殖、水产品批发、贸易，在2012年创建了江西省首个区域公用品牌——鄱阳湖大闸蟹。我们现在流转土地1万多亩稻渔综合种养，带动彭泽县10万余亩，既保证粮食丰收、水产品供给，又带动农民增产增收。目前，全市有46万亩稻渔种植种养，我们九江推动这个产业，带动周边大部分农民都是一田双用、一水双养、一块田地、两块品牌，谢谢大家。

📷 **袭艳春：**

国平理事长刚才也给我们介绍了鄱阳湖的美丽，夕阳西下美丽的景色，也让我们心生向往，在这样一个地方带领大家致富，应该说，也是我们农民奔向新生活的一个非常好的景象。大家简要地聊了几句之后我们开始和大家进行交流。提问前还是请通报一下所在的新闻机构，请大家提问。

📷 **中央广播电视总台央视记者：**

有两个问题请教一下各位。"中国农民丰收节"马上就要到了，请各位介绍一下今年的生产情况，你们有什么样的感受和体会，你们觉得今年会是一个丰收年吗？谢谢。

栾天猛：

在我们国家第一个"中国农民丰收节"来临之际，刚才这位记者提到了目前的农业生产形势、丰收形势是什么情况，可以讲人努力天帮助政策好。具体到我所工作的阿荣旗是这样的情况，我们今年的粮食产量预计达到42亿斤，是1998年以来历史的一个最高的收成。42亿斤是什么概念？就是全国13亿多人每人3斤多粮食，我觉得也是阿荣旗22万农民向第一个"中国农民丰收节"的献礼。现在我们全境内漫山遍野的大豆高粱，一片丰收景象，丰收在望，农民喜出望外。今年大家的这种高兴的情绪来自两个方面，一方面来自于土地的丰收，另一方面来自于大家对第一个"中国农民丰收节"给予农民的这种幸福感、尊重感和获得感，所以大家满怀喜悦迎接这样的节日。

参加完今天的媒体见面会之后我就会赶到旗里面，我们明天是旗里面的第一个我们自己的"东西中国农民丰收节"，这个丰收节的情况可以跟大家做一个分享。我们的主题叫做"产业兴旺、丰收阿荣"。我们围绕着7个大的产业，7大产业是肉牛、马铃薯、甜菜、高粱、大豆、玉米、中草药。我们要评选出牛王、大豆王、高粱王、玉米王和甜菜王。这项工作在一个月之前广大农民朋友积极地参与进来了，大家的积极性特别高。今天早上我了解了一下评选的情况，现在"甜菜王"单棵重8斤，像小洗脸盆一样大。我们的"大豆王"单株，一株上面是90多个豆荚，这是什么概念呢？一亩的产量就是420斤，现在世界上大豆产量比较高的是美国，美国是400斤。我们的"牛王"是当地的肉牛品种，达到了1 800斤，所以和大家分享一下成果。奖品是什么？我们给每个产品的"王"奖品是一头牛和两吨生物有机肥，所以农民朋友特别高兴。在这里我也高兴邀请各位媒体的朋友，如果大家感兴趣，可以去我们旗里参加丰收节。

黄国平：

我给大家讲一下丰收的喜悦，这是我作为农民来说特别高兴的一天。今天是我们大闸蟹开捕第一天，今年预计产量达到2 700吨，比去年1 600吨增加了1 100吨，今天是感觉最高兴的一天，就这个机会给各位媒体介绍一下大闸蟹。鄱阳湖天猫旗舰店、鄱阳湖京东旗舰店全部都有销售。我们从2015年开始和老百姓合作，每一年增产、每一年增收，最多的老百姓一年一户搞到70多万块钱，所以一亩田一般的情况下5 000块钱。有一个老百姓承包一百亩，就要搞50万块钱，我们带动 5 000 多户的老百姓，个个都感觉到从来没有这么多的幸福感。就我们来说，我们带动了老百姓，也带动了贫困户，带动了 945 户，贫困户最低一人挣到 3 万块钱左右。我讲个小故事，我到田间去的时候，一个贫困户找了我，他不知道我是谁，说我今年不要你扶贫了，我去年跟大户参股了，分了 5 万块钱，扶贫的话只有 3 000 多块钱，我不要了，我现在不是贫困户了。贫困户跟我说，我真的一晚上都没有睡着觉。作为一个老百姓，一个农民，这么长时间，是我唯一没有睡着觉的晚上。

🎤 **董敏芳：**

　　我们湖南区域属于双季稻种植区域，往年种粮食是双季产 1 吨粮，早晚两季，产值是 2 000 多块钱。在今年的水稻最低收入价下调的情况下，合作社做了结构调整，开展稻虾、稻鱼、稻蛙的共养。现在到湖南去看，在岳阳县都是金灿灿的一片，正是我们的收稻谷的季节了。我们预计的稻谷产量可以超过 1 200 斤，而且我们今年在 5 月份开始收小龙虾的时候，每一亩地的小龙虾，最低的单价卖出去都是每斤 10 多元，高的时候卖到 80 多元一斤。所以，今年的整个产值翻了三番，我们真正是一个大丰收。在我们县里面，这个月 22 号组织大丰收的节庆活动，老百姓说是真正我们自己的节日，是最有感触的一个节日。

🎤 **杨双牛：**

　　以上各位同志都说了粮食的丰收，大闸蟹的丰收，真是一片好景象。我们太行山的丰收景象，真是让老百姓高兴得不得了。现在整个山川、沟道、山上都是苹果树。靠科技让老百姓真是都富裕了，不是过去说我们那儿比较穷。大家非常感谢改革开放政策，感谢政府对农业、林业以及山区的支持，都说现在真好，现在是 60 岁以上的老头、老太太都说要不是共产党可没有今天的生活，又给发东西，又给治病，又给掏钱，这个时代真好，全是一片丰收景象，谢谢。

🎤 **董敏芳：**

　　当前，我们正是收稻谷的季节，因为稻子是绿色生产、绝对不会施药的，因为是和小龙虾共养的，我们今年的稻谷是非常优质的，如果有兴趣的朋友也可以帮我们多做一下宣传，谢谢。

现在随着生活水平的提高，消费者对农产品的安全和品质都提出了更高的要求，想请教一下在座的各位，你们的农产品质量怎么样？大家是如何来提高农产品的质量和水平，让消费者买得放心、吃得放心？谢谢。

🎤 **杨双牛：**

我们是进行标准化生产，我们给苹果设置了 128 个标准化生态工序，这是通过专家设计的，我们严格按照专家的设计进行，不打农药、不施化肥。我们的苹果在管理上按照工序来，一道不按工序来罚 100 元，三道不按工序罚你 1 000 元，我们曾经把一个果农罚得当场哭。我们走的是生态、经济、社会三大效益协同发展，完全按照生态的要求和绿色要求去进行生产。还有就是严格管理，严格按照标准化管理。我们还设定了自己的追溯系统，原来叫条形码，现在是二维码，拿手机一扫或者电脑上都可以看到我们的管理过程。再一个是"专卖店"，我们投资建了冷库、冷藏车，用一个窗口专门进行售卖，想吃好苹果请到专卖店。我们走的是绿色和有机两条生态线，有机是有机的管理，绿色是绿色的管理。所以，我们苹果卖得价格比较高。

📷 **袭艳春：**

杨双牛给他们的苹果做了很好的宣传。

🎤 **董敏芳：**

水稻是中国重要的口粮，现在做的稻蛙、稻虾共养，其实就是生态最好的保障，也是粮食安全最好的保障。我们现在如果养殖跟种植相结合，不能在田里打农药，这是第一前提，而且青蛙本身就吃的是害虫，所以对我们的水稻品质也是非常好的。在整个种植过程当中，也制定了自己的溯源系统，对于全过程也有整体的监控，大家可以看到可溯源的完整系统，在我们当地的合作社已经基本上完善了。

🎤 **黄国平：**

我给大家说一下质量安全。中秋节到了，你们放心地吃我们的大闸蟹，全国人民放心地吃，我们的质量一定是安全的。我们是生态种养，用水草螺蛳养殖螃蟹，其他什么都没有，请全国人民来品尝我们的大闸蟹，质量安全请放心，谢谢大家。

📷 **中华合作时报社记者：**

今天我看到来了三位优秀的基层合作社代表，我想问一下，在实施乡村振兴战略的过程当中，大力培育新型经营主体，推动社会化服务体系建设，我们合作社如何更好地发挥这种示范带头的作用，发挥好服务的功能，带动农民致富，成为更加有效的基层组织？

🎤 **黄国平：**

我们的合作社成立，带动农民确确实实起了很大的作用。以前彭泽县又脏又破，我们成立合作社以后，带动农民把县里的卫生条件都整好了，我们整出了两个村庄，在附近做引领示范。第一个村庄叫"民宿村"，打造全国人到那里住的地方。还有一个叫"民食村"，就是专门吃的地方。在我们带动的情况下，老百姓主动参与了，不像过去，过去你让老百姓参与，他怕吃亏，通过卫生整治之后，老百姓赚钱了胆量也大了，现在老百姓的参与度跟以前是大大的不同。我们一些出去打工的都回来了，现在每一户农村妇女在家里收入都达到 5 万块钱，把卫生、民宿弄好了。所以我们的乡村现在也变美了，山也变绿了，水变清了，把我们美丽的乡村建设成全国的一个样板。谢谢大家。

🎤 **杨双牛：**

我作为一个农村的党支部书记，我说说关于乡村振兴的这个事。作为太行山区来说，发展了几十年，条件也有变化了，老百姓确实也富裕了，但是我们确实应该感谢党的政策，老百姓觉得党的政策非常好，好是好，但是现在要说农村发展、乡村振兴，跟城市相比，各方面还是有点差距，山区农村和平原农村都是这样。老百姓还是非常感谢党和政府，尤其是今年 1 号文件提出了乡村振兴这件事，我觉得非常好。我觉得乡村振兴关键是人才振兴，过去我们讲富口袋首先要讲富脑袋，我们岗底村走过的路就是富脑袋和富口袋相结合的一条路，也就是现在的绿水青山和生态经济，老百姓的素质提高，决定了以后乡村是不是能振兴，我觉得这是非常关键的。

除了大专院校对我们进行支持以外，邢台农校响应党的号召，把课堂开到我们村，对村里 208 名果农进行了培训，现在 191 名果农获得了高级工、初级工证书，有在农业农村部、人力资源和社会保障部联合通过考试颁发的证书，这个证书在国际上是认可的。这些人拿着资格证书有的注册了家庭农场，他们的收入都非常可观。乡村振兴说到底还是人才的振兴，是产业的振兴，也是文化的振兴。我觉得我作为党支部书记，要按照党中央、国务院，尤其党的十九大的精神，把思想搞活、把口袋搞富，让老百姓真正走向致富的快速路。现在我们已经被国家评为"太行山苹果小镇"，如果大家有机会去看看，我们的太行山真美，我希望我们的记者有时间去我们那里多走走。

🎤 **董敏芳：**

乡村振兴第一条就是产业发展，我们农村的产业还是需要靠农业的支撑来发展，这与我们生态宜居、环境治理是息息相关的。我们的绿色种植、种养，现在来讲，刚刚杨书记也说了，最缺乏的是人才，在农村里面懂技术、经营、管理的人才比较少，现在的政策国家给的特别好，在我们当地每个月都有针对家庭农场、农民专业合作社的技术性培训、管理性培训，这让我们在合作社管理中少走了很多的弯路，也是政策给我们一个最大的扶持。

📷 **农民日报记者：**

我理解党中央、国务院设立"中国农民丰收节"，由表及里可能有两个含义。表的含义是丰收，就是农业经济范畴的事情。里的含义，应该是包括对农民的社会地位的提高，包括农民与城市居民共享各项发展成果，像文化、生态、科技，我想问一下 4 位代表，你们所在地方的农民对党中央、国务院首次设立这个节日，有什么感想，有什么表达？第二个问题，在精神层面，心灵上的丰收这个层面上，你们有什么想法，地方上有什么做法？谢谢。

🎤 **杨双牛：**

设立"中国农民丰收节"，我们觉得非常荣幸，非常高兴，因为这是自己的节日。农民真正有了自己的节日，这是首个，我觉得非常好。另外，通过国新办这个平台，我们这些人坐在这儿，跟全国人民讲，跟全世界讲，我们中国农民怎么样，这是我们莫大的荣幸，我代表中国农民感到自豪，我代表所有中国人感到自豪，谢谢。

🎤 黄国平：

"丰收节"的设立是一个大好事，江西这个月22号是全省丰收节，今天下午赶回去，参与我们江西的"丰收节"。我感到农民现在跟以前不一样，以前的农民很少参加各种大活动，现在农民参与度太高了。当地的合作社、农民各个主动把自己家里农产品，所有的种植的东西、养殖的东西搬到全省的展览会上去，这是一个很少很少的事情，过去的老百姓哪有这个机会，所以首个"中国农民丰收节"设立，给我们亿万农民带来了很多幸福，这是我从来没有见过的，谢谢。

🎤 董敏芳：

我是一名2013年返乡创业的农民。当我返乡创业的时候，很多同学和朋友不理解。今年"中国农民丰收节"的设立，是对我们做农民身份的肯定，也是对我们这个职业，对现在所工作的环境的肯定，中国有7亿多农民，农民富裕最直接的表现就是丰收，作为农民来说，我非常的开心，非常的高兴。

🎤 栾天猛：

我虽然和其他三位代表不一样，我不是农民，但是我们从事的工作是一样的，都是基层农业工作者。从我们党中央的政策上讲一下这个问题。刚才这位媒体朋友讲得非常好，我觉得是表和里的问题。里是什么？现在党中央提出深化农业农村体制改革这一块，给我们农民赋予了经济地位，结合到我们阿荣旗具体是这样，我们做了两件事：第一件事，把农村的集体产权要清晰，经过清产核资，每一个村有多少资产非常清晰，这意味着我们每一个村委会是天然的市场主体，它就是一个经济组织，这项改革是党中央一直在推的。第二件事，就是抓土地确权，阿荣旗470万亩耕地现在全部确权到22万农民手里，我们发出了5.4万份的承包经营权合同书。集体产权量化了资产5 800多万，股权确定了111万份，还发放了7万份的股权证书。做到这个以后，达到了"四定"，即是资源定权、资本定股、经营定向、农民定心。因为他们拿到本了、拿到证了，无论是集体的还是个人的。我觉得我们国家在这一轮农业政策上，真正把农民的经济地位提上来了，谢谢。

你们在日常生产中是如何通过提升科技水平促进农业发展的？谢谢。

🎤 **董敏芳：**

我们合作社种植的是最传统的一个产品，就是水稻。现在我们组建了岳阳县粮食产后服务中心，从水稻的种植来讲，可能大家印象中是面朝黄土背朝天的最原始的种植，但在我们合作社已经做到人不下田，谷不落地。从育秧开始，全程是机械化的流水线式的育秧，既可以降低人工成本，同时也可以防止因天气的影响造成禾苗的冻伤、冻坏。在产中也同样有飞机施肥或者撒药。产后现在做到是粮食的晾晒、烘干，如果因为天气原因，稻谷收上来不能及时晾晒，可能放在那儿就会发芽、变质，所以我们现在合作社有 260 吨热烘干能力，为周边的农户包括合作社成员解决晾晒难的问题，同时也改善了生态环境。比如，有些记者朋友在农村里面看到过，谷子晾晒在公路上，汽车的行驶也是非常不安全的。在科技发展带动下，哪怕是最传统的农业都有一个非常大的改进。现在我们合作社在田间的全监控管理和放水的系统既可以做到节水，也可以实现水肥一体化，安全性也会更好一些。谢谢。

🎤 **黄国平：**

我们的合作社从每年的利润中拿出 5%，专门研发水稻、水产品，科技提升才带来品质和产量。现在农民们很注重科技。讲的最后一句话，我们老百姓也要"科技兴农"，也要拿出资金来研发，做新的产品、做新的科研。我们老百姓现在的素质也提高了，思想也提高了，科学种养方面也提高了，都有绿水青山就是金山银山的理念。老百姓过去就想的施化肥、打农药，现在就不施化肥、不打农药，还增产增收，老百姓就感觉到科技是生命力。

🎤 **栾天猛：**

这个问题我作一下补充。科技是农业高质量发展的一个核心因素，我也回应刚才几位媒体记者提到的，其中还有一个农产品质量安全的问题。我拿两个例子讲这个问题，第一个例子，现在我们县里面正在搞"智慧农业感知系统平台"的建设，因为我们属于黑土耕作区，土地的有机质含量比较高，在全国排在前列，有机质含量在4.90%左右。有这样比较好的基础条件，怎么"既要大家吃饱还要吃好"，这是我们需要思考的问题，需要用科技来推动。农业生产需要做到全程可感知、可调控，这是一个核心问题。我们原来的生产条件下做不到，现在我们在470万亩耕地上，首先在规模上流转、集中流转的160万亩土地上我们开始做这个系统，这个系统是刚才大家问到的，我们现在也正在做的，现在比较时髦的语言，运用互联网技术，但是不是我们在赶时髦，确实我们是真正在运用，1万亩地我们做了感知平台，能控制这1万亩地水肥条件、土壤的地下条件、气温条件等各种要素，数据自动上传到农业农村部的耕地质量监测中心，现在数据已经积累了3年，数据积累下来才是能运用的数据，才是有价值的数据。现在这个数据积累3年，为未来我们打造全县域绿色有机农畜林产品生产输出加工基地做了一个非常牢靠的技术保障。比如，在监测之下的庄稼，去年有大豆，商家通过农业农村部数据公布之后，主动到我们那联系，说你这个大豆不管原来订单多少价格，在这个价格的基础上我提高，你卖给我，因为他感觉到这个大豆是可靠的。

第二个例子，科技支撑还是需要和我们国家目前顶尖的院校、顶尖的研发团队结对子、搭平台。我们围绕7大产业，与7大体系的首席专家全部建立了紧密的联系。我刚才讲到的大豆，和国内大豆的专家韩天富老师，还有甜菜体系的专家白晨老师，还有肉牛专家都建立起了一个紧密合作关系。我们追赶的是世界的水平，高起点、高目标、高质量。刚才给大家讲的甜菜，产量最高的国家是西班牙，每亩产量达到8吨，我们国内只能做到3吨左右。就像前面讲的"甜菜王"，如果每一株甜菜都可以做到这个程度，那就远比西班牙的产量水平高。所以农业的发展一定依靠科技，一定追赶世界的高目标，大豆也是这样的。原来我所工作的另外一个县也是大豆的主产区，经过这几年国家科技力量的提升，现在已经能做到亩产400斤了，和美国的水平没有什么差别了，谢谢。

袭艳春：

我注意到只有一个记者举手了，最后一个提问。

我们知道内蒙古的畜牧业很发达的，而且阿荣旗在当地的农业发展很有自己的特色，我想请问一下栾书记您在推动当地农业发展过程中有什么样的体会。谢谢。

🎙 **栾天猛：**

我们重点抓两件事：第一件事，还是要抓实农村的改革，刚才有些观点我已经作了阐述。为什么要抓农村的改革？从1978年农村搞包产到户联产承包责任制，到现在已经经历了40年，取得的成绩大家有目共睹。这40年下来，一家一户经营的模式也带来了很多问题，农业生产成本和农业产品价格，一个地板、一个天花板的问题。还有农业生产技术提高不上去，造成了土壤板结、农药化肥施用过量等不利因素，这些矛盾怎么解决，都得通过深化农村改革来解决。

我们集体资产要确权，农民的土地要确权，真正使资源变资产，资产变股份，农民变股民，这样把我们所谓的农民都变成利益主体。所以改革所释放出来的活力成为了农业发展的一个新动能。刚才我讲的例子都是改革带来的，比如我说的用大数据感知平台做我们耕地，大家可想而知，一家一户是做不了的。另外，耕地质量也保证不了，大型机械、大型机具进入不了这些土地。现在，我们阿荣旗470万亩耕地，规模化流转已经做到了270万亩，经营在1万亩以上的，2 000亩以上的和10万亩以上的经营大户已经占到了相当比例，这是一个非常大的变化。

第二件事，是我们重点抓的，按照习近平总书记提出的"绿水青山就是金山银山"，我们树立"大农业、大生态"的概念，来统筹山水林田湖草，就是让生态系统里的各个生态部分发挥出应有的作用。比如森林面积占到全域55%，森林覆盖率比较高，我们在森林面积内全部实现禁伐，发挥森林涵养水分的作用。同时我们把森林林间草场和林间的耕地有序利用，真正形成域内的清水涵养出沃土的感觉。谢谢。

📷 **袭艳春：**

如果大家没有更多的问题，我们的见面会就要结束了。今天用了不到一个小时的时间，几位基层的农业工作者和大家分享了迎来首个"中国农民丰收节"的喜悦，也分享了他们作为基层农业工作者的荣誉感、幸福感和获得感。中央对农业农村工作高度重视，这不仅体现在每年的中央1号文件都是关于农业农村工作的，不仅体现在今年首次设立"中国农民丰收节"，更体现在农业农村领域的所有的同志，包括农民，大家在中央的领导下，齐心协力奋斗，迎来一个又一个丰收年。中央一直在强调，人民群众对美好生活的向往就是我们的奋斗目标，今天大家一方面分享了迎来首个"中国农民丰收节"的喜悦和幸福，也分享了他们对更加美好生活的向往。我想这也是我们大家共同努力的方向。欢迎记者朋友们更多关注农业农村领域的发展，让我们期待一个又一个丰收节的到来。再次感谢几位基层农业工作者，谢谢大家。今天的见面会到此结束，谢谢。

第三部分

农业农村部新闻办公室
新闻发布会

12. 2018 年例行发布会第一场

一、 基本情况

时　间	2018 年 1 月 17 日（周三）上午 10 时
地　点	农业部新闻办公室新闻发布厅
主　题	介绍 2017 年重点农产品市场信息
发布人	农业部市场与经济信息司司长　　唐　珂
主持人	农业部办公厅副主任　　宁启文

2018 年例行发布会第一场

二、 现场实录

📷 **宁启文：**

　　女士们、先生们，媒体朋友们，大家上午好！欢迎参加农业部新闻办公室举行的新闻发布会。2017年农业部新闻办召开了19场发布会，发布会工作得到了各位媒体朋友的大力支持，在此对大家的辛勤劳动和对我部工作的积极关注表示衷心的感谢。在新的一年，希望大家继续支持我们的新闻发布工作，我们也继续努力为大家提供更多更好的服务。今天召开2018年首场例行新闻发布会，主题是2017年重点农产品市场运行的情况，下面首先请农业部市场与经济信息司司长唐珂先生向大家通报有关情况。

🎙 **唐珂：**

　　女士们、先生们，媒体朋友们，大家上午好。首先感谢各位参加今天的例行发布会。不久前召开的中央农村工作会议和全国农业工作会议，对实施乡村振兴战略作了全面部署。2018年我部将继续每季度发布重点农产品市场信息，通过信息服务引导农业由增产导向向提质导向转变。下面我向大家通报2017年重点农产品市场运行情况。2017年，农业供给侧结构性改革取得新进展，粮食价格形成机制和重要农产品收储制度改革取得实质性成效，我国农产品市场运行总体平稳，据国家统计局公布，2017年全年食品价格下降1.4%，是自2003年以来首次下降。据我部监测，全年"农产品批发价格200指数"均值为100.14（以2015年为100），同比低5.60个点；其中"'菜篮子'产品200指数"为99.91，同比低6.65个点。全年农产品市场运行呈现三个特点：

　　一是大宗农产品价格以稳为主，"市场定价"特征更为明显。2017年稻谷最低收购价小幅下调，小麦最低收购价保持稳定，玉米收储制度改革继续深化，大宗农产品仍处于库存消化期，粮食价格总体稳中略降。据监测，2017年稻谷、小麦、玉米三种粮食均价每百斤122.10元，同比低0.3%。随着市场机制作用的进一步发挥，不同品种价格走势有所分化。早籼稻多元主体收购活跃，市场化收购占到86.4%，比上年提高16个百分点；小麦质量明显好于上年，新麦上市后市场购销活跃、价格持续上涨；玉米继续调减，新粮上市后收购价稳中有涨，东北地区价格涨幅较大。棉花、油菜、食糖等品种全年均价同比涨幅都在10%以上，而大豆、花生等增产较多品种则出现不同程度下跌。

二是鲜活农产品价格先跌后涨，总体稳中略降。2017年"菜篮子"产品市场运行基本符合周期性季节性波动规律，价格水平总体低于上年。分品种看，蔬菜由于年初北方天气回暖快，开春后大量集中上市，价格下跌早、跌幅大，夏秋之后价格快速回升，全年28种蔬菜批发均价为每公斤3.73元，同比降低10.6%。畜禽产品产需失衡，猪肉、禽肉、禽蛋上半年价格跌幅较大，下半年恢复性上涨，全年猪肉批发市场均价为每公斤21.24元，同比降低14.6%；白条鸡每公斤13.93元，同比降低6.5%；禽蛋每公斤6.92元，同比降低7.6%。牛羊肉特别是羊肉受供给偏紧影响，价格持续上涨，8月以后涨幅扩大，全年牛、羊肉批发市场均价分别为每公斤53.82元、47.49元，同比分别涨1.1%、5.4%。水果、水产品价格有所上涨。

三是国际市场对国内影响进一步加大，农产品进口继续较快增长。2017年我国农产品贸易额、进口额和出口额均创历史新高，国际国内市场联动进一步增强，受需求拉动和进口价格优势驱动，农产品进口增幅明显大于出口，贸易逆差持续扩大。1—11月，我国农产品贸易额1 818.5亿美元，同比增加9.8%，其中，出口额677.0亿美元，增加3.1%；进口额1 141.5亿美元，增加14.2%；贸易逆差464.5亿美元，增加35.3%。大豆仍是农产品进口第一大品种，进口量达到8 599.0万吨，同比增加15.8%；受国内消费升级拉动，鳕鱼、墨鱼及鱿鱼等特色水产品进口快速增长，樱桃、葡萄、柑橘、榴莲、香蕉等特色水果进口保持高位。

当前，"菜篮子"产品供应总体宽裕。尽管新年伊始中东部地区大范围雨雪和随后的寒潮天气对蔬菜生产流通造成了一定影响，但由于在田面积增加、冬储菜储备丰富，后期如果不再发生大范围的极端天气，春节期间包括蔬菜在内的鲜活农产品供应有保障，总体价格出现大幅上涨的可能性不大。

展望2018年全年形势，在全球农产品供需继续保持总体宽松格局和我国农业供给侧结构性改革深入推进的大背景下，国内农产品市场运行有望继续保持总体平稳，但随着国际国内市场联动加深、国际汇率变化、贸易政策调整等外部不确定性因素叠加，我国农产品市场形势将更加复杂。据农业部市场预警专家委员会分析，预计随着粮食最低收购价下调，今年稻谷小麦优质优价、市场购销两旺的特征将更为明显；玉米库存消化可能进一步加快，价格将在市场供求调节下小幅波动；油料、棉花、食糖等进口可能有所增加，部分品种下行压力加大；鲜活农产品预计总体平稳，牛羊肉等畜产品价格有望稳中有升。为解决长期困扰广大农业生产经营者"找不到、看不懂、用不上"市场信息的难题，我们专门打造的重点农产品市场信息平台已于去年11月10日正式上线运行，目前平台在农业部官网数据频道上可以公开查询。平台首次以品种为主线串起全产业链数据，打造"一网打尽"式信息发布服务平台，首次开放大量可机读的原始数据，促进数据资源的再开发、再利用，首次基于大数据技术提供了可视化工具，方便公众在线分析决策。下一步，我们将继续拓宽平台数据来源渠道，不断创新拓展服务内容，努力把平台办成快速平台、权威平台、客观平台，让平台真正成为广大农民朋友生产经营的好帮手，帮助农民朋友在农业现代化进程中分享到更多发展成果，在全面奔向小康的道路上大踏步前进，也希望媒体朋友们多关注、多支持！下面我愿意回答大家的提问。

📷 宁启文：

谢谢唐珂司长。下面请记者朋友提问，提问时请通报所代表的媒体机构。

📷 中央电视台记者：

唐司长您好，刚才您介绍我国总体情况的时候谈到2018年我国农产品市场运行有望保持总体平稳，但是由于不确定性因素叠加影响，我国农产品市场形势可能更加复杂，请问有哪些问题是下一步应该重点关注的呢？

🎤 唐珂：

影响农产品市场运行的因素很多，除了供需基本面以外，还有调控政策、进出口贸易以及宏观经济等多个方面，所以要做出相对准确的预测比较难。但是可以理出影响市场运行的关键问题，事先做好研判，提示市场风险，并制定好应对预案，以防止出现生产和市场的大起大落。前一段通过专家的会商我们认为2018年有四个问题需要引起重点关注。

一是稻谷、小麦最低收购价的下调影响。在坚持最低收购价政策框架的前提下，国家根据生产成本、市场供求等变化，从前年开始适当调整了稻谷、小麦最低收购价水平，既释放了粮食收储制度改革的信号，也为市场机制作用留出了空间。预计今年稻谷、小麦市场化购销会进一步活跃，优质优价的特征也会进一步明显。但降价对生产环节的影响需要全面地跟踪、分析，并完善相应的配套政策，以保障主产区农民的种粮收益基本稳定。

二是玉米的产销形势的新变化需要引起重点关注。2017年玉米库存消化进度超出预期，市场价格稳中趋强的走势也超出预期。特别是11月底东北玉米购销活跃，量价齐升，玉米种植效益明显好于上年。据专家初步调度，预计2018年东北地区农户玉米种植积极性提高，需要密切跟踪农户种植意向的变化，统筹好玉米、大豆生产者补贴和轮作休耕补助政策。继续通过政策引导玉米生产向优势区集中。

三是国际竞争加剧需要引起重点关注。近年来全球粮食供需关系保持宽松，产量和库存增长与价格持续下跌相伴而行，据联合国粮农组织数据，2012—2016年世界谷物产量由22.94亿吨增加到26.10亿吨，年均增速3.3%。近四年世界谷物均产大于需，期末库存累计增长32.2%，联合国粮农组织食物价格指数由2012年的213波动下跌到2016年的161，累计下跌52个点。据粮农组织2017年12月的最新预测，2017—2018年度全球谷物供需，仍呈宽松的格局。预计2018年我国大宗农产品进口压力依然较大，特色粮油、果蔬、水产品以及品牌食品的进口仍将快速增长，我国农业发展面临的日益增长的国际竞争的局面将继续存在，我部正在通过推进质量兴农、品牌强农、坚持效益优先，持续增强优势特色产业竞争力，促进农民增收。

四是宏观面因素的传导效应。近年来随着农产品金融属性的增强和农业产业化的提升，外部因素对农业影响不断加深。2018年首先需要重点关注的是化肥价格大幅上涨，推升农业生产成本，需做好春耕化肥供应保障，防止成本上升与粮价下行碰头，挫伤农民生产积极性。其次需关注通货膨胀预期的升温，理性看待牛羊肉等部分农产品价格的恢复上涨以及季节性、周期性波动，防止对农产品市场正常波动的过度炒作。最后需关注更加复杂多变的国际形势，特别是美联储持续加息，美国大幅度减税，原油价格波动等外围因素对农产品市场运行的影响。对于上述问题我们将组织专家开展深入研究和全面地评估，及时提出应对措施，也希望媒体朋友们加强关注，开展调研与交流，多宣传各部门各地方的好做法好经验，共同为我国农产品平稳运行、农业持续健康发展和农业供给侧结构性改革创造良好环境。谢谢。

📷 人民日报记者：

元旦以来我们都感到天气形势较去年发生重大转变，气温降低，先是中东部接连两场大范围雨雪，又是黄河以南部分地区迎来了寒潮，蔬菜生产供给势必受到一定影响，部分地区价格波动幅度较大，请问蔬菜价格走势如何？对于春节期间的蔬菜供应有没有影响？

🎤 唐珂：

近期我们持续加强了蔬菜产销形势的调度，并组织专家对这一轮极端天气影响进行了专题会商。总的看来，这段低温雨雪一定程度上影响了江南、华南和黄淮海部分地区的蔬菜生产和上市，阶段性影响了南菜北运，致使南北方产销区蔬菜价格出现了分化，个别品种波动幅度较大。据我部批发市场监测数据，南方主产区降雪量较大的湖北、安徽蔬菜价格明显上涨，降雪后的周均价分别为每公斤4.07元和3.97元，环比涨幅7.6%和5.8%，而江西、湖南等其他地区菜价较为稳定。北方销区个别品种波动较大，北京市场上来自安徽的黄芯菜、莴笋，江苏的菜花，湖北的白萝卜、圆白菜都出现了较大幅度的上涨，而冬储菜如大白菜、洋葱、土豆等，去年秋季丰收，目前供应充足，价格基本稳定。从后期走势看，预计短期内部分受灾地区生产恢复尚需时日，跨区调运的蔬菜价格仍将高位运行，从我部监测的蔬菜生产信息看，58个蔬菜重点县信息监测点2017年9—11月，在田蔬菜面积稳定增加，9月蔬菜产量113万吨，同比增加3.6%，10月、11月同比持平。未来总体供给情况比较乐观。如果后期不再发生大范围、长时间的极端天气，预计蔬菜生产供应将逐步向好，春节期间蔬菜供应有保障，价格将季节性上涨。提醒广大菜农密切关注天气变化，及时做好防灾减灾，择机收获上市，实现减损增收。

请问唐司长，目前羊肉价格是持续上涨，市场有声音说 2011 年到 2013 年的"羊贵妃"现象可能会再现，请问如何看待当前羊肉上涨的走势，今年涨势与往年有什么不同，后期走势如何？

🎤 唐珂：

2017 年下半年我国羊肉价格持续上涨，特别是 8 月之后涨幅扩大，累计涨幅在 10% 以上，引起了大家关注。我们组织专家分析后认为，跟往年相比这次羊肉价格上涨呈现几个特点。一是总体符合往年的走势，但后期涨幅较大。12 月第四周羊肉集市价格达到每公斤 60.34 元，累计涨幅达到 10.9%。二是活羊价格上涨明显，养殖效益好转。2017 年全年的概算，出栏一只 45 公斤的绵羊和一只 30 公斤的山羊可获得的收入分别比上年同期高 130 元和 25 元。三是年均价比上年基本持平，仍处于近五年的低位。当前羊肉价格上涨是 2016 年养羊效益低迷导致生产小幅下滑的正常反应，是供求调节下的恢复性上涨，是市场需求趋旺与供给阶段性偏紧共同影响的结果，需要理性看待。从具体原因看，供给阶段性偏紧是主要因素。据监测去年 1—11 月主产区肉羊平均存栏同比下降 1.8%，能繁母羊平均存栏同比下降 1.3%，累计肉羊出栏同比下降 6.7%。需求趋旺则是另一个影响因素，据对 240 个县集贸市场定点监测，11 月羊肉累计交易量同比增加 8.6%。同时随着羊肉消费进入旺季，价格适当走强也基本符合往年变化规律。另外成本刚性上升和养殖户的盼涨心理也对此次价格上涨有一定助推作用。从后期走势来看，由于集中出栏季节已过，今年肉羊供应总体偏紧已成定局。加上节日消费旺季的来临，预计春节前羊肉价格将保持上涨态势，部分地区可能出现较大的涨幅，但由于全国肉羊总体存栏下降并不明显，市场供应总体有保障，价格普遍大幅上涨的可能性不大。

■○ 光明日报记者：

请问唐司长，2017 年是玉米收储制度改革的第二年。改革以后玉米价格走势如何？今年玉米市场价格又将呈何走势？

🎙️ **唐珂：**

在各部门和地方的共同努力之下，东北地区玉米收储制度改革进展顺利。特别是玉米市场形势出现了积极的变化。去年秋粮上市以后，玉米收购价稳中有涨。12 月第四周东北产区农户的玉米出售价每斤 0.79 元，比 10 月第四周涨了 7.3%，同比涨 16.8%。华北产区农户玉米出售价每斤 0.83 元，比 10 月第四周涨了 2.4%，同比涨 4.3%。玉米种植效益明显好于上年。玉米库存消化进度超出预期，拍卖成交活跃，临储玉米库存明显下降。这是 2016 年玉米收储制度改革以后，在生产连续两年调减和消费恢复的共同作用下，经过市场主体各方面充分博弈之后出现的结果，基本符合改革的预期。据专家初步预测，由于目前玉米库存仍处于历史较高水平，今年玉米市场价格将在前期恢复性上涨后，保持基本稳定。农业部将积极配合有关部门把握好中央储备粮轮入轮出、临储玉米库存消化的时机和节奏，防止出现价格大幅波动和大面积的"卖粮难"。现在距离春节还有不到一个月时间，玉米价格持续上涨空间有限，提醒广大农户，根据市场行情有序售粮，同时合理安排明年的春耕生产计划，特别是玉米非优势区域农户不宜盲目扩大玉米种植，避免增产不增收。

📷 **新华通讯社记者：**

当前化肥价格连续上涨，请问主要原因是什么？后期化肥价格上涨的趋势是否还会延续？

🎙️ **唐珂：**

2017 年 9 月以来，我国氮肥、磷肥、钾肥、复合肥都先后出现了上涨行情，其中尿素涨幅较大。据监测，2017 年 12 月国产尿素、磷酸二铵、氯化钾、复合肥平均出厂价同比涨幅分别为 34.0%、17.7%、6.7%、17.1%。据分析，这一轮化肥上涨的原因主要有两个方面。一是原材料价格大幅上涨。据统计，无烟煤主流到厂价同比涨 50% 左右，天然气、硫黄等原材料价格也出现了明显上涨。二是化肥企业开工率有所降低。以尿素企业为例，2017 年企业开工率在 57% 左右，较往年下降 7 个百分点。如果后期化肥生产企业开工率不能明显提升，今年春耕期间部分地区可能出现供应紧张，价格快速上涨。按照化肥价格上涨 20% 初步测算，预计今年稻谷、小麦、玉米总成本分别比上年增加 2.0%、2.8%、2.4%。原材料、能源价格的上涨还会推动农药、农机作业成本上涨，再加上环境生态成本逐步显现，预计我国农业生产成本将结束近两年相对平稳的态势，在 2018 年重新回到较快上涨的通道。目前农业部正在与发展改革委、财政部、供销总社等部门一起，努力做好春耕化肥供应保障，指导农民科学施肥，防止成本上升与粮价下行碰头，保护农民生产积极性。

📷 **宁启文：**

感谢媒体朋友的大力支持，今天的新闻发布会到此结束。

13. 2018 年例行发布会第二场

一、 基本情况

时　间	2018 年 4 月 17 日（周二）上午 10 时
地　点	农业农村部新闻办公室新闻发布厅
主　题	一季度主要农产品市场运行形势
发布人	农业农村部市场与经济信息司司长　　唐　珂
主持人	农业农村部办公厅副主任、巡视员　　陈邦勋

2018 年例行发布
会第二场

二、现场实录

📷 **陈邦勋：**

女士们、先生们，各位记者朋友，大家上午好。欢迎参加农业农村部新闻办公室举行的例行新闻发布会。以前来过的媒体朋友都知道我们今天是农业农村部新闻办公室第一次亮相。今天发布会的主题是介绍 2018 年一季度重点农产品市场运行情况。我们首先请农业农村部市场与经济信息司司长唐珂先生向大家通报有关情况。

🎤 **唐珂：**

女士们、先生们，媒体朋友们，大家上午好。感谢大家再次来到发布会的现场。今天召开 2018 年第一季度重点农产品市场信息发布会，也是农业农村部组建以后的第一场市场信息发布会。下面，我向大家通报一季度重点农产品市场运行情况，并向大家预告近期我们将举办的两场重要会议活动。一季度，我国农产品市场运行总体稳定。"农产品批发价格 200 指数"为 109.50，同比高 2.03 个点。其中，"'菜篮子'产品批发价格 200 指数"为 110.78，同比高 2.36 个点。从"200 指数"运行情况来看，稻谷、小麦、玉米和食用油等大宗粮油产品价格基本稳定，蔬菜、鸡蛋、生鲜乳等多数鲜活农产品价格春节后呈季节性下跌走势。受市场供需总体宽松影响，猪肉价格下跌幅度较大；受去年下半年以来饲料价格上涨等因素影响，今年一季度水产品市场量价齐升。

为持续推进农业展望活动和都市现代农业发展，近期我们将召开两场重要会议。一是中国农业展望大会。召开农业展望大会、发布农业展望报告，是世界上许多国家和国际组织引导农业生产、服务农业发展的普遍做法。由我部市场预警专家委员会支持、中国农业科学院农业信息研究所主办的"2018 中国农业展望大会"，将于 4 月 20—21 日在北京召开。这是我国连续第 5 年召开农业展望大会，大会将以专家名义发布《中国农业展望报告（2018—2027）》，对未来 10 年我国农业发展的总体形势和粮棉油糖等重要农产品的供需形势进行展望，并就乡村振兴战略、农业国际贸易等热点问题进行专题研讨。

二是全国都市现代农业现场交流会。全国都市现代农业现场交流会每两年举办一次，今年是第四次，将于近期在天津召开。近年来，我国都市现代农业快速发展，不仅在"菜篮子"产品供应保障上不断提升，而且在三产融合发展、线上线下结合、生活生态功能发挥、新型城乡工农关系构建等方面，都取得了积极进展。总体上，可以说进入了高质量发展的新阶段。这次会议将以习近平总书记关于"三农"工作重要论述为指引，以实施乡村振兴战略为统领，紧紧围绕质量兴农、绿色兴农、品牌强农，总结交流各地好经验、好做法，部署推动都市现代农业在新时代加快向高质量发展迈进。

欢迎社会主体积极关注、参加相关活动，也欢迎各位媒体朋友关注和报道。为了充分利用微信公众号等新媒体手段，方便大家第一时间了解农业农村市场信息的最新动态，我们与中国农村杂志社合作，推出了"中国农业农村市场信息"微信公众号，下设市场监测、热点关注、品牌农业三个栏目，欢迎大家扫码关注！下面，我愿意回答大家的提问。

📷 陈邦勋：

感谢唐珂先生的情况介绍。下面请记者朋友提问，提问围绕今天的发布会主题，请大家在提问之前通报一下所代表的新闻机构。

📷 中央人民广播电台记者：

请问唐司长，最近我们注意到 2018 年的稻谷的最低收购价比上一年有一个较大幅度的调整，在稻谷价格下调之后怎么样保障农民的种粮收益呢？谢谢。

🎤 唐珂：

谢谢。大家知道，经国务院批准 2018 年生产的早籼稻和中晚籼稻以及粳稻最新的收购价分别调整为每百斤 120 元、126 元和 130 元，同比降低了10 元、10 元、20 元。这个价格下调的幅度是近年来比较大的，对此我们要辩证地看。一方面稻谷最低收购价的政策框架依然保留。2018 年国家继续在主产区实行最低收购价政策，这给种粮农民吃了定心丸。另一方面，价格适当的调整有利于更好地发挥市场机制的作用，有利于稻谷产业的健康发展。

从 2014 年到 2018 年，我国稻谷最低收购价随着成本的上升逐渐地小幅提升，后期价格水平甚至高于市场价。加工企业用粮的成本居高不下，市场化收购缺乏动力。大家说的是稻强米弱这种现象普遍存在。为了更好发挥市场在价格形成中的作用，引导稻谷产业结构调整和提档升级，有必要根据市场形势变化对最低收购价政策进行完善，在价格水平下调的同时，国家将配套建立稻谷生产者的补贴机制，完善支持保护政策，尽量弥补农民朋友因价格下调带来的收入损失。预计随着我国稻米产业竞争力的提升和优质优价的实现，种粮农民将获得更加稳定可持续的增收。谢谢。

📷 新华网记者：

刚才您跟我们介绍一季度农产品总体运行情况，再具体问一下一季度我国玉米市场的运行情况如何，近期国家出台玉米生产者补贴政策，提前启动了临储玉米拍卖，这对后期走势将会有何影响呢？

🎤 唐珂：

2018 年春节之后受加工企业恢复生产，市场优质粮源偏紧的影响，我国的玉米价格的确是继续在上涨。今年 1—3 月国内玉米产区平均批发价每斤是 0.9 元，同比涨了 18.5%。同期国际玉米价格受主产国不利的天气因素的影响，也呈现出上涨的走势，但涨幅低于国内。国内外玉米价差有所扩大，一季度国内玉米运到南方港口的月均价比国外玉米进口到岸价每斤平均高了 0.19 元，值得注意的是虽然去年年底以来，玉米价格依然上涨，但我国玉米的库存水平还是保持着比较高的水平。供大于需的基本面没有发生根本的变化。今年 4 月 3 日，农业农村部、财政部联合发布了 2018 年财政重点强农惠农政策，继续在辽宁、吉林、黑龙江、内蒙古实行玉米和大豆的生产者补贴，大豆的补贴标准高于玉米，目的就是鼓励各个省区将补贴资金向玉米、大豆的优势产区集中，引导非优势产区继续调减玉米，这个政策导向还是很明确的。

为了保障玉米市场的平稳运行，国家临储玉米竞价销售于 4 月 12 日启动，比去年提前了将近一个月的时间，首次投放大约 700 万吨，黑龙江拍卖量最大，拍卖底价低于当前主流玉米收购市场价，预计市场抢粮的现象将得到抑制，玉米价格将有所回落。所以我们提醒广大农户，特别是玉米非优势产区的农户合理安排种植结构，避免盲目扩张玉米生产。手里还有余粮的农户要择机售粮，避免价格波动所带来的损失。谢谢。

📷 **农民日报记者：**

去年化肥的市场价格涨幅比较大，我想问的是近期的市场形势如何？后期走势又将如何？谢谢您。

🎤 **唐珂：**

确实从 2017 年 9 月以来，受原材料价格的上涨，还有企业开工率不高等因素的影响，我国的化肥市场价格持续走高。由于我国化肥的产能整体仍然呈过剩的状态，加之国产化肥出口量大幅减少，所以 2018 年年初，尿素等主要化肥品种的价格已经开始企稳。据监测，3 月份的国产尿素、磷酸二氨、氯化钾和复合肥出厂均价分别为每吨 1 920 元、2 700 元、2 200 元和 2 500 元，环比基本持平，当前正值农业用肥的旺季，华北地区春季小麦追肥结束，南方迎来水稻用肥期，东北地区也将进入春耕用肥的高峰，预计后期化肥的零售价将季节性的小幅上涨，但由于整体供给充足，预计化肥的价格大幅上涨的可能性不大。我们将会同发改委等有关部门加强市场信息的监测和发布，做好化肥的保供稳价工作，保障春耕顺利开展。谢谢。

📷 **人民网记者：**

我比较关注大豆的价格，我知道去年我们的大豆产量是有所上涨的，就现在来看大豆的市场运行情况是怎么样的？对于 2018 年影响我们大豆生产和大豆市场价格的因素在您看来有哪些？谢谢。

🎤 **唐珂：**

谢谢。大家知道，国产大豆是以食用消费为主，需求相对稳定，由于去年的新季大豆产量增加较多，东北主产区大豆收购价稳中偏弱，近期受利好因素的影响，市场有所回暖。据农业农村部监测，2018 年 1 月，黑龙江省的国产食用大豆平均收购价每斤是 1.8 元，环比跌了 0.3%，同比跌了 5.5%。今年春节之后，国家储备的大豆收购价为每吨 3 600 元，较之前每吨上调了 50 ~ 80 元，收购价的小幅上升，带动大豆价格小幅的回升。

3月份，黑龙江、吉林分别发布了大豆加工企业收购架构补贴政策，对大豆的价格也有一定的提振作用。我们注意到2017年秋收以来，玉米收购价格持续走高，种植收益比上年明显改善，所以东北部分产区反映了农民种大豆收益不如玉米，玉米价格高了，所以种植大豆的积极性有所降低。其实我们研判的话，今年有利于大豆生产的因素还是不少的，预计大豆的播种面积还将保持恢复性增长的趋势。影响因素主要有：一是东北地区粮豆轮作的政策支持力度在不断加大；二是东北地区今年大豆生产者补贴的标准将高于玉米。政策的导向很明确，对大豆的补贴要高于玉米，而且鼓励向优势区集中，所以我们建议广大豆农密切关注大豆的供需基本面变化和政策的含金量，算好大豆成本收益账，以市场为导向，合理安排种植结构。谢谢。

> **📷 经济日报记者：**
> 春节以后，猪肉的价格跌幅较大，引起了大家的广泛关注，我想问一下下跌的原因主要是什么？下一步的走势如何？谢谢。

🎤 **唐珂：**

今年春节以后猪价下跌快、跌幅大，我们监测，全国的猪肉批发均价春节期间是每公斤20.97元，持续下跌到3月的第四周已经是每公斤17.16元，跌幅18.2%，同比跌了22%。集贸市场的生猪价格从2018年1月第二周每公斤15.37元，连续下跌11周，3月第四周每公斤是11.2元，累计跌了27.1%，同比跌了31.9%。我们观察的一个指标，猪粮比价已经跌破了5.5∶1，实际上已经跌破成本线，生猪的养殖开始出现全面的亏损。我们组织专家分析之后认为，近期猪肉的快速下跌主要还是由市场的供需宽松的基本面决定的。一方面生猪产能处于高位，前期高价刺激了2016年、2017年生猪的补栏，特别是大型养殖企业产能扩张较快，使得今年以来猪肉市场供给明显增加，2018年1—2月生猪屠宰量为4 037.6万头，同比增加了20.5%。另一方面，我国猪肉的消费具有较强的季节性，春节之后猪肉的消费趋弱。此外，春节前华东、华中先后出现两次大范围的明显降雪，北猪南运受阻，出栏的延后导致节后供给量加大，特别是体重大、肥肉率偏高的大猪偏多，也加剧了猪价的下跌。从后期的走势看，由于市场供给充裕的局面，短期内仍将持续。

预计今年的猪价总体处于周期性下降通道，呈低位振荡走势，但考虑到市场上大猪阶段性出清，以及部分养殖户因亏损开始淘汰落后的母猪产能，预计猪价继续大跌的可能性不大，建议养殖户密切关注市场形势，合理安排补栏和出栏。谢谢。

📷 陈邦勋：

今天的发布会到此结束。谢谢各位。

14. 2018 年例行发布会第三场

一、基本情况

时　间	2018 年 7 月 17 日（周二）上午 10 时
地　点	农业农村部新闻办公室新闻发布厅
主　题	上半年重点农产品市场运行情况
发布人	农业农村部市场与经济信息司司长　　　　唐　珂
主持人	农业农村部办公厅副主任、巡视员　　　　陈邦勋

2018 年例行发布会第三场

二、 现场实录

📷 **陈邦勋：**

女士们、先生们，各位媒体朋友，大家上午好！欢迎大家来参加农业农村部新闻办公室举行的新闻发布会。今天，北京大雨，大家冒雨前来，非常辛苦，我们也很受感动。今天发布会的主题是上半年重点农产品市场运行情况，发布人是农业农村部市场与经济信息司司长唐珂先生。大家很熟悉唐珂先生，在我们这里多次举行过新闻发布会。首先，我们请唐珂司长向大家通报有关情况。

🎙 **唐珂：**

女士们、先生们，各位媒体朋友们，大家上午好！很高兴又跟大家见面了，感谢各位的到来。今天召开 2018 年上半年重点农产品市场信息发布会，在这次发布会之前，我们专门组织专家对上半年我国农产品供需形势进行了分析研判。下面，我向大家通报有关情况。2018 年以来，我国农产品市场供给总体充裕，多数农产品价格呈持续下跌走势。6 月份我国"农产品批发价格 200 指数"为 98.37（以 2015 年为 100），虽然同比高 3.71 个点，但比 1 月份下跌了 7.98 个点。分品种看：

一是稻谷、小麦受最低收购价下调影响，价格稳中有跌。6 月份，早籼稻收购均价每斤 1.23 元，比 1 月份跌 5.4%，同比跌 3.9%；晚籼稻 1.30 元，比 1 月份跌 5.1%，同比跌 5.1%；粳稻 1.49 元，比 1 月份跌 1.3%，同比跌 3.2%。郑州粮食批发市场普通小麦价格每斤 1.19 元，比 1 月份跌 7.0%，同比涨 1.0%；优质麦每斤 1.29 元，比 1 月份跌 8.5%，同比涨 0.2%。

二是玉米消费旺盛，价格总体先涨后跌。6 月份，产区玉米批发月均价每斤 0.89 元，环比跌 0.5%，比 1 月份涨 0.8%，同比涨 7.7%。去年秋季玉米上市后价格保持强势，主要原因是我国玉米结构调整成效明显，下游需求被充分激活，产需开始出现缺口。

三是国产大豆产量增加，价格持续下跌后企稳。去年国产大豆生产继续恢复性增长。受产量增加影响，去年秋季大豆上市后价格持续走低。今年春节后，受国家储备大豆收购价每吨小幅上调 50～80 元支撑，以及吉林省、黑龙江省发布大豆加工企业收购加工补贴政策拉动，国产大豆市场价格小幅回升，但总体保持弱势运行。6月份，黑龙江国产食用大豆平均收购价每斤1.80元，比去年大豆上市初期跌8.2%，同比跌11.2%；山东国产大豆入厂价每斤2.05元，比去年大豆上市初期跌6.0%，同比跌11.8%。

四是生猪产能阶段性过剩，价格大幅下跌后反弹。受市场供需宽松的基本面影响，今年春节后猪价下跌快、跌幅大，5月底以来过剩局面有所缓和，价格止跌反弹。6月份，全国猪肉批发均价每公斤16.63元，比1月份跌20.6%，环比涨4.2%，同比跌16.6%。

五是"菜篮子"产品季节性波动，跌的多、涨的少。春节后蔬菜价格总体保持季节性下行态势，价格变化基本符合往年规律。6月份，农业农村部监测的28种蔬菜全国平均批发价每公斤3.48元，环比跌1.7%，同比涨9.4%。部分地区个别蔬菜品种出现滞销，大蒜受面积、单产增加影响，新蒜上市后价格出现跌幅较大情况。春节过后肉类总体处于消费淡季，牛羊肉、禽肉市场供需关系阶段性宽松，价格环比持平略跌，同比处于较高水平。原料奶收购价连续6个月环比小幅下跌。水果、鸡蛋、马铃薯等少数鲜活农产品受天气等因素影响，价格出现不同程度上涨，但菠萝、荔枝等部分水果品种主产区出现了价格大幅下跌和滞销情况。

从下半年走势看，受供需基本面、政策调整和国内外市场联动等因素影响，我国农产品市场走势存在较大不确定性，特别是夏秋季节是我国多数农产品的上市旺季，市场供给压力明显增大，我们将会同有关部门加强产销对接、信息引导和市场调控，多措并举促进农业生产和市场稳定，也希望广大农民朋友密切关注市场行情，合理安排生产和农产品销售，有效防范市场风险。下面，我愿意回答大家的提问。

📷 **陈邦勋：**

谢谢唐珂先生的介绍。下面请记者提问，提问之前请先通报一下自己所代表的新闻机构。

📷 **人民日报记者：**

5月底全国猪肉价格出现了止跌回升的走势。请问，这种反弹的走势能否持续下去？另外，麻烦唐司长预测一下今年全年猪肉价格的走势。

🎤 **唐珂：**

今年以来猪肉价格波动较大，各方关注度都很高。5月底以来，随着压栏大猪逐步上市消化，生猪阶段性供给过剩局面有所改善，猪价在持续大幅下跌后有所反弹。据农业农村部监测，6月份全国猪肉批发均价每公斤16.63元，环比涨4.2%，同比仍低16.6%。这种反弹能否持续，关键还是要看供需基本面。据农业农村部400个县生猪监测点数据，2018年5月生猪存栏量环比减1.9%，同比减2.0%，能繁母猪存栏环比减2.5%，同比减3.9%，但平均每头能繁母猪能够提供的有效仔猪数由2015年15头左右提高至20头以上，所以产能总体仍处于较高水平。2018年1—4月规模以上生猪屠宰企业屠宰量累计为8071万头，同比增18.6%，猪肉市场供给充足。因此，我们仍维持在一季度市场信息发布会时所做的判断，即今年全年猪价将总体处于下降通道，呈低位震荡走势，国庆中秋消费旺季可能出现阶段性上涨。建议养殖户特别是中小规模户密切关注市场行情，合理安排补栏、出栏，避免生产的盲目性。

📷 **光明日报记者：**

我们知道，现在正是小麦的购销旺季，但据我们观察，主产区小麦购销比去年有很明显的减少。请问唐司长，这主要是什么原因？会不会出现卖粮难的情况？

🎤 **唐珂：**

据国家粮食和物资储备局监测，截至6月30日，主产区小麦累计收购2130万吨，同比减少1133万吨。新麦收购进度比去年同期慢了三成左右，据我们调研分析，主要有三个原因：一是南方麦区由于抽穗扬花期、收割期天气不利造成小麦质量受损较重，北方麦区受春季低温冻害影响小麦质量也有所下降，导致优质粮源偏少；二是为了给市场化收购留出更大的空间，今年小麦最低收购价预案的启动时间推迟10天以上；三是最低收购价收购的质量标准由国标五等及以上提高到国标三等及以上，四等及以下的粮食由各地组织引导市场化收购。这三个因素"碰头"，导致今年大量质量偏差的小麦达不到最低收购价收购标准，销售价格偏低，购销进度偏慢。为防止出现"卖粮难"，河南等主产省已出台了促进小麦收购的有关措施，预计后期收购进度会上来。同时也要看到，随着小麦最低收购价的首次下调，市场机制作用得到充分发挥，优质小麦需求旺盛、价格上涨，6月上中旬主产区优质麦收购几乎一天一涨价，优质优价的特征更加明显。

📷 **中国新闻社记者：**

我们观察到，今年新蒜上市以来，价格出现大幅下跌的情况。请问唐司长原因是什么？您能否展望一下后期大蒜市场的行情？

🎤 **唐珂：**

大蒜价格运行需要拉长历史来看。自2009年下半年开始，大蒜市场价格出现三次不同程度的周期性波动，其中价格大幅下跌的年份主要是2011年、2013年和2017年。今年大蒜价格的下跌走势，其实是从去年开始的。2017年5月新蒜季开始，市场价格迅速下跌，随后冷库蒜销售价格持续低位运行，2018年鲜蒜及早熟蒜上市后价格继续下跌，6月份全国大蒜平均批发价为每公斤4.23元，环比跌9.2%，同比跌36.9%。从上半年批发均价看，同比跌幅达55.5%，较近10年同期平均价格跌20%以上，个别产区大蒜价格一度跌破十年来最低点。大蒜价格低迷的原因主要是供大于求。首先，大蒜种植面积创新高，特别是主产区周边的一些小产区扩张较快。受2016年高蒜价影响，2017年、2018年大蒜种植面积持续增长，增幅分别为20.8%和8.0%。其次，单产水平高。今年春季主要大蒜产区整体气温偏高，光照正常，墒情适宜，单产保持较高水平。第三，2017年库存蒜余量较高。山东2017年冷库蒜年入库量大幅增长，到今年新蒜上市后还有不少库存余量，市场供给宽裕。综合考虑今年产量和库存情况，未来几个月蒜价下行压力仍然较大。我们将加强产销和价格信息的监测预警和发布，希望广大蒜农密切关注市场行情，合理安排今秋新蒜季的生产计划。

📷 **中央广播电视总台央广记者：**

今年上半年，一些地区菠萝、荔枝出现了严重滞销情况。请问，目前全国水果市场行情怎样？未来将呈现怎样走势？

🎙 **唐珂：**

2018 年上半年水果市场运行基本符合往年规律，价格整体呈现先涨后跌的特点。农业农村部重点监测的 6 种水果批发均价由 1 月份的每公斤 5.18 元涨至 5 月份的 5.60 元，6 月小幅回落至每公斤 5.57 元。市场优质优价特征更加明显，在部分水果低价滞销的同时，优良品种、优质果品的价格相对稳定。有些高端的甚至供不应求，比方说海南的无核荔枝，品质也很好，价格卖得也很好。上半年广东砂糖橘、海南东方芒果、广东徐闻菠萝、广西荔枝等均出现了局部低价滞销的情况，直接原因是天气因素导致单产增加且集中上市，总量供大于求。这是咱们搞果蔬生产的共性问题，我们的科技水平高了，单产水平高了，加上水果生产的季节性很强，果蔬集中上市，导致价格下滑。往年也时不时会出现这种情况。砂糖橘价格下滑也引发各地晚熟柑橘价格显著回落，上半年柑橘类水果批发均价每公斤 7.6 元，同比下跌了9.8%，二季度批发均价跌幅超过 15%。南方菠萝、芒果、荔枝、柑橘等水果供给增加、价格降幅较大，对水果市场造成较大冲击。据专家调研了解，徐闻菠萝 90% 左右是传统单一品种，与芒果、荔枝等热带水果上市期重叠，加上部分果品质量良莠不齐，销售压力大，价格甚至跌破成本线，但"金菠萝"等优良品种价格保持高位稳定。从后期走势看，近年来各地扩种的水果陆续进入盛果期，夏秋季节是各种水果大量收获旺季，预计随着各地西瓜、甜瓜、桃、苹果等水果集中上市，水果均价可能继续下跌，各地需加强产销对接，防范个别区域、品种滞销卖难。我部采取了产销对接等一系列措施，如上个月开展的贫困地区农产品产销对接行动，把贫困地区、边远山区的优质特色农产品顺利地卖出去，卖个好价钱。谢谢。

📷 **农民日报记者：**

我们关注到，今年上半年国内食糖价格持续下跌，甚至有时候跌破了成本线。请问唐司长，这是什么原因造成的？下半年糖价还会有回升的可能吗？

🎙 **唐珂：**

价格最能体现供需的反映，一般供小于求一定会涨价，供过于求一定是跌价。今年以来，国内食糖价格连续走低，6 月份批发均价跌至每吨 5 394 元，环比跌 2.1%，同比跌 18.0%。目前价格水平已经明显低于每吨 6 000 元左右的成本线，制糖企业出现大面积亏损，后期兑付蔗农糖料款很可能出现困难。我国食糖产不足需、贸易依存度高，价格下跌主要是受国际市场供大于求压力传导。由于印度和泰国食糖产量大幅上涨，国际糖业组织 (ISO) 将 2017—2018 年度榨季全球食糖供应过剩规模上调至 1 000 万吨以上，并预计未来一个年度全球食糖供应还将过剩 850 万吨，今明两年供应过剩可能达到新高。受此影响，今年 1—6 月纽约 11 号原糖期货平均价格为每磅 12.72 美分，同比跌幅 27.4%，表明国际市场主体普遍看空后市。国内食糖市场已进入纯销糖期，目前配额内 15% 关税下，巴西食糖到岸税后价仅为每吨 3 275 元，比国内糖价低 2 000 元以上，巨大的国内外价差导致后期国内糖价易跌难涨，需要抓紧研究出台保护糖农利益、促进食糖产业健康发展的政策措施。谢谢。

📷 陈邦勋：

今天的发布会到此结束。

15. 2018 年例行发布会第四场

一、基本情况

时　间	2018 年 10 月 19 日（周五）上午 10 时
地　点	农业农村部新闻办公室新闻发布厅
主　题	第三季度主要农产品市场运行形势及第十六届中国 国际农产品交易会有关情况
发布人	农业农村部市场与信息化司司长　　　　　　唐　珂 农业农村部国际合作司副司长　　　　　　　唐盛尧
主持人	农业农村部办公厅副主任、巡视员　　　　　陈邦勋

2018 年例行发布
会第四场

二、 现场实录

📷 **陈邦勋：**

女士们、先生们，媒体朋友们，上午好。欢迎大家来参加农业农村部三季度例行发布会，今天发布会的主题是：三季度重点农产品市场运行形势。同时，还向大家介绍即将举办的第十六届中国国际农产品交易会及与联合国粮农组织联合举办的部长级全球农业南南合作高层论坛有关情况。今天我们很高兴邀请到第十六届农交会组委会秘书长、农业农村部市场与信息化司司长唐珂先生，农业农村部国际合作司副司长唐盛尧先生，向大家介绍有关情况，并回答大家有关提问。下面，先请唐珂先生向大家通报有关情况。

🎤 **唐珂：**

女士们、先生们，大家上午好。金秋十月，是丰收的好时节。首先，我向大家通报三季度重点农产品市场运行情况。

三季度，我国农产品市场整体供应较为充裕，价格涨跌不一，"农产品批发价格200指数"为102.19，环比增加1.01个百分点，同比高5.63个百分点；"'菜篮子'产品200指数"为102.33，环比增加1.22个百分点，同比高6.55个百分点。分品种看：

一是"菜篮子"产品价格持续上涨。9月份，农业农村部监测的28种蔬菜全国平均批发价每公斤4.32元，环比涨8.8%，同比高22.0%。三季度蔬菜价格季节性上涨，走势与常年大致相同，受今年大范围高温和台风、强降水等不利天气因素影响，菜价涨幅较常年偏高。

二是**猪肉价格连续上涨，但仍低于三年来平均水平**。9月份，全国猪肉批发均价每公斤19.99元，环比涨4.8%，比7月份涨15.2%，同比仍低2.4%。8月份非洲猪瘟发生以后，猪肉价格走势有所分化，但猪瘟对全国猪肉市场影响有限，猪肉供应仍较为平稳。

三是**小麦、早籼稻收购旺季结束，价格低开高走**。9月底，国有粮食企业小麦收购价为每百斤119元，比上市初期上涨4.5%；早籼稻收购均价稳定在每百斤120元，比上市初期上涨4%左右。截至9月30日，主产区各类粮食企业累计收购小麦5 015万吨，累计收购早籼稻779万吨。收购以市场化收购为主，各地引导支持粮食加工企业等多元主体入市，开展市场化收购。

四是玉米价格小幅波动，市场供应充足。9月份，产区玉米批发月均价每斤 0.89 元，同比涨 5.9%，环比涨 0.7%，与 7 月份持平。深加工对优质玉米需求增加，新玉米开秤价普遍高于去年。

下面，再向大家介绍第十六届中国国际农产品交易会有关情况。

中国国际农产品交易会是经党中央、国务院批准，由农业农村部主办的大型农业行业盛会，已成功举办 15 届，在宣传农业政策、展示农业成就、营销农业品牌、活跃农产品流通、促进农业贸易合作等方面发挥了重要作用，为促进农业农村经济发展作出了积极贡献，现已成为中国最具权威、最具影响力的综合性农业展会。

今年是贯彻党的十九大精神、实施乡村振兴战略的开局之年，是以农村改革为发端的改革开放 40 周年，在此背景下举办第十六届农交会，更加值得期待。农交会定于 11 月 1—5 日在湖南省长沙市举办，秉承"精品、开放、务实"原则，以"质量兴农、品牌强农、绿色发展、乡村振兴"为主题，紧密结合农业农村工作重点，并与中国中部（湖南）农业博览会合并举办，集中宣传展示贯彻习近平总书记关于"三农"工作重要论述取得的新成就，实施乡村振兴战略、推进农业供给侧结构性改革取得的新成果，践行质量兴农、绿色兴农、品牌强农的新经验，以及各地丰收时节各具特色的优质农产品。同期，还将与联合国粮农组织（FAO）联合举办部长级"全球农业南南合作高层论坛"。三项重大活动共襄盛举，必将成为助力乡村振兴战略的一次行业盛会。农交会还设立了四川、河南、浙江三个主宾省，分享他们质量兴农、品牌强农和绿色发展方面的经验。

本届农交会展出面积约 11.3 万平方米，其中室内展览面积约 10.8 万平方米，室外展览面积约 5 000 平方米。共设立了乡村振兴展区、扶贫展区、各省综合展区、湖南市州展区、行业专业展区、海峡两岸农业合作展区、国际展区以及室外的现代农业装备展区和综合配套服务区等 12 个展区，届时将有 4 000 家企业参展，参展产品达 16 000 种。共有来自法国、澳大利亚、芬兰、马来西亚、印度、立陶宛等 20 个国家和地区的 200 余家国外公司参展，并设立了乌干达、泰国两个主宾国。期间，还将举办中国乡村振兴战略高峰论坛、全国品牌农产品推介活动、全国贫困地区农产品产销对接活动、农业风险管理与农业品牌论坛等 13 项重大活动，并与湖南卫视深度合作开展品牌农产品推介。

媒体朋友们，农交会组委会诚挚地邀请大家莅临长沙，品味湘江深秋美景，一睹农交会盛况，我们将为采访工作提供便利和服务。

下面，我和我的同事愿意回答大家的提问。

📷 **陈邦勋：**

谢谢唐珂先生的介绍。下面开始提问，提问前请先通报所代表的新闻机构。

📷 **中央广播电视总台央视记者：**

我的问题是，今年小麦集中收购期已经结束，今年的收购量比去年明显下降。今年小麦收购量下降的主要原因是什么？预计四季度小麦的价格走势会怎么样？

🎤 **唐珂：**

谢谢你。9月30日小麦最低收购价执行预案结束，正如您所关注的，今年小麦集中收购期累计收购量与去年相比确实下降得比较明显。据国家粮食和物资储备局统计，截至9月30日，冀鲁豫苏鄂皖六个主产省各类粮食企业累计收购小麦4 317万吨，同比减少了2 133万吨。其中，河南、安徽分别减少了1 097万吨、457万吨，这两个省减少比较明显。据我们调研分析，造成今年小麦收购量下降明显原因是多方面的，有产量小幅下降、收购预案执行时间延长、部分质量较差小麦的销售未纳入统计等因素，但主要是部分产区，尤其是河南南部、安徽沿淮地区，小麦质量因灾下降，达不到最低收购价质量标准，主要通过市场化渠道来销售，导致政策性收购量大幅减少。小麦销售周期拉长，小麦销售进度趋缓。为做好超标小麦收购处置工作，国家粮食和物资储备局、发改委、财政部、农业农村部等单位联合下发通知紧急部署。安徽、湖北、河南等省出台了方案、安排资金，引导多元市场主体积极入市，一定程度上缓解了质量较差小麦销售难题。从后期走势来看，农户和贸易商手中余粮会陆续进入市场，预计小麦购销将延续优质优价趋势。其中，质量较好的小麦价格有望保持在每斤1.15元的最低收购价水平之上。由于当前我国小麦库存充裕，小麦市场供应不会紧张，价格也缺乏持续上涨基础。我们需要继续重点关注受灾地区超标小麦收购处置工作，强化售粮服务，落实配套措施，缓解农民余粮变现之急。谢谢。

非洲猪瘟对猪肉价格运行影响受到广泛关注。请问，当前猪肉市场形势怎么样？后期猪肉市场走势会有什么新的变化？谢谢。

🎤 **唐珂：**

8月份非洲猪瘟发生之后，我部在做好疫情防控的同时，加强了生猪及猪肉市场运行监测预警和保供措施安排。总的看，生猪产能受到的影响整体有限。三季度全国猪肉均价呈季节性上涨趋势，国庆、中秋两节过后小幅下跌。据监测，8月份全国猪肉批发均价为每公斤19.08元，环比涨10%，同比跌5.4%；9月份每公斤19.99元，环比涨4.8%，涨幅明显收窄，同比跌2.4%。10月1—7日，每公斤20.04元，环比跌0.5%，已经连续两周小幅下跌，同比跌2.7%。

同时，由于疫情影响生猪跨省调运，猪价运行分化趋势明显，发生疫情的主产省，比如辽宁省生猪压栏较多，猪价以跌为主，北京、浙江、上海这些主销区市场前期供应偏紧，价格涨幅比较大，国庆长假期间市场运行平稳，价格小幅回落。从后期走势看，随着大部分地区非洲猪瘟疫情的稳定，短期内猪价将季节性小幅回落，前期压栏较多的主产区价格下降风险比较大。

由于近两月主产区生猪补栏受到一定影响，预计春节前猪价会再次出现上涨行情。但由于生猪产能依然充足，猪价上涨空间是不大的。谢谢。

📷 **新华通讯社记者：**

今年是第十六届农交会，与往年相比有什么特点？谢谢。

🎤 **唐珂：**

从目前筹备情况来看，展会有四大特点：

一是紧扣当前热点，服务乡村振兴。 实施乡村振兴，是新时代做好"三农"工作的总抓手。今年是乡村振兴开局之年，为贯彻落实党中央决策部署，助力实施乡村振兴战略，本届农交会突出乡村振兴的主题，专门设立了乡村振兴馆，并将举办中国乡村振兴战略高峰论坛，这是自党中央提出实施乡村振兴战略以来，农业农村部推动举办的首个以乡村振兴为主题的论坛。论坛分为主旨发言和嘉宾对话，邀请农业农村部、国务院发展研究中心、浙江省政府、中国农业大学等重量级领导和专家作主旨发言，并邀请地方政府、科研院所和企业家代表作五大振兴主题对话。

二是突出国际元素，促进中外交流。今年是中国的"南南合作年"。中拉、中阿、中非三大合作论坛相继举办，中国与广大发展中国家进行了密切互动与友好合作。本届农交会与部长级"全球农业南南合作高层论坛"共同举办，盛况空前，届时将有近50个国家或国际组织的约100名外宾出席，其中包括约30名部长级代表。我们还设立了乌干达和泰国两个主宾国，举办国家主题日活动。

三是聚焦深度贫困，推动产销对接。为贯彻落实习近平总书记关于"产业扶贫要在扶持贫困地区农产品产销对接上拿出管用措施"的重要指示精神，加强贫困地区特别是深度贫困地区或集中连片贫困地区特色优质农产品产销对接，今年我部启动了"2018全国贫困地区农产品产销对接行动"，为产业扶贫提供支撑。继北京、甘肃、新疆三场产销对接活动后，本届农交会将继续推出第四场活动——"产业扶贫在行动——贫困地区农产品产销对接大型公益活动"。活动以"三区三州"地区为重点，遴选了14位县级政府主要负责同志登台推介。创新产销对接形式，点评团、采购团、推介打擂，让人耳目一新。

四是加强营销推介，助力品牌强农。品牌是本届农交会的闪亮名片。自2016年以来，我们已在农交会连续两年开展"省部长推介品牌农产品""我为品牌农产品代言"品牌农产品推介活动，形式新颖，影响深远，取得了良好效果。本届农交会，我们既一脉相承，加强品牌农产品推介；又与时俱进，利用湖南卫视独特的频道属性和录播方式，再次创新，为大家奉献一场品牌农产品推介的饕餮盛宴，进一步提升我国品牌农产品影响力。活动紧抓年轻消费群体，调动年轻人了解和购买中国品牌农产品的热情，热爱支持农业农村发展。农交会期间，各地还将开展形式多样的品牌产品推介活动。

📷 **农民日报记者：**

您刚才说这次农交会突出国际元素，这次全球农业南南合作高层论坛是一个重要活动，能否请您再详细介绍一下这次论坛的背景和有关情况？谢谢。

🎤 **唐珂：**

这个事由国际合作司牵头主办，请唐盛尧副司长来回答这个问题。

　　首先感谢你的提问。刚才唐珂司长对这个问题已经作了很好的发言,里面都涉及了。我想大的背景就是发展中国家之间的合作,也就是南南合作,是目前我们发展中国家开展合作的一个重要方向,各国领导和国际社会都非常重视南南合作,南南合作从 20 世纪 50 年代开始,已经经历了很长一段时间。第二个是我们国家在南南合作,特别是农业领域南南合作一直发挥着重要作用,我们从 20 世纪 50 年代开始一直在跟非洲、亚洲、拉美的一些发展中国家开展合作,特别是从 1996 年联合国粮农组织设立三方南南合作以来,中国一直进行支持,积极参与。进入 21 世纪以后,我们成了农业领域南南合作的一个重要的 major player,尤其是自 2009 年以后,我们在农业南南合作里成了一个重要的引领者。我们在南南合作里主要包括多边渠道和双边渠道,多边渠道就是在联合国粮农组织三方南南合作框架下,向二十多个非洲和其他发展中国家派出了近一千名农业专家和技术人员。我们还有一个重要领域,在双边渠道,特别是 2006 年以后,在中非合作论坛机制下,我部跟商务部和其他有关部门密切合作,同非洲国家和其他亚洲国家开展南南合作,主要表现形式就是我们帮助非洲国家建立农业技术示范中心,推广应用简单实用的农业技术。还有就是我们向非洲国家派出专家和技术员,帮助他们进行农业规划,实

地指导，甚至手把手教农民技术员和农民朋友如何应用我们的优良品种，以及农机、植保、畜牧、渔业等领域简单实用的技术。比如，我曾经在非洲看到当地运用我们简单的技术可以把鸡蛋孵出鸡，而非洲很多国家都做不到。

2009 年以后，由于我们在农业南南合作领域搞得非常成功，中国政府非常支持，向粮农组织捐助了两笔单边信用基金，专门用于南南合作，一笔3 000 万美元，一笔 5 千万美元，到现在为止第一批项目结束，我们利用南南合作论坛这个平台进行总结。召开南南合作论坛的意义，首先是贯彻落实习近平外交思想。党的十九大提出，要推动构建人类命运共同体，积极发展全球伙伴关系，为世界贡献更多的中国智慧、中国方案，所以南南合作以及这次论坛是落实习近平外交思想的一个重要的举措。第二个方面，更好地履行我们作为发展中大国的国际责任和义务。我们虽然在国际上致力于 2030年可持续发展议程的实现，但是国际粮食形势仍然不容乐观，粮农组织等 5个联合国机构刚发布了一个全球粮食安全和营养状况的报告，其中就提到了一个令人关注的事实，全球营养不良人口 2017 年年底达到了 8.21 亿，这不仅没有减少，反而增加了，世界的粮农形势面临很大挑战。在这样的情况下，我国的农业发展很有成就，也有经验，我们有人才、技术，也包括资金。所以如果我们要在 2030 年实现"Zero Hunger" "No Poverty"，我国要帮助其他发展中国家，提高农业生产能力，解决粮食安全问题。我们还可以应用我们在扶贫，尤其是精准扶贫这方面的经验来帮助发展中国家解决贫困人口问题。第三个方面，召开全球南南合作论坛，贡献中国智慧、中国方案，将在南南合作领域有更多的话语权。谢谢大家。

📷 经济日报记者：

眼下到了国内新季大豆上市的季节。请问，今年新季大豆的购销形势和价格走势情况怎样？谢谢。

🎤 唐珂：

在轮作休耕、生产者补贴等政策的引导支持下，今年我国大豆种植面积增加，丰收已成定局。9 月底黄淮海夏大豆率先收获上市，10 月份东北新季大豆也将大量上市。从我们前期调研调度的情况看，安徽等黄淮海主产区新豆零星上市，开秤价比去年低一些，部分地区因干旱、台风灾害影响，大豆品质不及常年，后期随着购销旺季到来，在食用需求拉动和种植成本支撑下，预计国产大豆价格将保持基本平稳，优质优价的趋势更加明显。从陈豆市场看，由于购销接近尾声，价格波动不大，9月份黑龙江国产食用大豆平均收购价每斤1.81元，环比涨0.9%，同比跌11.0%；山东国产大豆入厂价每斤2.03元，环比持平，同比跌12.4%。从进口情况看，据海关数据，1—8月累计进口大豆6 203万吨，同比减2.1%，进口主要来自巴西，占进口总量近七成。总的看，当前我国大豆市场供给较为充足，大豆价格大幅波动的可能性不大。谢谢。

📷 中国日报记者：

这次农交会组委会与湖南卫视深度合作，开展品牌产品推介，这也是一个比较有创新性的举措，能否介绍这方面的情况？谢谢。

🎤 唐珂：

当前质量兴农、品牌强农已经成为推动农业高质量发展，加快脱贫攻坚、提升农业竞争力、实施乡村振兴战略的选择。农业市场化是改革开放以来我们持续在进行的一个过程，说到底，就是要从根本上通过资源的合理配置，强化市场流通、品牌建设、电商发展等，助力农业农村现代化。当前，市场化到了要强化品牌的阶段。近年来我们重点加强农业品牌建设，今年6月份我部正式印发了《关于加快推进品牌强农的意见》，把品牌强农的目标、任务、重点、工作都做了系统谋划和部署。农交会按照部里总体工作安排和部署，以做大做强品牌为重点，主打品牌、推介品牌。

本届农交会在湖南长沙举办，和湖南卫视开展深度合作，利用他们在业内的优势，延续我们这几年的一贯做法，开展全国品牌农产品推介，这是我们的一次创新实践。现场活动于11月1日晚上8点到10点，在湖南卫视演播室录制，11月3日，在湖南卫视公开播出。节目总的思路是展示首个"中国农民丰收节"的新成果，同时以"乡人乡味"为主题，从"味、人、情"三个篇章来展示，表现手法丰富多彩，有脱口秀，有京东大鼓、秧歌、配音秀、快板等，同时还有主宾国的推介。欢迎大家关注并收看。谢谢。

📷 陈邦勋：

今天的新闻发布会到此结束，谢谢各位。

16. 耕地轮作休耕制度试点情况新闻发布会

一、 基本情况

时 间	2018 年 2 月 23 日（周五）上午 10 时
地 点	农业部新闻办公室新闻发布厅
主 题	耕地轮作休耕制度试点情况
发布人	农业部种植业管理司司长　　曾衍德
	财政部农业司副巡视员　　　凡科军
	农业部财务司副巡视员　　　王晋臣
主持人	农业部办公厅副主任　　　　宁启文

耕地轮作休耕制
度试点情况新闻
发布会

二、 现场实录

📷 **宁启文：**

各位新闻媒体朋友们，大家上午好，欢迎参加今天的新闻发布会，首先问候大家新春愉快，对大家长期以来对"三农"工作的关心和支持表示衷心的感谢。中央高度重视生态文明建设，将开展耕地轮作休耕制度试点作为推进农业绿色发展、助力乡村振兴战略实施的重要举措。2016 年以来，按照中央的部署和要求，农业部、财政部等十个部门和单位科学制订方案，协同合力推进。相关省份积极主动作为，狠抓任务落实，试点工作取得了明显成效。今天，农业部新闻办公室举行新闻发布会，主要目的是介绍开展耕地轮作休耕制度试点的重要意义、主要成效，以及 2018 年重点工作安排。出席今天新闻发布会的有农业部种植业管理司司长曾衍德，财政部农业司副巡视员凡科军，农业部财务司副巡视员王晋臣。今天发布会的议程主要有两项：一是请农业部种植业管理司司长曾衍德先生介绍一下耕地轮作休耕制度试点的意义、成效和重点工作安排，二是回答记者的提问。首先请曾衍德司长介绍耕地轮作休耕制度试点的有关情况。

🎤 **曾衍德：**

各位新闻界的朋友，上午好，今天是正月初八，给大家拜个晚年。开展耕地轮作休耕制度试点，是中央确定的一项重大改革任务。党的十八届五中全会提出探索实行耕地轮作休耕制度试点，党的十九大又明确提出扩大轮作休耕试点。这充分展现了中央推进农业绿色发展、加快生态文明建设的坚定决心。2016 年以来，按照中央的部署和要求，农业部、财政部等 10 个部门和单位，勇于扛起责任，履职尽责落实，有力有序推进耕地轮作休耕制度试点，取得了积极进展和成效。其意义主要有以下几点：

一、开展耕地轮作休耕制度试点是我国农业生产方式变革的积极探索。

探索实行耕地轮作休耕制度试点，是党中央、国务院着眼于我国农业发展突出矛盾和国内外粮食市场供求变化作出的战略安排，目的是促进耕地休养生息和农业可持续发展。

一是开展耕地轮作休耕制度试点，是加快生态文明建设的重要任务。党的十九大报告提出，建设生态文明是中华民族永续发展的千年大计。过去，为增产量保供给保吃饭，耕地、水资源利用强度大，化肥农药过量使用，农业生态环境透支。当前，亟须改变粗放的生产方式，把农业资源利用过高的强度"降"下来，把农业面源污染加重的趋势"缓"下来，改变资源超强度利用的现状、扭转农业生态系统恶化的势头，实现资源永续利用。

二是开展耕地轮作休耕制度试点，是实施乡村振兴战略的重要内容。实施乡村振兴战略，是党的十九大作出的重大决策部署，是新时代"三农"工作的总抓手。开展轮作休耕试点，是探索华北地下水漏斗区、湖南重金属污染区和西北西南生态严重退化地区的有效治理方式，使污染的耕地逐步得到治理，使退化的生态逐步得到改善，让水变清、山变绿、地变肥，美化农业农村生态环境，助力生态宜居。

三是开展耕地轮作休耕制度试点，是提高农业供给体系质量的重要途径。我国粮食和农业生产连年丰收，农产品数量快速增长，仓满库盈、供应充足，但结构性矛盾突出，资源错配和供需脱节的问题亟待解决。轮作休耕就是要压减库存压力大的玉米和稻谷，优化资源配置，调整种植结构，减少无效供给，增加有效供给。

曾衍德

四是开展耕地轮作休耕制度试点，是巩固提升粮食产能的重要举措。习近平总书记多次强调，确保国家粮食安全，把中国人的饭碗牢牢端在自己手中。现在粮食供求状况改善了，负重的耕地、透支的环境也该"歇一歇"了。轮作主要是实行玉米大豆轮作，发挥大豆根瘤固氮、养地培肥作用，实现种地养地结合、农业可持续发展。休耕就是减少耕地水资源利用，使耕地得到休养生息，同时加以治理，确保急用之时耕地用得上、粮食产得出。

二、耕地轮作休耕制度试点取得积极成效。

2016年轮作休耕试点面积616万亩，主要在内蒙古、辽宁、吉林、黑龙江、河北、湖南、贵州、云南、甘肃9个省（自治区）实施。2017年轮作休耕试点面积1 200万亩，试点省份不变。两年来，轮作休耕试点的内涵不断丰富、路径逐步清晰，取得了积极成效。

一是技术模式成熟适用，生态效应初步显现。主要体现在两个方面。一个是，生产与生态相协调。冷凉区建立了"三三轮作"模式，重金属污染区和生态严重退化地区建立了"控害养地培肥"模式，地下水漏斗区建立了"一季雨养一季休耕"模式。河北省200万亩季节性休耕，年压采地下水3.6亿立方米。另一个是，适区与适种相一致。选择豆科、茄科、禾本科等养分利用互补、病虫发生规律不同的作物进行搭配，提高光温水利用效率，减少病虫危害损失。吉林东部山区轮作大豆后，化肥使用量减少30%以上、农药使用量减少50%左右。

二是产业结构趋于优化，经济效应初步显现。主要体现在"三增"：第一是作物产量增加。通过作物间的轮作倒茬和季节性休耕，给下茬作物提供了良好的地力基础和充足的生长发育时间，提高了产量、改善了品质。河北小麦冬季休耕后，将一年两熟夏玉米改为晚播春玉米或早夏播玉米，亩产提高10%以上。第二是有效供给增加。在轮作休耕带动下，两年全国调减籽粒玉米5 000万亩，增加大豆1 900多万亩，增加杂粮500多万亩。第三是农民收入增加。比如，黑龙江省海伦市轮作种植富硒、高蛋白大豆40多万亩，通过精深加工转化，成为农民增收、财政增税的"金豆子"。

三是管理方式规范有效，监督手段初步建立。种植面积变化"天眼"察。采用卫星遥感技术，对轮作休耕区域进行遥感监测，轮在哪里、休在哪里，轮了多少、休了多少，一扫就知、一目了然。耕地质量变化"地网"测。针对轮作休耕区土壤类型和集中连片情况，按照"大片万亩、小片千亩"的原则，科学布置近800个土壤监测网点，定点跟踪耕地质量和肥力变化，为客观评估轮作休耕成效提供依据。总的看，耕地轮作休耕制度试点效果显现，受到农民欢迎，正成为地方政府引领农业绿色发展的重要措施，江苏等一些省份主动作为，自主开展轮作休耕试点，初步形成了上下联动、多方参与的良好态势。

三、下一步工作打算。

下一步，农业部、财政部将认真贯彻落实党的十九大精神，加大力度、狠抓落实，扎实推进耕地轮作休耕制度试点，尽快形成制度，加快常态化实施。

一是制订实施方案。按照中央部署，今年将扩大轮作休耕试点。在总结试点经验基础上，已制定了今年的实施方案。主要体现在两点：第一是规模上扩大。2018年试点规模比上年翻一番，此后每年按照一定比例增加，加上地方自主开展轮作休耕，力争到2020年轮作休耕面积达到5 000万亩以上。第二是区域上拓展。轮作在东北四省区的基础上，新增长江流域江苏、江西两省的小麦稻谷低质低效区。休耕在地下水漏斗区、重金属污染区、生态严重退化地区的基础上，将新疆塔里木河流域地下水超采区、黑龙江寒地井灌稻地下水超采区纳入试点范围。

二是加快形成制度。常态化实施，重在形成制度。今年，要在以下几个方面取得实实在在的进展。第一是加快形成轮作休耕组织方式，重点是探索实行中央统筹、省级负责、县级实施的工作机制。第二是加快形成轮作休耕技术模式，集成推广一批不同区域生产生态兼顾的耕作制度，形成一批可复制、可推广用地养地结合的技术模式。第三是加快形成轮作休耕政策框架，根据不同区域、不同作物种植收益变化，科学确定补助标准，初步形成中央财政支持重点区域轮作休耕、地方财政自主开展轮作休耕的政策体系。第四是加快形成轮作休耕监测评价机制，运用遥感等信息化手段，加强对轮作休耕区域的跟踪监测。科学布局耕地质量监测网点，跟踪轮作休耕区域的耕地质量变化情况。

三是强化责任落实。督促试点省政府分管领导亲自抓在手上，省、县、乡及试点农户层层落实责任，细化任务、细化要求。试点乡（镇）要与参加试点的农户或新型经营主体签订轮作休耕协议，明确相关权利、责任和义务，保障试点工作依法依规、规范有序开展。

四是精准指导服务。组织专家制定完善分区域、分作物耕地轮作休耕技术意见，指导试点地区农民尽快掌握技术要领，搞好机具改装配套，落实替代作物种子，做到科学轮作、合理休耕。

五是加强督促检查。农业部、财政部会同有关部门对耕地轮作休耕试点开展督促检查，重点检查任务落实、资金落实等情况，并进行考核评分。同时，继续开展第三方评估，委托第三方评估机构对试点的经济效益、社会效益、生态效益等方面进行评价。谢谢。

📷 **宁启文：**

下面请媒体机构向在座各位提问，提问前请通报一下所在的媒体机构。

📷 **光明日报记者：**

我想问一下贯彻落实党的十九大报告的精神和中央经济工作会议、中央农村工作会议的精神，当前和今后一个时期扩大耕地轮作休耕制度试点有怎样的部署和安排？谢谢。

🎤 **曾衍德：**

这个问题提得比较好。因为开展轮作休耕制度试点从党的十八届五中全会提出到党的十九大报告，到我们说的中央经济工作会议和中央农村工作会议都对这项工作提出了要求，这是一项重要任务。农业部和财政部坚决贯彻中央的部署，明确提出要以高度的自觉、担当的气魄、有力的措施，务实创新抓好试点工作。重要的目标是要尽快形成制度，加快常态化实施，我们考虑在思路上就是要坚持以习近平新时代中国特色社会主义思想为指导，牢固树立新发展理念，以绿色发展为导向，以改革创新为动力，落实藏粮于地、藏粮于技战略，突出生态优先、综合治理，坚持问题导向和底线思维，以保障国家粮食安全和不影响农民收入为前提，聚焦重点区域，扎实稳妥集中连片地推进耕地轮作休耕制度试点，加快构建有中国特色的耕地轮作休耕制度，探索形成轮作休耕与调节粮食等主要农产品供求余缺的良性互动关系，促进生态环境改善和资源永续利用，为实施乡村振兴战略提供有力支撑。这是我们在思路上的考虑。在原则上，我们提出"三注重、一尊重"。一要注重产能提升，休耕不是弃耕，更不能废耕，休耕不能改变耕地的性质，也不能削弱粮食生产能力，这是一条底线。二要注重政策引导，就是要建立利益补偿机制，对承担试点的农户给予必要的补助，确保试点农户收入不降低。三要注重问题导向。我们提出要坚持轮作为主，休耕为辅，轮作重点在东北连作障碍区，休耕重点在地下水漏斗区、重金属污染区，还有生态严重退化地区。一尊重即要尊重农民意愿，不搞强迫命令，不搞一刀切，让农民自主参与轮作休耕。

在目标上，我们提出要加快形成制度，这是最根本的任务，这一点非常重要。我们的目标就是要通过试点建立耕地轮作休耕的组织方式、技术模式和政策体系，探索形成轮作休耕与调节粮食等主要农产品供求余缺的互动关系，建立有中国特色的耕地轮作休耕制度。在措施上，我们考虑是"三个加强"，一是加强组织领导，试点需要加强组织领导，今后常态化实施更需要加强组织领导，关键是要形成一种责任落实的长效机制，这就是我们提出的要中央统筹、省级负责、县级实施的长效机制，通过这样明确责任主体抓好落实。二是加强政策扶持，因为轮作休耕会调整现有的种植模式，也会影响农户的种植收益，要让农民愿意轮、愿意休，就要有政策扶持。我们提出加快形成中央财政支持重点区域轮作休耕的政策体系，同时鼓励地方自主开展轮作休耕。三是加强督促检查，我们提出的是轮作休耕在哪里，督促检查就到哪里，确保轮作休耕任务落实到位。谢谢。

📷 中央人民广播电台记者：

我们想关注一下财政方面的支持政策，这两年中央财政支持开展耕地轮作休耕的试点，请问有哪些政策措施？另外，下一步要保证农民不吃亏、有积极性，在中央财政补助政策上面还会怎么进行设计、怎么考虑呢？

🎤 曾衍德：

我们讲的轮作休耕主要的一点是收益的比较、收益的变化，农民算账比我们清楚，这个问题我想请财政部凡司长解答一下。

🎤 凡科军：

财政部高度重视耕地的轮作休耕试点工作，认真贯彻落实党中央、国务院的部署要求，安排专项资金支持开展耕地的轮作休耕试点，并逐步扩大试点规模。2016 年开始，中央财政就安排了 14.36 亿元，试点面积 616 万亩；2017 年安排了 25.6 亿元，试点面积 1 200 万亩；2018 年拟安排约 50 亿元，试点面积比 2017 年翻一番，达到 2 400 万亩。为了保证参与耕地轮作休耕制度试点的农民不吃亏、有积极性，我们在实施中不断完善轮作休耕补助政策，补助标准实现两个平衡。第一个平衡，注重作物之间收益的平衡，根据不同作物种植收益的变化，合理测算轮作补助标准，让农民改种以后有账算，不吃亏。比如说，在东北冷凉区，按照玉米大豆 1∶3 的收益平衡点，每亩轮作补助 150 元。第二个平衡，注重区域间收入平衡，综合考虑不同区域间经济发展水平、农民收入等因素，合理测算休耕补助标准，每亩补助 500～800 元。补助对象做到两个精准，第一个精准，任务精准落实到户，与每一个试点户签订 3 年的轮作休耕协议，明确相关权利、责任和义务，特别是休耕地要做到休而不退、休而不废。第二个精准，补助资金精准发放到户，明确补助对象是实际生产经营者，而不是土地承包者，防止出现争议和纠纷。在这个基础上，我们要求试点省因地制宜采取直接发放现金或者是折粮实物补助的方式，落实到县乡，兑现到农户，并将轮作休耕补助与玉米大豆生产者补贴等政策相衔接，最大限度发挥资金的激励效应。

📷 经济日报记者：

我关注的问题是：今后一个阶段财政部在推进耕地轮作休耕制度试点以及农业绿色发展方面有什么进一步的考虑和安排？

🎤 凡科军：

党的十八大以来，以习近平同志为核心的党中央高度重视生态文明建设，将其纳入社会主义现代化建设"五位一体"总体布局。财政部认真贯彻落实，牢固树立绿色发展理念，主动作为，开拓创新。2016 年年底，财政部和农业部共同研究起草了《建立以绿色生态为导向的农业补贴制度改革方案》，报请中央全面深化改革领导小组第二十九次会议审议通过，并经国务院同意，联合向各省、自治区、直辖市人民政府和相关部门印发，督促各地抓好落实。同时，按照中共中央办公厅、国务院办公厅印发的《关于创新体制机制推进农业绿色发展意见》要求，进一步健全支持农业绿色发展的体制机制，不断加大对农业绿色发展的投入力度，促进农业可持续发展。党的十九大提出了加快生态文明体制改革、建设美丽中国的目标任务，为农业绿色发展指明了方向。当前和今后一个时期，财政部将全面贯彻落实党的十九大精神，以习近平新时代中国特色社会主义思想为引领，牢固树立社会主义生态文明观，紧密结合实施乡村振兴战略，统筹生产生活生态，坚持质量兴农、绿色兴农战略，持续加大对农业绿色发展的支持力度，督促落实以绿色生态为导向的农业补贴制度，走产出高效、产品安全、资源节约、环境友好的农业现代化道路。在加大耕地轮作休耕试点的同时，还将重点抓好以下四个方面的工作。一是着力推进农业绿色发展。主要是扩大畜禽粪污资源化利用试点，建立长江流域重点水域禁捕补偿制度，深入推进新一轮草原生态保护补助奖励政策，继续支持湖南重金属污染耕地修复及种植结构调整试点，继续开展秸秆综合利用、果菜茶有机肥替代化肥、废旧地膜回收利用、黑土地保护利用试点，推进种养加一体、农牧渔结合，大力发展绿色循环优质高效农业。二是大力支持林业生态保护。主要是积极支持实施林业生态保护工程，完善天然林保护制度，扩大新一轮退耕还林还草规模，开展大规模国土绿化行动。三是统筹推进水资源保护和水生态修复。重点是支持实施河长制、湖长制以及最严格的水资源管理制度，将地下水超采综合治理范围扩大到河北、山东、山西、河南四个省份，全面推进农业水价综合改革，支持水土流失综合治理，推进江河湖库水系连通。四是增加农业生态产品和服务供给。积极开发观光农业、游憩休闲等涉及农业相关生态产业，将生态优势转化为发展生态经济的优势，提供更多更好的绿色生态产品和服务，打造绿色生态环保的乡村生态旅游产业链。

📷 **中央电视台记者：**

建立符合我国国情科学合理的耕地轮作休耕制度，促进农业可持续发展，中央层面在制度建设、风险防控、监督管理方面是如何考虑的？

🎤 **曾衍德：**

这个问题大家很关注，耕地轮作休耕补助政策能否到位，是我们共同关注的一个问题，这个问题请财务司王晋臣副巡视员回答。

🎤 **王晋臣：**

开展耕地轮作休耕制度试点是党中央的重要决策部署，我们必须从坚定"四个意识"的高度，增强政治自觉，切实强化责任意识和担当意识，切实把试点工作抓紧抓实抓好。为确保耕地轮作休耕任务落实到位，杜绝出现拿了补助又不轮作或者不休耕的情况，加快建立符合我国国情、科学合理的耕地轮作休耕制度，我们主要从三个方面来推动落实。

一是完善制度建设。制度建设是政策任务落实的基础。近两年，农业部、财政部在耕地轮作休耕制度试点任务落实、资金管理、质量监测、绩效评价等方面建立健全了一整套管理制度，有序有效推进试点政策落实。主要是探索推进"大专项＋任务清单"管理制度，在下放资金使用管理权限的同时，将耕地轮作休耕试点作为约束性任务指标和重点绩效考核指标下达到省，要求资金专款专用、补助标准不降低。同时，建立任务落实责任制，要求试点省与试点县签订责任书，试点县与试点乡镇签订责任书，试点乡镇与试点农户和新型经营主体签订协议书，明确各自的任务和责任，切实推动各项任务落实。制定印发《轮作休耕试点区域耕地质量监测方案》，按照"大片万亩、小片千亩"的原则，在试点区域科学布置监测网点，跟踪耕地质量和土壤肥力变化情况，也为我们科学评估轮作休耕试点提供有效的数据支撑。我们还制定印发了《耕地轮作休耕制度试点考核办法》，对试点省的组织领导、任务落实、督促检查等6个方面、22项指标开展了百分制的考核，通过省级自评、部门复核、综合评定，来确定考核的等级，作为年度试点任务安排的一个重要依据。今后，我们将及时总结经验、强化管理，进一步完善相关管理制度，确保这项政策有效落实。

二是强化监督检查。这一块主要从两个方面入手。一方面，切实加强督导检查。在关键的农时季节，农业部会同财政部开展联合督导检查，重点检查试点区域政策公开、任务细化、资金使用和监督考核等方面的情况，从而及时发现问题、纠正问题，帮助试点地区解决工作推进中的体制和机制方面的问题，为试点的顺利开展提供有力支撑和保障。另一方面，我们注重运用好现代化的监管手段。主要是推动建立"天空地"数字农业管理系统，通过卫星遥感技术对轮作休耕区域进行全方位的监测，实现试点区域的全覆盖，实时跟踪试点地块种植作物的变化情况，掌握轮作区替代作物的种植情况，以及休耕区养地作物的种植情况，从而确保轮作休耕试点任务落到实处，为监督试点工作开展提供客观依据，同时也能够有效的规避相关道德风险。

三是抓好绩效管理。去年我们委托科技部科技评估中心作为第三方机构，采取实地调研和书面调研相结合的方式，随机抽取部分试点省，深入一些试点市县和试点农户，对轮作休耕政策落实、实施成效、群众满意度的进行了科学的评估和客观的评价。今年，我们还将继续开展第三方评估，同时全面推进政策绩效评价工作，根据新形势下政策落实和任务推进的相关要求，进一步完善耕地轮作休耕制度试点绩效评价制度体系，全面建立激励约束机制，对干得好的省份予以表扬、奖励、扩大试点，对干得不好的省份，我们将进行通报批评、约谈、减少试点甚至取消试点资格。对各省的绩效评价情况，我们还将及时向国务院进行报告。

📷 **人民网记者**：

从过去两年的试点结果看，耕地轮作休耕制度试点对当年当季的粮食产量会带来什么样的影响？对于国家的粮食安全会不会有影响？

🎤 **曾衍德**：

这个问题大家很关注。因为我们是一个人多地少的大国，粮食安全一直是我们国家关注的一件大事，这些年，中央高度重视粮食生产，采取了一系列的措施，促进粮食稳定发展，保障国家粮食安全。这些年粮食连年丰收，粮食产量已经连续五年保持在1.2万亿斤以上，可以讲现在是仓满库盈，供给充足。当前我国粮食的供求状况也出现了一些新的变化，主要表现为阶段性的供大于求与供给不足并存。我们讲"供大于求"，主要是近些年粮食进口量增加与国内粮食连年丰收"碰头"，供给大于需求，粮食库存增加。"供给不足"，主要是大豆、杂粮及有市场需求的绿色优质农产品供给不足。针对这两个问题，我们正在积极推进农业供给侧结构性改革，主动作为，加大力度，调整种植结构。这两年，我们推进结构调整取得了比较好的成效，一方面，减少了无效供给，近两年减少籽粒玉米5 000万亩，缓解了玉米库存压力；另一方面，增加了有效供给，主要是增加了大豆，大豆这两年增加了1 900多万亩，还增加了杂粮500多万亩，这都是有市场需求的。回到你提到的问题上，轮作休耕对粮食安全有多大影响？我们算了一下，去年轮作休耕1 200万亩，其中轮作1 000万亩，休耕200万亩，大概影响粮食产量近80亿斤，相当于整个粮食年产量的0.6%，相对于现在我国粮食年产量来讲占比还是很小的。我们讲开展轮作休耕，不是不重视粮食，相反是要巩固提升粮食产能。因为休耕区域都是生态脆弱地区和耕地退化地区，通过轮作休耕使耕地得到休养生息。轮作的区域主要是通过用地养地结合，培肥地力，实现永续发展。更重要的是，在开展耕地轮作休耕制度试点中，我们坚持轮作为主、休耕为辅，休耕的比重不大，轮作是主要的。同时要坚持休耕不是弃耕，更不能废耕，确保急用时耕地用得上，粮食产得出。总的看，我国粮食安全是有保障的，这个可以放心。谢谢。

📷 **宁启文：**

由于时间关系，今天新闻发布会到此结束，感谢各位新闻媒体朋友的出席和支持，希望大家对耕地轮作休耕制度试点进行充分报道，引导社会各界关注支持试点工作，增强农业绿色发展的自觉性。谢谢大家，发布会到此结束。

17. 一季度农业农村经济运行情况新闻发布会

一、 基本情况

时　间	2018 年 4 月 23 日（周一）上午 10 时
地　点	农业农村部新闻办公室新闻发布厅
主　题	一季度农业农村经济运行情况
发布人	农业农村部发展计划司司长　　　　　　　魏百刚
	农业农村部农产品质量安全监管局局长　广德福
	农业农村部畜牧业司副司长　　　　　　　王俊勋
主持人	农业农村部办公厅副主任　　　　　　　　宁启文

一季度农业农村
经济运行情况新
闻发布会

二、 现场实录

📷 **宁启文：**

　　女士们、先生们，新闻界的朋友们，大家上午好，欢迎大家参加农业农村部新闻办公室举行的新闻发布会。今天发布会的主题是一季度农业农村经济运行情况。我们很高兴地为大家邀请到了农业农村部发展计划司司长魏百刚，农产品质量安全监管局局长广德福，畜牧业司副司长王俊勋，由他们三位向大家介绍有关情况，下面首先有请魏百刚司长通报有关情况。

🎤 **魏百刚：**

　　女士们、先生们，媒体朋友们，大家上午好！今年是实施乡村振兴战略的开局之年。一季度农业农村经济运行情况事关全年走势，大家都很关注。今天的发布会由我和农产品质量安全监管局广德福局长、畜牧业司王俊勋副司长一起通报有关情况，并回答大家的提问。今年以来，各地农业农村部门深入贯彻落实党的十九大精神，以习近平新时代中国特色社会主义思想为指导，坚持稳中求进工作总基调，践行新发展理念，按照高质量发展的要求，以实施乡村振兴战略为总抓手，以推进农业供给侧结构性改革为主线，以优化农业产能和增加农民收入为目标，着力稳生产、调结构、提素质、促改革，一季度农业农村经济运行开局良好。第一产业增加值达到 8 904 亿元，同比增长 3.2%；农村居民人均可支配收入达到 4 226 元，实际增长 6.8%，延续了"双增长"的势头，实现了"开门红"。我们分析主要在以下几个方面。

　　一是种养业生产形势较好。春耕生产平稳开局，夏粮面积稳定在 4 亿亩以上，长势与常年相当。春耕备耕有序推进，春季生产机具累计投入 1 400 多万台（套），种子化肥农药柴油等农资供应保障充足。当前全国已播农作物超过 3 亿亩，完成意向种植面积超过 20%。养殖业生产稳中有增。一季度生猪出栏 2 亿头，同比增长 1.9%，猪肉产量 1 543 万吨，比去年同期增加 2.1%；牛羊禽肉产量 773 万吨，比去年同期增长 1.2%；水产品总产量 1 248 万吨，与去年同期基本持平。

　　二是农业结构持续优化。从种植业结构来看，据农业农村部意向调查，现库存较大的稻谷和玉米种植面积都有所调减，其中水稻面积调减 1 000 万亩以上。市场供需缺口大的优质小麦、高蛋白大豆、杂粮杂豆、优质饲草等面积有所增加。粮食生产功能区和重要农产品生产保护区划定工作进展顺利，10.58 亿亩的划定任务，已经分解到 2 697 个县（农场），目前已经有 254 个县都完成了划定任务。从养殖业结构来看，生猪养殖布局加快优化，南方水网地区已累计调减存栏 2 300 万头，产能向粮食主产区和环境容量大的地区转移趋势明显，温氏、大北农、牧原等大型养殖企业已在东北玉米产区落地。渔业减量增效积极推进，海洋捕捞产量同比下降 1.6%，渔业资源利用强度有所降低。

三是农业绿色发展势头良好。去年我们启动了农业绿色发展"五大行动"，今年继续有序推进，已经部署完成 100 个有机肥替代化肥试点县、150 个绿色防控试点县、200 个畜禽粪污资源化利用试点县、150 个农作物秸秆综合利用试点县、100 个地膜治理示范县，这些试点、示范县的工作正在有力地推进，化肥农药利用率和减量增效水平，农业废弃物资源化利用的水平都在进一步提高。今年为落实政府工作报告的要求，我们将轮作休耕的试点面积从 1 200 万亩扩大到 3 000 万亩，初步实现常态化、制度化。编制完成 40 个国家农业可持续发展试验示范区的三年工作方案，农业绿色发展先行先试工作已经启动。绿色优质农产品供给增加，农产品质量安全继续保持较高水平，一季度农产品质量安全例行监测总体合格率达到 97.3%。新认证绿色农产品 4 504 个，有机农产品 1 618 个，我们常讲的"三品一标"的农产品总数现在超过 12 万个。

魏百刚

四是农村一二三产业加快融合发展。农产品加工业稳步增长，规模以上农产品加工业增加值同比增长 6% 以上；食用农产品加工企业景气指数达到 137，同比提高 4.5 个百分点。休闲农业和乡村旅游增速较快，一季度休闲农业和乡村旅游人数同比增长 10% 左右。特别是春节期间，到农村过大年、看田园风光、享民俗风情、品道地美食成为新时尚。农产品电子商务发展迅速，一季度全国农产品网上零售额 452.7 亿元，同比增长 38.8%，春节前后各大电商平台陆续推出年货节活动，带动了线上线下互动，促进了农产品出村进城。农村创业创新积极推进，各地大力发展新农民新技术，建立了一批农民创业创新园区，吸引了越来越多的在城市有作为的农民工、大中专毕业生、退伍军人和科技人员返乡创业创新。据农业农村部统计，目前返乡创业人员达到了 740 万人。现代农业产业园创建方兴未艾，去年以来，农业农村部会同有关部门，创建了国家现代农业产业园 41 个，带动效应明显，各地形成创建了一大批省市县农业产业园，形成了特色鲜明、要素聚集、方式绿色、效益显著、带动有力的差异化发展的现代农业产业园，成为各地抓现代农业的有力抓手。比如广东，启动了"百园强县、千亿兴农"现代农业产业园创建工程。我们统计，国家和省级产业园农民收入比所在县区平均水平高 30% 左右。

　　五是农业投资快速增长。前几天，国家统计局刚刚发布，一季度全国第一产业固定资产投资达到 2 900 亿元，同比增长 24.2%，增速比去年同期高 4.4 个百分点。第一产业固定资产投资比全国固定资产投资增速高 16.7 个百分点，比第二产业高 22.2 个百分点，比第三产业高 14.2 个百分点。

　　六是农产品价格总体稳定。"农产品批发价格 200 指数"为 109.5，同比高 2.03 个点。其中，玉米和小麦价格同比分别上涨 6.5%、3.8%，稻谷价格基本持平；蔬菜和水果价格先涨后降，同比仍然分别上涨 1.7% 和 1.6%；猪肉价格受市场供给宽松影响跌幅较大，其他畜禽产品和水产品价格都有所上涨。

　　七是农民收入较快增长。据国家统计局发布的数据，一季度农村居民人均可支配收入达到 4 226 元，名义增长 8.9%；扣除价格因素实际增长 6.8%，与 GDP 增速保持同步，高于城镇居民收入增速 1.1 个百分点。农村外出务工劳动力总量达到 1.74 亿人，同比增长 1.1%；月均收入达到 3 736 元，同比增长 7.3%，延续了务工总量和工资收入双增势头。农业农村部关于"三区三州"等深度贫困地区特色产业扶贫示范行动启动实施，一季度贫困地区农民人均可支配收入增速继续高于全国平均水平。

总的来看，一季度农业农村经济的好形势，为乡村振兴战略开局起步奠定了良好基础。但是我们也要看到，受国际市场变化和国内宏观经济走势影响，农业农村经济发展仍然存在一些苗头性、趋势性的问题，需要采取有力措施，才能保持这样好的势头。下一步，农业农村部将以实施乡村振兴战略为总抓手，推进农业高质量发展、农村人居环境整治、农村基础设施建设、农村公共服务改善、农村人才队伍建设，加强农业农村政策研究创设，以此来实现乡村振兴开好局、起好步。我向大家介绍到这里，谢谢大家。

📷 宁启文：

感谢魏司长，下面请记者提问，提问前请通报一下所代表的媒体机构。

📷 中央广播电视总台央视记者：

食品质量安全是老百姓非常关心的问题，所以我想进一步了解一下一季度我国农产品质量安全情况，以及采取哪些措施来保证农产品的质量安全？谢谢。

🎤 广德福：

今年以来，我们农业农村部在切实抓好农业生产、确保农产品充足供给的同时，坚持"产出来""管出来"、两手抓、两手硬，农产品质量安全总体呈现了稳中向好的态势。一季度国家农产品质量安全例行监测，共监测了 31 个省（自治区、直辖市）和 5 个计划单列市，153 个大中城市，452 个蔬菜生产基地，156 个生猪屠宰场，463 个水产暂养池，82 个水产品运输车，1 494 个农产品批发市场、农贸市场和超市，抽检蔬菜、水果、畜禽产品和水产品等四大类产品 78 个品种，9 686 个样品，监测农兽药残留和非法添加物参数 119 项，抽检总体合格率达到 97.3%。其中蔬菜、水果、畜禽产品和水产品的抽检合格率分别为 96.2%、96.9%、98.3% 和 98.6%。我们主要采取了以下三项措施。

一是进一步扩大了监测范围。重点增加了农药和兽用抗生素等影响农产品质量安全水平的监测指标，监测参数由 2017 年的 94 项，扩大到今年的 122 项，增加参数的比例达到 30%，监测工作的科学性、有效性和针对性进一步增强。

二是强化监管措施。农业农村部已将监测结果通报各地，对合格率较低省份存在的问题进行督办，对监测发现的问题有针对性地跟进开展监督抽查，

依法查处不合格产品及其生产单位和经营主体。同时，加大行政执法和刑事司法衔接的力度，严防严管严控农产品质量安全风险，切实保障人民群众舌尖上的安全。

三是推进优质"产出来"。新批准发布了《农产品分类与代码》等68项农业行业标准，按照重心下移、程序简化的要求，稳步推进无公害农产品认证制度改革，优化产品结构，提升产品品质。一季度新认证无公害农产品4 905个，绿色食品4 504个，有机农产品1 618个，新登记地理标志农产品135个，目前农业农村部"三品一标"的总数已经达到12.1万个。下一步我们将继续加快推进安全优质农产品公共品牌发展，满足消费市场对农产品多样化、绿色化的要求，保障人民群众吃得安全、放心、优质。

📷 **光明日报记者：**

刚才您提到一季度第一产业投资增速明显，我想请问您可以具体介绍一下有关情况吗？它是如何做到这么快速增长的？第一产业投资有什么突出的特点吗？

🎤 **魏百刚：**

你这个问题提得很好，也是农业农村经济增长当中的一个亮点。今年以来，第一产业固定资产投资确实是快速增长，增速大幅高于二三产业的增速，这是一个好现象，农业农村发展当中缺钱、缺人才，所以投资增加对农业农村发展是非常有利的，我们分析，有这么几个方面的原因。

第一，实施乡村振兴战略的政策带动。党的十九大提出实施乡村振兴战略，激发了各类资本投入农业农村的信心和动力，应该说全国上下特别是从事农业农村工作的同志，包括农户、新型农业经营主体都欢欣鼓舞。一季度第一产业投资比去年同期增加 565 亿元，增速高达 24.2%，同比提高 4.4 个百分点。我们预计国家乡村振兴战略规划出台后，可能还会掀起新一轮的农业农村投资高潮。

第二，城乡居民消费结构升级拉动。元旦、春节假日期间，人们不但要吃饱，还要吃好，吃得健康、安全、优质、个性化，这样的需求使一季度优质农产品的市场供销两旺，也带动了乡村消费品零售额的同比增长 10.7%，也吸引了各类资本看好农村市场，加大农业农村投入。比如说第一季度，仅生鲜、电商平台就增加 10 亿多元的投入。

第三，农业供给侧结构性改革的推动。为了满足消费者多样化、多层次、个性化的需求，现在各类新型农业经营主体发展适度规模经营，提高农业生产经营质量的要求越来越高，他们对农业投资的积极性在不断地加大。我们统计，一季度头两个月，畜牧业固定资产投资就增长了 37.4%，而且大部分都是投向了规模化养殖场。

一季度固定资产投资我们分析有几个特点：一是政府投资力度在加大。今年以来各地认真贯彻中央关于农业农村优先发展的要求，加大农业农村的投资力度，提前下达投资计划，中央本级一般公共预算农林水支出比去年执行数增长 11.4%，中央对地方转移支付的农业基本建设投资预算数也比上年执行数增长 3.5%，政府投资的引导作用进一步增强。二是民间投资大幅增长。我们根据各方面的统计，前两个月民间投资就达到了 919.3 亿元，同比增长 24.4%，也比去年全年增幅高 11.1 个百分点，民间投资还是主要的，占固定资产投资的 81.2%。三是投资领域越来越宽。特别是对现在的农产品加工业、休闲农业乡村旅游、农业废弃物资源化利用、农村电商、农业特色小镇这样的一些新产业、新业态，投资趋势比较明显。投资方式多样，过去更多的是以项目为载体进行投资，现在呈现出一种并购整合的投资方式。一季度涉农领域公开披露的并购事件就有 31 起，投资规模达到 87.86 亿元，同比增长 70%。下一步，农业农村部将重点围绕改善农业基础设施、强化科技支撑、推进产销衔接、整治农村人居环境等这样一些领域采取各种方式，包括 PPP 等等，来优化农业农村的投资环境，引导和撬动更多社会资本、金融资本投入。

📷 **农民日报记者：**

我想请问王司长一个问题，这两年我们农业农村部大力推进畜牧业的结构调整，并取得了一些积极成效，请问目前我们的进展情况如何？下一步还有哪些具体打算？谢谢。

🎤 **王俊勋：**

首先谢谢你对畜牧业的关心。这几年畜牧业一直在朝着结构调整的方向不断地努力，而且以市场和问题为导向，不断地在推动。经过这些努力，出现了三个积极的变化。

一是区域结构在优化。强化了规划指导和政策引导，积极稳妥推进畜禽养殖业向环境承载容量大的地区和粮食主产区转移。这几年表现尤为突出的是生猪养殖北进西移，蛋鸡养殖东扩南下成为一种趋势。水网地区生猪存栏

调减了 2 300 万头，养殖密度、养殖强度都有所下降。南方长距离调用鸡蛋的情况也在逐步改善。从一季度情况看，受生猪价格行情低迷影响，生猪产能调整和转移仍在持续，能繁母猪存栏环比、同比均有所下降。

二是产业结构得到优化。持续推进畜禽标准化示范创建，大力发展标准化规模养殖，畜禽养殖规模化率达到了 58%，畜牧业实现了从分散养殖到规模养殖的历史性转变。粮改试点面积达到 1 300 多万亩，新型种养关系加快构建，畜禽养殖废弃物资源化利用加快推进，畜牧业朝着节水、节粮、节地的方向发展，种养结合、绿色发展成为一个新的导向。从去年和今年一季度情况看，尽管市场有起伏，但畜产品产能总体稳定，充分说明规模经营主体的"压舱石"作用正在逐步显现。

三是产品结构得到优化。肉蛋奶的结构持续调整，奶业正在向着全面振兴的方向逐步迈进，优质特色畜牧业快速发展。猪肉占肉类比重下降到了62%，更加贴近市场的需求，从一季度情况看，生鲜乳生产同比略增，牛羊肉产销两旺。同时，畜产品质量安全水平也在不断提升，生鲜乳中三聚氰胺等重点监控的违禁添加物抽检合格率长期保持在100%。全国饲料产品抽检合格率达到了 97.4%。

下一步，我们将按照农业供给侧结构性改革的要求，以提高畜牧业劳动生产率、资源利用率、畜禽生产力为主攻方向，进一步转方式、调结构、优质量，全面提升畜产品供给质量和水平。一是继续推进产业布局调整，以资源环境承载力为基础，继续推动形成生猪、蛋鸡、肉牛、肉羊产业合理布局，资源有效利用的生产新格局。二是示范引领产业转型升级，继续抓好畜禽养殖标准化示范创建活动，以生猪、奶牛为重点，兼顾特色畜种，创建好示范牧场。三是大力发展优质特色畜牧业，适应市场消费转型的要求，支持引导蜜蜂、马、驴、奶山羊、兔等市场成长稳定、发展有潜力，而且有市场需求的特色产品。今年，我们将研究制定马、蜂产业发展规划，制定水禽、蜜蜂遗传改良计划，组织开展畜产品品牌推介活动，通过畜博会等展会形式搞好品牌营销，打造一批具有市场竞争力的特色畜产品品牌。谢谢。

📷 **中央广播电视总台央广记者：**

我们了解到农业农村部把今年确定为"农业质量年"，想问一下广局长，农业农村部在推进农业质量方面将做哪些工作？

🎤 **广德福：**

为了顺应我国农业高质量发展的趋势，农业农村部将 2018 年确定为"农业质量年"，我们年初在福州专门召开了全国质量兴农、绿色兴农、品牌强农推进会，还专门印发了《农业部关于启动 2018 年农业质量年工作的通知》，部署启动了生产标准化推进行动、农产品质量安全监测行动、农产品质量安全执法行动、农产品质量安全县创建行动、产地环境净化行动、农业品牌提升行动、质量兴农科技支撑行动、生产经营主体能力提升行动等八大行动。这是贯彻落实习近平总书记关于推进质量兴农要求，积极实施乡村振兴战略的一个重大举措，也是我们立足于当前实际，破解突出问题，推进农业加快转型升级做出的重要安排，目的就是发出全面推进农业高质量发展的动员令，唱响质量兴农、绿色兴农、品牌强农的主旋律，全面开启提升农业质量效益竞争力、加快建设农业强国的步伐。目前农业质量年各项工作正在有条不紊的有序推进。

一是建机制。为了推动农业质量年工作，我们对每个行动都制定了具体方案，细化了推进措施，建立了工作台账，明确了工作进度，定期督导调查工作进展，量化工作成果，同时加强对地方的工作指导，及时发现并解决工作推进过程中存在的问题，推动农业质量年重大行动、重大计划、重大工程的落地落实。二是编规划。加强顶层设计，编制质量兴农战略规划，积极谋划质量兴农支持政策，从生产要素质量、产业发展质量、终端产品质量三个维度推进质量兴农，建立一套与实施质量兴农战略相适应的政策体系、评价体系、工作体系和考核体系。三是强监管。我们年初就农产品质量监管工作专门下发通知，同时会同相关部门联合召开了全国农资打假专项治理行动电视电话会议，印发了实施方案，启动了 2018 年农资打假工作，为春季农业生产质量提升提供保障。部署开展农药及农药残留、瘦肉精、兽用抗菌药等 7 个专项整治行动，集中治理突出问题隐患，严厉打击违法违规行为，强化风险监测和评估，围绕重点产品和危害因子开展风险排查，及时发现风险隐患，防患于未然。

下一步，我们将按照农业质量年的总体部署，扎实推进各项工作落实，同时要在全国开展"质量兴农万里行"活动，传播推广各地保障农产品质量安全、推进农业提质增效的好经验、好做法，推介"三品一标"安全优质农产品品牌，提高社会公众对农产品质量安全和农业质量提升的关注度和参与度。谢谢。

刚才您在发布的时候提到第一季度我国农业农村经济进展良好，实现了"开门红"，但是您最后提到目前还有一些不确定性因素，受国内国际的影响，请问魏司长，目前我国农业农村经济发展还有哪些情况需要我们重点关注？谢谢。

🎤 **魏百刚：**

还是坚持问题导向。刚才我在形势发布当中也讲了，今年农业农村经济一季度实现"开门红"，运行良好。但影响发展的不确定、不稳定因素还很多，国际贸易环境的变化、国际市场大宗商品价格的波动，还有国内宏观经济的走势，都会直接间接影响到农业农村经济运行。我们把范围缩小一点，从农业农村经济自身来看，有这么几方面的情况需要在工作当中以及各个方面予以关注、采取一些举措来应对。

第一，**供需信息不对称，导致农业结构调整面临市场风险**。减玉米是结构调整当中的一个重点，这两年已经累计调减几千万亩，取得了非常好的成效。一季度主产区玉米平均批发价格同比上涨 18.5%，农民预期收益增加，可能导致农民误判形势，增加种植面积。目前来看，我们国家玉米供大于需的状态没有根本性改变，玉米的库存量还是比较大的。如果今年因为价格的上扬，造成一些非优势产区玉米面积的种植增加，既影响到玉米结构调整预期目标的实现，也将造成价格下跌，使农民的增收受到影响。大家都知道，目前东北地区已经陆陆续续开展春播，辽宁、吉林、黑龙江 4 月底都开始全面春播，华北承德、张家口等地区，正是一个玉米春播的时节。农业的季节性很强，在播种之前，我们的政策信息的引导就起到了非常关键的作用。所以各地农业农村部门应加强政策宣传解读，特别是信息的发布预警，把这些信息给农民讲清楚，引导农民合理安排生产。

同时，一些地方结构调整也有同质化、同期化的现象。农产品集中上市、积压卖难现象时有发生。近期山东、四川等地就出现了番茄积压卖难问题。这些情况，也需要各级农业农村部门按照今年提出来的质量兴农、绿色兴农、品牌强农、效益优先的要求，一方面，建立健全产业市场体系，加强市场分析研判，及时发布供求信息，开展产销对接活动，引导农民合理调结构、错峰上市。另一方面，积极推广新品种、新技术、新装备，支持农民发展名特优农产品生产，满足消费者多元化、多层次、个性化的需求，让农产品既产得好也能卖出好价钱。

第二，**农民经营收入增长乏力，农民持续较快增收难度加大。**习近平总书记讲"检验农村工作实效的一个重要尺度就是看农民的钱袋子鼓起来没有"，这是我们做好"三农"工作的出发点和落脚点。一季度农民收入实际增长 6.8%，与 GDP 同步，比城镇居民可支配收入增速高 1.1 个百分点。但与去年同期相比，增速还是下降了 0.4 个百分点，如果与去年全年增速相比，下降了 0.5 个百分点。从全国的情况看，有的省农民收入增速已经低于城镇居民增速。这需要我们密切关注，防止城乡居民收入差距扩大。其中经营净收入占农民收入的 35% 左右，这也算是一个大头，这一块收入今年一季度名义增长 6.5%，在农民收入四个来源渠道当中增速是最慢的，从未来走势来看，农产品价格下行压力还很大，指望农产品价格提高增加收入，比较困难。所以需要农业农村部门主动作为，深入推进农业结构调整，培育壮大优势特色产业，大力发展农产品加工业、休闲农业。目前我们的农产品加工业与农业总产值比仅有 2.2∶1，与发达国家相比比较低。农产品加工业上不去，一二三产业融合发展就有难度。所以要在这方面多下工夫，提高农业生产经营效益。同时，农民增收还要加强农民技能培训，提高农村无论是就近就业还是到城镇就业、外出就业的质量。另外，要深化农业农村改革，增加财产性收入；加大强农惠农富农政策，提升转移性收入，推动农民收入"四个轮子一起转。

第三，**农资价格上涨提高了生产成本，气候变化影响不容忽视。**据农业农村部监测，3 月份，尿素价格同比上涨 11.6%，磷酸二铵同比上涨 3.7%，柴油同比上涨 5.5%，农药价格同比上涨超过 20%。现在是农业生产资料使用的旺季，预计后期一段时间农资价格还会有季节性小幅上涨，这在一定程度上会抬高农业生产成本，成本提高就会挤压农民收入空间。因此要在保障农资供应的基础上，大力发展农业生产性服务业，加大农药病虫害统防统治、化肥统配统施支持力度，促进农民节本增效。同时，我们也关注一季度以来，气候变化不确定性在增加。前一段时间华北地区旱情不断地加重，昨天、前天下了一场及时雨，旱情有所缓解；但随着冷空气南下，江南华南地区可能会有大到暴雨，这会影响油菜籽和早稻生长。这个问题我们不能掉以轻心，需要继续加强分类指导、加强全面管理，科学有效防灾减灾。我就回答到这里。

📷 **宁启文：**

　　谢谢大家，新闻发布会到此结束。

18. 春耕生产新闻发布会

一、基本情况

时　间	2018 年 4 月 25 日（周三）上午 10 时		
地　点	农业农村部新闻办公室新闻发布厅		
主　题	春耕生产有关情况		
发布人	农业农村部种植业管理司副司长	潘文博	
	农业农村部农业机械化管理司副巡视员	王家忠	
主持人	农业农村部办公厅副主任	宁启文	

春耕生产新闻
发布会

二、 现场实录

📷 宁启文：

女士们、先生们，新闻界的朋友们，大家上午好。欢迎大家参加农业农村部新闻办公室举行的新闻发布会。今天发布会的主题是春耕生产有关情况。下面我给大家介绍我的同事，农业农村部种植业管理司副司长潘文博、农业机械化管理司副巡视员王家忠，由他们向大家介绍有关情况，并回答记者提问。首先请潘文博副司长介绍有关情况。

🎤 潘文博：

女士们、先生们、媒体朋友们："谷雨"节气刚过，农谚讲，"雨生百谷"，正值春耕大忙季节。总的看，今年春耕生产进展顺利，开局良好。夏粮生产基础较好。今年夏粮面积保持基本稳定。尽管冬前小麦苗情差于上年，但开春后苗情转化升级快，长势好于冬前、接近常年。特别是4月以来，冬麦区多次出现大范围降雨过程，有效改善了土壤墒情，利于多成穗、成大穗，奠定了夏粮丰收的基础。春播进展快质量高。今年各地备耕备播工作抓得早、抓得实，农资供应充足，机具检修调度及时。按照农时进度，各地制定技术方案，落实工作责任，特别是发挥农机作用，提高整地质量，加快播种进度，抢时抢墒播种，进展比较顺利。截至4月24日，全国已春播农作物4.41亿亩，完成意向的33.2%，进度同比快1个百分点。其中，早稻栽插和中稻育秧均过八成，播栽质量提高，秧苗长势较好。今年的春耕生产，有三个显著特点，概括起来，就是"优、绿、融"三个字。

一是"优"，就是种植结构继续调优。据我部农情调度分析，今年种植意向呈现结构调优的态势。减少无效供给，水稻、玉米面积调减。预计今年水稻意向种植面积4.4亿亩，比上年减少1000多万亩，其中东北寒地井灌稻面积减少140万亩。调减"镰刀弯"等非优势区籽粒玉米面积500多万亩。增加有效供给，大豆、杂粮杂豆等紧缺品种面积扩大。预计杂粮杂豆1.4亿亩、增加100多万亩，棉花面积持平略减，糖料持平略增，油料、蔬菜、饲草面积增加。增加高效供给，绿色优质产品面积扩大。强筋弱筋小麦、优质稻谷、"双低"油菜、高蛋白大豆、高产高糖甘蔗等面积增加。

二是"绿"，就是生产方式持续调绿。坚持新发展理念，大力推进质量兴农、

绿色兴农，促进农业可持续发展。持续推进投入品减量，深入开展化肥、农药使用量零增长行动，扎实推进有机肥替代化肥，大力推进病虫绿色防控和统防统治，选择 150 个县开展全程绿色防控试点。深入推进绿色高质高效创建，选择 325 个重点县开展整建制推进，集成推广绿色生态环保、资源高效利用、生产效能提升的绿色高效技术模式。扎实开展耕地轮作休耕试点，今年耕地轮作休耕试点面积增加到 3 000 万亩。此外，调减华北地下水超采区、西南西北条锈病菌源区及新疆塔里木河地下水超采区的耗水、低产小麦面积。

三是"融"，就是农机农艺深度融合。机械作业水平提高，预计春耕期间，全国将投入大中型拖拉机、耕整机、工厂化育秧设备、高速插秧机、宽幅精量播种机等各类农机具 2 200 万台（套），目前已投入 1 560 多万台。水稻、春玉米、春小麦、春大豆等粮油作物机耕率稳定在 90% 以上，机播率达到 52%，同比提高 2 个百分点，机播作业进度快于上年同期 0.5 个百分点。新机具新农艺融合，以"绿色高效"为主题，以短板环节新技术新机具新农艺融合为重点，组织集中示范服务行动。智能装备广泛应用，拖拉机卫星导航作业、高速精量播种、插秧同步侧深施肥、无人机植保、残膜回收等新技术、新装备广泛应用。通过"农机直通车"等服务 APP 组织春耕作业供需对接。

目前，正值春播高峰期，也是夏粮产量形成的关键期。下一步，农业农村部坚持稳定和优化粮食生产的目标不动摇，劲头不松、力度不减、措施不少，一环紧扣一环地抓好农业生产。一是切实抓好冬小麦后期田管。目前，距夏粮大面积收获还有一个多月时间。要指导各地加强后期麦田管理，重点是抓好肥水调控和病虫防控。特别是针对近期江淮地区雨水偏多的情况，科学防控小麦赤霉病，搞好监测预警，及时开展应急防治，大力推进统防统治，实现虫口夺粮保丰收。二是切实抓好春播质量。目前，全国大部墒情较好，这利于适墒适期播种。指导各地加强机具调度，搞好整地和适时播种。特别是对一些农时紧、劳动力紧缺的地方，发挥生产性服务组织的作用，开展代耕代种、代育代插等服务，确保种植意向落实到田，播种任务高质量完成。三是大力推进绿色发展。坚持质量兴农、绿色兴农，全面推进良种联合攻关，加快培育节水节肥节药的绿色优质新品种；深入开展化肥、农药零增长行动，大力推进有机肥替代化肥、绿色防控替代化学防治，实现减量增效，提高农产品质量。四是大力推进科学防灾。目前，即将进入主汛期。加之"拉尼娜"影响，极端天气发生几率高。重点是防范南方洪涝和北方夏伏旱，加强监测预警，提早落实抗灾物资和技术，实现抗灾保丰收。下面，我和我的同事愿意回答各位记者的提问。

经济日报记者：

近年来我国农业生产连年丰收，这与化肥与农药使用密不可分，现在中央提出改变农业投入结构，减少化肥农药的使用量，增加有机肥的使用量，请问农业农村部是如何贯彻这一要求的？在推进化肥农药减量增效方面又有什么打算？

潘文博：

推进农业绿色发展是农业发展观的一场深刻革命，也是农业供给侧改革的主攻方向。党中央、国务院高度重视绿色发展，前不久习近平总书记就围绕打好污染防治攻坚战明确提出"四减四增"要求，其中一项是调整农业投入结构、减少化肥农药使用量、增加有机肥使用量。这一重要指示充分体现了中央对推进农业绿色发展的高度重视和坚定决心。我们一定要提高政治站位，增强政治自觉，切实抓好落实。

坦率讲，近些年我们国家的粮食和农业生产连年丰收，政策和技术的支撑很重要。但化肥和农药也是功不可没的。当然受种植习惯等影响，一些地区化肥农药使用量较多，多数作物的亩均用量高于发达国家的平均水平，不仅增加了成本，而且会给生态环境造成一定影响。从 2015 年以来，农业农村部就开展了"到 2020 年化肥农药使用量零增长行动"，取得了明显成效，成效主要集中在两个方面。一是化肥农药的用量少了。2017 年，农药用量已经连续三年减少，化肥用量已连续两年减少。我们提前三年实现了化肥农药使用量零增长的目标，这是一个非常重要的转变。二是化肥农药的利用率高了。2017 年，我们国家的化肥利用率达到 37.8%，比 2015 年我们开展行动之前提高了 2.6 个百分点。农药利用率达到 38.8%，比 2015 年提高 2.2 个百分点。这些成绩来之不易，但也应看到这是阶段性的成效，要把这一成效巩固完善、持续推进，由零增长提升为负增长，并将化肥农药使用量长期保持在一个合理水平，还需要付出艰苦的努力。

下一步，农业农村部将认真贯彻落实习近平总书记的重要指示要求，围绕质量兴农、绿色兴农，深入推进化肥农药使用量零增长行动，创新举措、强化落实，确保化肥农药减量增效取得新成效，助力乡村振兴和建设美丽中国。我们有这样的考虑，在目标上坚持"两减两提"，就是减少化肥用量、减少农药用量，提升化肥利用率、提升农药利用率。措施上重点抓好"三聚一创"。"三聚"，一是聚焦重点推进，在抓好大田作物科学施肥施药的同时，突出果菜茶这些用药用肥大的作物，特别是优势产区、核心产区和品牌基地加力推进，将 150 个果菜茶有机肥替代化肥示范县和 150 个果菜茶病虫全程绿色防控示范县协同推进，集成推广一批绿色高效的技术模式。二是聚合资源推进，充分利用现有的畜禽粪污资源化利用、秸秆综合利用、黑土地保护利用和果菜茶有机肥替代化肥这些项目资金支持农民和新兴经营主体积造有机肥，促进就地还田利用。三是聚集力量推进，构建政府引导、企业主体、涉农部门参与、上下联动、多方支持的工作格局，推进产学研结合，开展农企合作，加快新肥料、新农药和高效机械的推广应用。"一创"是创新机制推进，支持一批农业生产性服务组织开展化肥统配统施、病虫统防统治等服务，通过政府购买服务、金融创新等方式，撬动社会资本参与化肥农药使用量零增长行动。

今年《政府工作报告》提出"推进农业机械化全程全面发展"，如何理解全程和全面？农业农村部在推进农业机械化全程全面方面有哪些举措？

🎙 **王家忠：**

谢谢这位记者朋友对农机化工作的关心关注。推进农业机械化实现"机器换人"，破解农业"用工难、用工贵"，以及"谁来种地、怎么种地"这些难题，是建设现代农业、实施乡村振兴战略的题中之义。对于稳产能、降成本、提效率、发展适度规模经营和助农民增收都具有十分重要意义。既是提高农业质量效益和竞争力的必由之路，也是让农业成为有奔头的产业，让农民成为有吸引力的职业，进而实现乡村振兴的重要途径。与过去相比，现在农机化的内涵有了较大拓展。国务院这次要求在推进农机化全程全面上下工夫，不仅是要推进农作物耕、种、收、植保、秸秆处理、产后烘干和初加工等各生产环节的机械化，还要推进种植业、养殖业等各生产领域的机械化，以及平原地区、丘陵山区等各类地区农业生产的全面机械化。因此，从去年开始，我们在继续大力推进主要农作物全程机械化的基础上，加大了全面机械化的推进力度。目前来看，农业各领域、各环节"机器换人"的步伐都有明显加快。去年，全国农作物耕种收综合机械化率预计将超过66%，比上年提高1个百分点以上。有150个示范县率先基本实现全程机械化。薄弱地区、短板环节也呈现加速突破的良好态势，比如马铃薯、油菜、花生、棉花等大宗农作物机收率年均提高3个百分点，这是非常显著的成效。今年，我们将围绕农业结构调整和质量兴农着重从五个方面推进全程全面机械化。

一是强全程。继续聚焦九大作物，重点补齐玉米籽粒直收、甘蔗机种机收、棉花机采等短板环节。促进成熟技术提质增效，打造一批全程机械化核心示范基地，开展系列现场推进活动，总结推广一批农机农艺融合，生产与经营集成配套的解决方案。再创建100个率先基本实现全程机械化的示范县，引导有条件地区向高质高效机械化升级。

二是推全面。启动实施农业机械化全面发展重点技术推广行动。这是首次开展推广全面的机械化技术行动。在优势产区布点开展牧草、果菜茶和养殖业、农产品初加工等领域关键机械化技术的试验示范，在丘陵山区引导推广耕地的宜机化改造，以关键环节突破来推动全面机械化。

　　三是优服务。开展万名农机手培训和农机合作社理事长轮训，完善"农机直通车"全国农机化生产信息服务平台。推进农机社会化服务提档升级建设，再打造一批"五有"型合作社，即指有一定的技术设备、一定的服务规模等五个方面的条件，这种合作社的示范社是我们培育的重点。发展全程托管、机农合一，"全程机械化＋综合农事服务"等专业化、综合化的新型服务主体和服务模式，促进小农生产和现代农业有机衔接。

　　四是促创新。组织实施好《农机装备发展推进行动方案》和农机购置补贴政策，改革农机推广鉴定制度、拓宽补贴机具的资质采信渠道，扩大无人机等农机新产品补贴试点，着力引导关键环节、重要产品和技术的研发突破，扩大先进适用、绿色高效机具的有效供给。

　　五是提质量。大力推广秸秆还田、残膜回收、精准施肥施药、畜禽粪污处理等绿色生产农机装备技术，完成深松深耕整地1.5亿亩以上，协调推动在东北地区开展深翻作业补助试点，促进黑土地的保护。拓展现代技术特别是信息技术在农机作业补助监管上的应用，切实提高监管质量和效率。抓好大田数字农业示范项目的实施，引导智慧农业发展。谢谢。

两个问题，第一个是关于农机购置补贴的问题，想请教王司长，今年的农机购置补贴政策和往年相比有哪些变化？农机新产品怎么样补贴？第二个问题，想请教潘司长，今天早上我们了解到一个情况，媒体报道山东、河南、安徽近期遭受了强降温天气，部分地区小麦受冻害严重，现在部里掌握的情况是怎样的，能不能给我们通报一下？

🎤 **潘文博：**

清明节前后我国大部地区出现了强降温天气，部分地区的最低温度达到了零下2摄氏度到零下5摄氏度。这次强降温有两个特点，一是集中在小麦主产区，像河南、山东等地；二是这次降温发生的时间点比较关键，就是在小麦拔节孕穗期间，这个时期小麦抗寒能力比较弱，容易受冻。小麦冻害是一种隐形灾害，我们叫"哑巴灾"，田间的表现具有滞后性，一般受冻后一到两周后才能显现出来。近期我们也组织了农业农村部的小麦专家指导组的专家到受冻地区实地探查，对影响进行了评估。初步调查，这次强降温造成小麦严重的受冻面积在100万亩左右，部分叶片发黄、叶片皱缩。特别是一些春性的品种和土壤墒情较差的田块影响大一点，可能会影响穗粒数。经过专家会商分析，我们有这样一个判断，这次强降温造成局部地区小麦受冻，但影响总体有限。严重受冻的面积不到全国小麦面积的0.3%，而且这次降温还有一个特点，先降雨后降温。没有出现干冷、干冻现象，土壤墒情好的话土壤水分含量高，水分热容量比较大可以吸收一部分低温，地表温度的变化没有气温变幅大，所以墒情好缓冲了降温的影响。小麦生育期长，它具有较强的调节能力，只要后期肥水管理跟得上，还有可能弥补损失，加之全国大部分地区小麦的长势是正常的，如果后期不发生大范围的极端天气，夺取今年夏粮丰收是有希望有基础的。

🎤 **王家忠：**

我来回答农机购置补贴的有关问题。农机购置补贴是党中央、国务院重要的强农惠农富农政策的主要内容之一，2004年这一政策实施以来，支持强度不断加大，惠及范围不断扩大，特别是十八大以来的五年间，中央财政累计安排农机购置补贴资金1 116亿元，补贴各类农机具达到1 847多万台(套)，大幅提升了农业物质技术装备水平，有力推动了现代农业建设，取得了利农助工、一举多得的显著成效。为加快我国农机化转型升级，促进全程全面高质高效发展，今年 2 月农业部、财政部联合印发了《2018—2020 年农机购置补贴实施指导意见》，对"十三五"中后期农机购置补贴实施工作进行了全面的安排部署。与往年相比，2018 年的补贴政策主要有三个方面的变化。

一是全面推行补贴范围内机具敞开补贴。2018—2020 年全国农机购置补贴机具种类范围确定为 15 大类 42 个小类 137 个品目。明确各省可以结合实际从中选取部分或者全部纳入省里的补贴范围。对于纳入补贴范围的机具，要求实行敞开补贴。如果确实资金还有一定缺口，要优先保证粮食等主要农产品生产和农业绿色发展所需要的机具。农民和一些农业生产服务组织如果购置补贴范围内的机具都可以申请补贴。如果确实资金紧张，当年没有享受到的在下年优先给予满足。

二是拓展了补贴机具资质渠道。以前，补贴机具资质必须是通过农机推广鉴定，今年有所放宽，除了继续执行这一要求以外，对于通过相关部门认证的农机具产品也可以作为补贴机具，包括进口农业机械。同时为了鼓励产品创新，在全国范围内开展了新产品购置补贴试点。各省份最多可以自行选择三个品目纳入新产品补贴范围。

三是优化补贴实施的操作。进一步明确农业企业可以作为补贴对象，购机者既可以在户籍所在地申请补贴，也可以在实际生产地申请补贴。鼓励使用手机 APP 和新型的农业经营主体信息直报系统在网上办理补贴，目的是简化手续、提高效率。在西藏、新疆和南疆五地州（含南疆垦区）开展差别化农机补贴试点，助力扶贫攻坚。全面建立农机购置补贴信息公开专栏，实时公布所在地的补贴资金使用进度和购机者的信息，接受社会监督。进一步推行农机购置补贴违规经营行为的省级联查联动，严惩失信违规主体，使其"一处失信，处处受限"。今年中央财政安排补贴资金 186 亿元，已提前下达各省份，目前各地正陆续启动政策实施。

关于补贴我就回答到这儿。记者还问到新产品补贴的问题，你对补贴确实还是很有研究的。我们不仅在开展常态化的补贴，为了鼓励新产品的研发推广，我们从 2016 年开展了新产品补贴试点。这个试点我们主要考虑我国农业生产类型复杂多样，不同地区不同产业对农机产品的要求不尽相同，部分农机创新产品因为短期内无法达到补贴机具的资质条件，农民想补想用但补不了，这种矛盾还是比较突出的。所以农业农村部和财政部从 2016 年开始，两年时间先后组织浙江等 10 个省份开展了农机新产品补贴试点，也取得了积极成效，受到了购机农户、产销企业和各省的充分认可。经过两年的探索实践，也确实积累了一定的管理经验，在全国范围内开展新产品补贴试点的条件已基本具备，所以今年印发的农、财两部的指导意见明确，各省都可以结合实际选择不超过 3 个品目的产品开展新产品补贴试点，强调重点支持绿色生态导向和丘陵山区急需的特色作业的农机具。为了做好试点工作，今年 3 月农、财两部专门就新产品补贴下发了通知，明确了试点内容、新产品条件、选定程序、补贴标准和有关监督管理要求等，已经向社会公开。如果记者朋友感兴趣的话可以在网上查一下。我就回答这些。

农视网记者：

今年《政府工作报告》中提出要稳定和优化粮食生产，请问农业农村部有哪些考虑和具体工作措施？

潘文博：

这个问题我来回答。发展生产保供给是实施乡村振兴战略的重要任务，今年是贯彻党的十九大精神实施乡村振兴战略的开局之年，抓好粮食和农业生产意义重大。回到你刚才提到的问题，今年《政府工作报告》提出稳定和优化粮食生产，这是一项硬任务。农业农村部将认真贯彻落实中央决策部署，做到保障国家粮食安全的目标不动摇，巩固提升粮食产能的劲头不放松，保护农民和地方政府抓粮食生产积极性的政策不减弱，提升种粮效益的措施不减少，牢牢守住国家粮食安全战略底线。当前和今后一个时期主要做好四个方面工作。

一是突出"两保"，强化政策扶持。重点是保护农民种粮积极性和地方政府的重农抓粮积极性。坚持和完善稻谷、小麦最低收购价，完善粮食的收储政策，健全主产区利益补偿机制，做好政策的宣传解读。引导农民合理地安排种植结构，确保口粮品种面积的稳定。

二是突出"两藏"，强化产能建设。重点是实施藏粮于地、藏粮于技战略，划定并建好粮食生产功能区 9 亿亩，尽快将任务落实到县、落实到乡村、落实到地块，加强高标准农田建设，今年《政府工作报告》明确提出，今年要完成 8 000 万亩高标准农田建设任务。"十三五"末要确保建成 8 亿亩，力争建成 10 亿亩。同时突出抓好耕地质量建设，培肥地力，改良土壤，控污修复。同时要推进技术的集成创新，打造绿色高质高效创建升级版。

三是突出"两机"，强化创新驱动。重点是推进机械化和机制的创新，加快机械化的发展，推进农机农艺融合，提高生产效率。加快机制的创新，培育新型经营主体和社会化服务组织，发展多种形式的适度规模经营。

四是突出"两导"，强化责任落实。重点是加强技术指导和工作督导，分区域、分季节、分作物制定技术方案和防灾减灾预案，加强灾害的监测预警，搞好技术培训，落实关键技术。更重要的是用好粮食安全省长责任制考核的指挥棒，推动粮食安全省长责任制考核这项工作，科学考核，压实责任，确保各项措施落到实处。刚才我已经讲到，从气候、政策、市场等多种因素来看，今年粮食生产的基本面是好的，春播粮食作物进展顺利，开局良好。

📷 新华通讯社记者：

我们了解到国家从 2016 年开始启动耕地轮作休耕制度试点，请问这项试点开展两年来取得了怎样的成效？今年这方面有哪些具体工作安排？

🎤 潘文博：

前不久，对耕地轮作休耕制度试点我部专门组织了一次新闻发布会，看来这项工作受到了媒体和社会关切。推动耕地轮作休耕是中央作出的一项重大部署，是加快生态文明建设、实施乡村振兴战略的重要举措。2016 年中央启动了耕地轮作休耕制度试点，当年试点面积 616 万亩。2017 年试点面积扩大到 1 200 万亩。今年《政府工作报告》明确提出耕地轮作休耕试点面积增加到 3 000 万亩，这充分体现了中央推进农业绿色发展、加快生态文明建设的坚定决心。两年来，按照中央的部署，农业农村部会同财政部等部门，抓实抓紧试点工作，取得了积极成效。这个成效主要体现在"三个一"上。即：

建立了一套组织方式。目前建立了中央统筹、省级负责、县级实施的工作机制，突出集中连片、整体推进。比如黑龙江把轮作任务重点安排在四五积温带的规模种植区。同时突出主体带动、示范引领，将家庭农场、农民合作社等新型经营主体优先纳入轮作休耕制度试点，成为示范带动轮作休耕的重要力量。

集成了一套技术模式。东北冷凉区建立了"三三轮作"模式，就是三年作物不重茬。长株潭的重金属污染区和西南西北的生态退化区建立了"控害养地培肥"模式。河北地下水漏斗区建立了"一季雨养一季休耕"模式，过去是两季都种，现在一季雨养、不抽地下水，一季休耕的模式，做到生产和生态相协调。同时根据不同作物适宜区域和生长习性，选择养分利用互补、病虫发生规律不同的作物进行搭配，做到适区与适种相一致。

构建了一套政策框架。在轮作上注重比较效益，东北地区玉米大豆轮作按照1：3的效益平衡点，每亩补助150元。在休耕上注重收入保障，一熟区的休耕和两熟区的一季休耕每亩补助500元，两熟区全年休耕每亩补助800元。

今年的总体考虑是在总结近两年工作基础上，扩大轮作休耕试点，推进轮作休耕的常态化、制度化，今年试点规模达到3000万亩。其中中央财政支持2400万亩，同时引导地方自主开展600万亩。今年已经是轮作休耕试点第三年，今年我们就要在制度化上取得新进展，为常态化的实施积累经验。

一是加快构建轮作休耕的组织方式。要构建自上而下的联动机制，实行中央统筹、省级负责、县级实施的工作机制。

二是加快构建轮作休耕的技术模式。突出实用性、注重广适性，集成组装种地养地和综合治理相结合的技术模式。种地同时要考虑养地问题，实现可持续发展，这是技术模式的核心。

三是加快轮作休耕的政策框架。中央财政支持的重点区域开展轮作休耕，地方因地制宜的自主开展轮作休耕，构建中央撬动、地方跟进的有序发展格局。

四是加快构建轮作休耕的评价机制。轮作休耕是一项硬任务，要实现常态化、制度化，必须在监管上要有创新。我们在加强工作督促检查、耕地质量监测等监管的同时，还委托第三方评估机构，评估耕地轮作休耕试点的成效。我们不能自己说自己好，我们让第三方评估客观评价。

目前农业农村部会同财政部已经下发了2018年耕地轮作休耕试点工作方案，明确了目标任务，细化技术路径，提出了工作要求，目前看轮作休耕的试点任务已经逐级分解到省到县、到户到田。具体实施单位正在与承担试点任务的农户签订轮作休耕的协议，明确双方的权利和义务，既要保障试点农户的权益，同时又要增强对试点农户的约束力，确保今年任务完成，给中央交一个满意答卷。谢谢。

📷 **宁启文：**

由于时间关系，今天发布会到此结束，如果各位记者还有问题，我们可以在发布会结束以后进一步沟通。谢谢大家！

19. 我国种业发展新闻发布会

一、 基本情况

时　间	2018 年 5 月 16 日（周三）上午 10 时
地　点	农业农村部新闻办公室新闻发布厅
主　题	我国种业发展有关情况
发布人	农业农村部副部长　　　　　　　　　　余欣荣
	农业农村部种子管理局局长　　　　　　张延秋
	农业农村部种植业管理司司长　　　　　曾衍德
主持人	农业农村部办公厅主任　　　　　　　　潘显政

我国种业发展新
闻发布会

二、现场实录

📷 潘显政：

女士们、先生们，新闻界的各位朋友们，大家上午好。欢迎大家参加农业农村部新闻办公室举行的新闻发布会。今年 4 月 12 日，习近平总书记在海南视察了南繁育种基地，对我国种业发展作出了重要指示，为使大家对我国种业发展有一个较为全面的了解，今天，我们很高兴地邀请到农业农村部余欣荣副部长、种子管理局张延秋局长、种植业管理司曾衍德司长向大家介绍有关情况，并回答大家提出的问题。下面，首先请余欣荣副部长向大家介绍有关情况。

🎤 余欣荣：

女士们、先生们，记者朋友们，大家上午好！现在正是"三夏"时节，农事正忙。很高兴利用今天这个时间跟大家交流。感谢大家长期以来对农业农村工作、特别是种业发展的关注和支持。

种业是国家战略性、基础性核心产业。就在一个月以前，习近平总书记视察海南期间，亲赴南繁育种基地调研。他特别指出："十几亿人口要吃饭，这是我国最大的国情。良种在促进粮食增产方面具有十分关键的作用。要下决心把我国种业搞上去，抓紧培育具有自主知识产权的优良品种，从源头上保障国家粮食安全"。针对南繁科研育种工作，总书记专门嘱托："国家南繁科研育种基地是国家宝贵的农业科研平台，一定要建成集科研、生产、销售、科技交流、成果转化为一体的服务全国的南繁硅谷"。这是习近平总书记对种业发展工作的再次强调和部署。今年中央 1 号文件明确提出，加快发展现代种业，提升自主创新能力，高标准建设国家南繁育种基地。《政府工作报告》也明确要求，要加快促进种业创新发展。这充分体现了以习近平同志为核心的党中央对种业工作的高度重视，小小的种子一直是与伟大的事业联系在一起的。

十八大以来，农业农村部始终贯彻落实习近平总书记关于种业发展的重要指示精神，紧紧围绕发展现代种业、建设种业强国的目标，攻坚克难，完善顶层设计，推进改革创新，我国种业发展快速推进，在源头夯实了国家粮食安全的根基。概括起来，主要体现为"四个显著"。

第一，**种业安全保障能力显著增强**。种业是农业的"芯片"，只有种业安全有保障了，我国粮食安全的"根基"才能稳固。目前，在水稻、小麦、大豆、油菜等大宗作物用种上，我国已经实现了品种全部自主选育，玉米自主品种的面积占比也由85%恢复增长到90%以上，做到了"中国粮"主要用"中国种"。在蔬菜生产上，自主选育品种的市场份额达到87%以上。海南、甘肃、四川等三大国家级制种基地建设顺利推进，一批区域性良繁基地巩固发展，主要农作物种子质量合格率稳定保持在98%以上，良种覆盖率超过97%，我国农作物供种保障能力得到大幅提升，对农业增产的贡献率达到45%。

第二，**种业自主创新能力显著提升**。首先，是我们通过推进种业科研成果权益改革，释放人才创新活力，探索形成了成果权益分享、转移转化和科研人员分类管理的制度性成果，科研人员创新的劲头更足了。其次，我们瞄准种业科研体制的顽疾，组织开展国家良种重大科研联合攻关，建立形成了政产学研用结合的种业协同创新体系，取得了品种创新的突破，收获了制度创新的成果，在解决科研与生产"两张皮"问题上，探索出了一条新的路子。第三，我们大力推进种业"放管服"改革，激发企业创新活力，先后下放和

余欣荣

取消了 7 项许可审批事项，改革品种管理制度，开通品种绿色通道，完善品种审定标准，建立品种登记和经营主体备案制度，全面完成科研院校与其开办的种子企业"事企脱钩"，极大地释放了种业发展活力。

第三，**企业竞争力显著提高**。种子企业的市场主体地位不断强化，发展的步子更快了，个头更大了，实力更强了，种业竞争力显著增强。我这里有几组数据。一是市场集中度明显提高。随着企业兼并重组加快，企业数量大幅减少，前 50 强的市场份额占到 35% 以上，这比五年前提高 5 个百分点。现在我们已经有了一批销售额超过 10 亿、20 亿、30 亿元的骨干企业，上市企业有 60 多家，总市值超千亿元。二是企业研发投入明显增多。这几年由于种业政策好，国家鼓励创新，种子企业纷纷加大科研投入，引进国际化高水平人才，现在前 50 强企业每年研发投入超过 15 亿元，占销售收入的 7.5%左右，正在接近国外大公司的研发投入强度。三是企业创新能力明显增强。种子企业每年申请的新品种保护数量比过去五年翻了一番，在申请总量中的比重超过 50%。国审玉米品种超过一半是企业选育的，水稻品种超过 2/3 是来自于企业。这说明，我们的企业正在逐步成长为育种创新的主体。

第四，**种业发展环境显著改善**。以国务院出台 3 个种业工作文件、全国人大修订《种子法》为主要标志，构建了我国现代种业的顶层设计，形成了种业发展的"四梁八柱"。目前，种业支持政策体系不断完善，法律法规制度体系更加健全，行政管理体系和部门协调机制有效确立，创造了现代种业发展的良好环境。随着种业知识产权保护、市场监管力度持续加大，制售假劣、套牌侵权等违法行为大幅减少，"劣种子"问题基本解决，"假种子"问题得到有效遏制。据初步统计，假劣种子案件比 2011 年减少 50%，种子侵权案件减少 36%。

这些成绩的取得，最根本的是以习近平同志为核心的党中央高度重视和坚强领导。成绩来之不易，经验弥足珍贵。归纳起来，主要是"四个坚持"。一是坚持党的领导，充分发挥集中力量办大事的制度优势，形成推进现代发展的合力。二是坚持企业主体地位，充分发挥市场在资源配置中的决定性作用，做强做大做优现代种子企业。三是坚持深化改革，遵循产业规律先行先试，大力推进种业体制机制创新。四是坚持依法治种，完善以《种子法》为核心的制度体系，将现代种业发展纳入法治化轨道。

下一步，农业农村部将坚决贯彻习近平总书记重要指示精神，全面落实党中央国务院关于现代种业的部署，加大改革开放力度，大力推进种业科技革命、绿色革命、质量变革、企业变革和管理变革，加快构建中国特色现代种业创新体系，实现新时代种业发展新格局，为我国农业高质量发展提供有力支撑，始终确保中国人的饭碗主要装"中国粮"，"中国粮"主要用"中国种"。

下面，我和我的同事愿意回答大家的提问。谢谢。

潘显政：

谢谢余部长的介绍。下面，请各位记者提问，提问的时候，请通报一下您所代表的媒体机构。

中央广播电视总台央视记者：

余部长您好，刚才您提到国家瞄准种业科研体制的顽疾，组织开展了国家良种重大科研联合攻关，目前良种联合攻关有了哪些进展？创新有了哪些突破？

余欣荣：

谢谢你的提问，说明你很关注中国种业创新行动。大家知道，一粒种子可以改变世界，一个品种可以成就一个产业，谁拥有了突破性的创新品种，谁就拥有了种业竞争的主动权。2014 年以来，我们贯彻落实党中央、国务院关于现代种业工作的部署，充分发挥社会主义集中力量办大事的制度优势，先后组织开展了玉米、大豆、水稻、小麦四大作物的国家良种重大科研的联合攻关。重点在种业的理论创新、技术创新、品种创新上进行组织突破，并取得了重要的进展。在优质水稻、节水抗病小麦、机收籽粒玉米、高产高蛋白大豆品种选育上都取得了新的突破。

从这几年的实践来看，开展良种重大科研联合攻关顺应了现代种业和现代农业发展的时代潮流，取得了显著的成效。

一是推出一批绿色优质的专用品种。选拔优质抗病虫水稻、节水抗旱抗病小麦、机收籽粒玉米、优质高产大豆品种 144 个，授权品种 369 个，这些品种不仅符合农业绿色化、优质化、特色化、品牌化发展的要求，而且有助于加快农业生产方式的转变。

二是创作了一批绿色优异资源。鉴定筛选了一批绿色优异种质、育种新材料1 500多份，拓宽了育种的基础，尤其是选拔出小麦抗赤霉病资源，对解决小麦赤霉病这一世界性的难题意义重大。大家知道，赤霉病是影响小麦的一个世界性难题，不仅影响产量，而且影响品质。我们在联合攻关中有了新的进展，为今后成功选育并且推广这种品种奠定了一个很好的基础。

三是种业基础理论与育种技术创新取得了新的进展。熟化了四大作物种质遗传多样性分析，主要病害分子检测技术，种业理论突破加快推进。这些攻关成果如果按照以往传统的科研方式来组织，至少需要7～8年的时间，现在我们的品种创新效率提高了1倍。

四年来，我们认真落实习近平总书记的指示精神，始终坚持种业科技创新和体制机制创新两个轮子一起转，良种联合攻关取得了显著成效，积累了宝贵经验。

归纳起来，主要有四条。一是坚持发挥社会主义集中力量办大事的制度优势。二是坚持产业需求导向。我们把良种联合攻关摆在了农业供给侧结构性改革大局中谋划，将高产、稳产、优质、专用、节水节肥节药等绿色优质品种创新确定为攻关目标，加快构建具有中国特色的现代种业育种创新体系。三是坚持体制机制创新。强化企业在育种创新中的主体作用，建立健全科研成果的评价机制、多元投入机制、利益共享机制，加快了创新资源、人才、技术、资金、成果都向企业聚集。四是坚持全产业链一体化创新。建立了种质资源鉴定发掘、分子检测、商业化育种、新品种测试等四大攻关平台，育种创新的各环节实现了有机衔接。所以，经过近四年的努力，我们探索形成了可复制、可推广的良种攻关新模式、新机制和新经验，不少值得我们继续深化研究，借鉴推广。

下一步，我们将结合实施乡村振兴战略、农业供给侧结构性改革的新要求，不断深化良种重大科研联合攻关，以及把这个制度优势和我们国家种业和农业现代化的目标紧密结合起来，发挥更大的作用。谢谢。

📷 新华通讯社记者：

我们注意到，一个月前，习近平总书记在海南考察时强调，要把国家南繁科研育种基地建成南繁硅谷，请问应该如何理解南繁硅谷，农业农村部是如何推进南繁基地建设的？谢谢。

🎙 余欣荣：

谢谢。位于海南南部南繁科研育种基地是我国稀缺的、不可替代的国家战略资源，每年到海南开展南繁工作的单位有近 700 家，科研人员有 6 000 多人。但是随着近年来海南旅游岛的开发、城镇化建设等因素，与南繁基地建设争地的矛盾越来越突出，造成了科研用地落实难、配套设施建设难等新的问题。为了建设好国家南繁基地，彻底解决南繁工作"又难又烦"的问题，2012 年，我部与海南省政府共同谋划推进南繁基地建设，2015 年经国务院批准同意，我部会同国家发改委、财政部、国土资源部、海南省政府联合编制印发了《国家南繁科研育种基地建设规划》。两年多来，通过大家的共同努力，已经取得了明显成效，所以借此机会给大家通报一下。

一是南繁科研用地得到了保障。划定了南繁育种保护区 26.9 万亩，核心区 5.3 万亩，配套服务区 745 亩，全部上图入库，纳入了基本农田范围，实行用途管制、严格保护，实现了规划目标，确保了南繁科研单位有地可用。二是各级财政投入不断增加。中央和地方财政共安排资金 5.9 亿元，陆续启动了农田水利、执法监管等项目建设，相继实施制种大县奖励，农民定金补贴等支持政策，及时支付土地租金，开展土地整治。今年 3 月，国家批复南繁生物育种专区项目，计划总投资近 3 亿元。三是核心区建设有序推进。为保障南繁科研新增用地的需求，规划新建核心区 2.5 万亩，六个大的田洋分别坐落于三亚、乐东、陵水。目前已经签约土地近万亩，完成流转 6 800 多亩。同时，三个市县也积极组织编制配套服务区的建设规划，科研人员生活配套设施建设稳步推进。四是南繁管理体系全面构建。充分发挥国家南繁工作领导小组和南繁规划落实协调组的作用，逐步形成了涵盖部、省、市县、乡镇、村五级较为完备的南繁管理体系，全面覆盖南繁各项工作。农业农村部专门组建了督导组，今年以来，四次督导南繁规划落实，并将其纳入到国家粮食安全省长责任制考核范围。海南省政府印发南繁工作要点，对省直单位和南繁三市县开展督导检查，对工作滞后的进行约谈问责。

今年 4 月 12 日，习近平总书记在考察南繁基地时指出，国家南繁科研育种基地是国家宝贵的农业科研平台，一定要建成集科研、生产、销售、科技交流、成果转化为一体的服务全国的南繁硅谷。随后，中央印发《关于支持海南全面深化改革开放的指导意见》，要求加强国家南繁科研育种基地建设，建设南繁硅谷被列为国家重大战略。下一步，农业农村部将会同海南省、相关部委以及南繁省份，深入学习贯彻总书记的重要指示精神，以落实南繁规划为主线，高标准建设国家南繁基地，将南繁基地打造成为科技创新的高地、人才聚集的高地、成果转化的高地和服务全国的高地，力争早日建成南繁硅谷，向习总书记、向全国人民交上一份满意的答卷。

📷 **中央广播电视总台央广记者：**

今年推进农业供给侧结构性改革仍然是主线，而这其中种植结构优化是一项重要的任务，目前春播已经接近尾声了，请问余部长和各位领导，今年种植结构调整有什么亮点？谢谢。

🎤 **余欣荣：**

谢谢。今天我部种植业管理司曾衍德司长也参加了新闻发布会，请他来回答这个问题。

🎤 **曾衍德：**

谢谢。的确，今年种植结构调整仍是农业农村经济发展一项重要任务。总的看，今年春播工作抓得紧、抓得实，进展很顺利。据我部农情调度，春播已近八成。应该讲，春播大局已定，结构调整的大头落地。概括起来，今年种植结构调整有以下三个突出特点。

种植结构继续调优。 今年种植意向呈现结构调优的态势，一是水稻、玉米面积调减，库存压力减小。预计今年水稻面积4.4亿亩，比上年减少1000多万亩。继续调减"镰刀弯"等非优势区籽粒玉米面积。二是大豆、杂粮杂豆等面积扩大，有效供给增加。预计大豆面积1.27亿亩、增加1000万亩，杂粮杂豆1.4亿亩、增加100多万亩。此外，棉花面积持平略减，糖料持平略增，油料、蔬菜、饲草面积增加。三是绿色优质产品面积扩大，更好满足市场需求。强筋弱筋小麦、优质稻谷、"双低"油菜、高蛋白大豆、高产高糖甘蔗等面积增加。

生产方式持续调绿。 这是绿色发展的要求，也是转变农业发展方式的重要任务。一是持续推进投入品减量。在化肥、农药已提前三年实现零增长目标的基础上，今年继续开展化肥、农药使用量零增长行动，突出抓好"两替"，就是有机肥替代化肥和病虫绿色防控替代化学防治，今年选择150个果菜茶生产大县开展有机肥替代化肥试点，还选择 150 个县开展全程病虫绿色防控试点。二是持续推进绿色高质高效创建。选择 325 个重点县开展整建制推进，集成推广绿色生态环保、资源高效利用、生产效能提升的绿色高效技术模式。三是扩大耕地轮作休耕试点。在两年试点基础上，今年扩大耕地轮作休耕试点规模，面积达到 3 000 万亩，比上年增加 1 800 万亩。特别是要在制度化上取得新的突破，为常态化实施提供支撑。

产业结构持续调顺。种植结构调整，一个突出的特点是促进一二三产业融合，延长产业链。一是农牧紧密结合。在推进生猪布局调整中，东北地区扩大养殖规模，实现玉米就地过腹转化。同时，通过实施"粮改饲"等项目，以养定种、以种促养。预计今年"粮改饲"面积 1 200 万亩，比上年增加 200 万亩。二是加工业快速发展。结合缓解玉米库存压力，加大对加工业扶持力度。东北等地以玉米为主的加工业快速发展，加工能力迅速提升，实现玉米就地加工转化。据监测，东北四省（自治区）玉米加工能力已占全国的 50% 以上。三是新业态加快形成。农村电子商务、休闲农业等新业态蓬勃发展，一批有区域特色的休闲观光旅游农业应运而生，成为农民增收、农业增效的一个重要途径。

春播即将结束，"三夏"即将全面展开。农业农村部将坚持稳定和优化粮食生产的目标不动摇，环环紧扣抓好农业生产，重点是抓好夏粮后期田管，力争丰产丰收。同时，抓好春播作物田间管理，及早做好夏收夏种各项准备，确保夏粮颗粒归仓、夏播任务高质量完成。特别是指导黄淮海地区调减低产低效夏玉米，扩种夏大豆，进一步优化结构、提高效益。

📷 **人民日报记者：**

我们都知道，种业是一个高科技产业。这几年，国家大力推进科技体制改革，进一步释放科技创新活力。请问，种业领域是如何推进这一改革的？目前已经取得了哪些成效？

🎤 **余欣荣：**

感谢您对种业科研改革的关注。长期以来，我们种业科技创新一直面临着许多深层次障碍，比如科研与生产"两张皮"问题一直没有得到很好的解决，科研成果转化率偏低、科研人才流动不畅等问题。为了破解这些难题，根据党中央、国务院有关部署，我部会同有关部委从2014年开始，启动并逐步扩大种业人才发展和科研成果权益改革试点，重点在健全激励机制、加速成果转化、促进人才流动、深化产学研结合等方面进行了改革和探索。到目前为止，成效很明显，主要体现在"三个明显"。

一是科研人员创新积极性明显提高。首先，通过改革使科研人员积极性高了，在思想认识上由"要我创新"到"我要创新"，由"为写论文、评奖项"转变为"看市场需求、找合作企业"，由"卖种子"转变为"卖知识产权"，科研活动面向市场的源头创新机制逐步建立起来。其次，创新成果产出快了。试点单位在短短几年时间，陆续选育出一批节水、节肥、节药的绿色新品种，特别是在优质抗病水稻、抗赤霉病小麦等领域取得重点突破。第三，成果确权数量多了。初步统计，这四年来，122家试点单位确权的种业成果达到5 000多件，比试点前增加了50%以上，其中植物新品种权800多件，是试点前的1.2倍，创新形势喜人。

二是科研成果转化速度明显加快。成果转化工作得到普遍重视，转化活动空前活跃。为科研推动成果转化，我们建立了国家种业成果公开交易平台，利用这个平台完成各类交易200多项，交易额约3.3亿元。各省份成果转化各具特色，浙江省组织竞价拍卖，开展路演推介；三亚市举办水稻论坛，为成果转化搭建平台。截至目前，试点单位成果交易已近1 400件、交易额达10亿元，分别是试点前的1.6倍和1.8倍。中国农大、南京农大等试点单位积极将重大突破性成果作价入股到企业，有力地推动了产业化转化和开发。

三是科企人才和技术合作明显增强。改革强化了企业创新主体地位，推动人才、资源、技术向企业有序流动。科企合作更加紧密。我这里有几个例子，中国农大玉米中心与中玉金标记公司联合开发玉米SNP芯片，大幅度提高了育种效率。现在我们兼职的科研人数不断增加。据初步统计，试点单位到企业兼职的科研人员达到700多人，辞职到种子企业的有30多人，一大批科研人员成为企业的科研领军人才。国外高层次人才引进步伐加快。华智水稻等公司从国外跨国企业引进了一批高层次科学家和企业高管，加快提升我国分子育种水平。

四年试点工作，经验弥足珍贵。一是部、省及试点单位强化组织领导，为改革提供坚强保障；二是强化部门协同、部门协作，形成改革的强大合力；三是顶层设计注重统筹兼顾，妥善处理国家、科研单位和科研人员三者关系，依法依规推动试点工作。

下一步，我们将积极落实中央改革部署，继续深入推进种业人才发展和科研成果权益改革，健全种业领域科研人员分配政策，推进种业人才分类评价；全面推进各省改革工作；继续打造国家种业交易平台；深入推进科企合作。通过全面推进改革工作，为现代种业发展增加新动能，为我国农业供给侧结构性改革提供有力支撑。

📷 光明日报记者：

我们知道，在挪威有一个"世界末日种子库"，堪称全球生物多样性的"诺亚方舟"，我们想了解在中国是不是也有这样一个种子库，中国在种质资源收集和保存方面做了哪些工作？

🎤 张延秋：

谢谢您的提问。种质资源是育种创新的物质基础，是一个国家的战略资源，也是一个国家主权的重要组成部分。如果说种业是农业的"芯片"，那么核心种质资源就是种业的"芯片"。刚才，您提到挪威的"世界末日种子库"，我也可以自豪地告诉大家，在20世纪80年代和90年代初，我国分别在北京和青海建造了自己的"诺亚方舟"，即国家作物种质库和国家种质资源青海复份库。

党中央、国务院历来高度重视种质资源工作。通过长期不懈的努力，我国已经建立起以《种子法》为核心、《农作物种质资源管理办法》等为补充的完备的法律法规体系，构建了以长期库为主体、中期库为骨干、种质圃和原生境保护点为支撑的种质资源保存体系，2015年发布了全国农作物种质资源中长期发展规划。我这里有一组数据向大家通报一下：目前，我们国家已建成种质资源长期库1座、复份库1座、中期库10座、种质圃43个、原生境保护点199个；长期保存物种2 114个、种质资源49.5万份，位居世界第二。所以我们国家是一个物种资源十分丰富的国家，但是也面临着严重的挑战，由于经济高速发展、城镇化建设和气候变化等原因，许多代代相传的珍稀资源和古老地方品种正在迅速消失。例如，南方曾经普遍种植的、具有抗洪灾能力的深水稻品种，目前已濒临灭绝；1981年仅广西壮族自治区就拥有野生稻分布点1 300多个，现在仅剩下300多个，有1 000多个点已经消失了。

　　为了抢救种质资源，在财政部等部委的支持下，我们从 2015 年开始启动了全国第三次农作物种质资源普查与收集行动，取得了明显的阶段性成效。一是查清了资源家底信息。3 年以来，先后启动 12 个省（自治区、直辖市）的普查工作，组织相关人员近 3 万人，先后完成了 623 个县的普查任务和 117 个县的系统调查任务，征集各类作物种质资源 12 005 份，抢救性收集种质资源 17 758 份。二是摸清了资源分布与消长变化。通过普查发现，粮食作物培育的品种显著增加，从 1956 年 2 400 多个增加到目前 2 万多个，增加了 8.5 倍；同时，具有地方特色的地方品种数量却急剧减少，从 1956 年 1 万多个减少到目前 3 000 多个，减少超过 70%，急需长期保存。三是挽救了大量古老地方品种和濒危资源。抢救性收集各类作物的古老地方品种、种植年代久远的育成品种，以及其他珍稀、濒危种质资源共计 2 万多份。四是发掘了一批具有重要价值的珍稀特色资源。比如，在广西发现了一种抗病的野生葡萄品种，具有较高的推广与利用价值；在重庆市发现了一种珍稀的柿子品种，俗称"火罐柿"，不仅口感甜、无核，而且形似灯笼，具有非常好的观赏价值，成为当地开展乡村旅游的重要宝贵资源。五是强化了保护资源的社会意识。通过多种途径宣传，增强了各级政府和公众保护种质资源的自觉性和积极性。

种质资源保护是一项功在当代、利在千秋的伟大事业。接下来，我们会继续做好普查与收集工作，全国普查总任务是，要完成 2 228 个县、大约 10 万份资源的收集保存任务，目前这个工作我们刚刚完成了不到 1/3，还要继续开展普查工作，为子孙后代留下更多的资源财富。今年，我们还要组织种质资源普查记者行活动，希望媒体和记者们能够积极参与，对种质资源工作给予支持，帮助我们多宣传、多报道。谢谢。

人民网记者：

刚才我们听到我们国家的种子企业竞争力显著提高，近一段时间，媒体很关注我们国家种子企业进入全球种业第一梯队，以及有一些市场影响力的企业收购案例。那么，要打造具有全球竞争力的种子企业，您认为还需要在哪方面作出努力？谢谢。

余欣荣：

你这个问题提得很有意义。下面我想请种子局张延秋局长介绍这方面的情况。

张延秋：

刚才你问到了中国种业在世界种业发展的大背景下发展得怎么样，我想说三句话。

第一，**中国种业与自己相比发展得很快**。现在我国种子企业已经成为了市场主体，通过这些年的发展，我们净资产 1 亿元以上的种子企业比 5 年前翻了 1 倍。人才实力不断提高，种子企业科研人员的比重大幅度增加，骨干企业年研发投入达到了销售额的 7.2%。另一方面，品种自主能力大幅提高，刚才余部长也介绍了，我们农作物自主选育的品种占比面积达到 95% 以上，自主选育的品种占到了绝对的主导地位。近几年，我们也选育了一批比先玉335 更优良的玉米品种，玉米自主研发品种的市场份额由原来的 85% 增长了到 90% 以上，蔬菜种植面积自主品种由过去的 80% 增长了 87% 以上，可以说，我们跟自己比，有了很大的进步。

第二，和国外先进水平相比，我们种业的差距还很大。这几年，全球种业格局也在发生深刻的变化，世界种业正经历着以"生物技术＋信息化"为特征的第四次科技革命，特别是国际种业巨头纷纷强强联合、抱团发展，掀起了新一轮的重组浪潮，拜耳收购孟山都，杜邦与陶氏合并，全球种子市场、技术、人才等要素进一步向跨国巨头集中，推动了优质资源整合、优势业务重组，种业与农化、信息、生产服务等领域融合发展，领先优势进一步放大。在这种情况下，我国种业的差距有进一步拉大的趋势。尤其在科技创新上，全球最先进的品种研发技术仍掌握在孟山都、陶氏杜邦等少数几家公司手中，他们的研发投入很大，我们具有一定规模的1 500家种子企业，年研发投入也就是33亿人民币，孟山都一年的研发投入的量就高达17亿美元，将近100亿人民币，从国际上比，我们的压力还很大。而国内企业研发经费投入最多的隆平高科，每年仅为0.5亿美元。在科技竞争日趋激烈的背景下，我国距离打造具有国际竞争力的"种业航母"，还有很长的一段路要走。

第三，面向未来，建设种业强国，我们信心更足了。这几年，我国种业用了不到十年时间，走过了国外几十年甚至上百年走过的路，尽管竞争形势依然严峻，任务依然艰巨，但我们种业正面临着新一轮的发展机遇，对此，我们充满信心。一是党中央、国务院高度重视现代种业发展。习近平总书记多次强调，要下决心把我国种业搞上去。中央对加快现代种业发展做出了部署，国家有关部门和地方党委、政府把种业工作纳入农业农村工作的重要内容，广东、湖南、江苏、山东、吉林等省份都在加快推进种业强省建设，现代种业发展的政策环境更加有利。二是种业新一轮科技革命正在兴起。目前我国已经在基因组编辑、大数据等技术研究领域走在了世界前列，加上我国现有建制化的科研单位和人才队伍优势，只要发挥我们集中力量办大事的制度优势，推进优势科研资源与企业研发体系的有机结合，就可以迅速将技术优势转化为产业竞争优势，实现种业的跨越式发展。三是种业强国建设已经具备了良好基础。近几年，随着我国种业快速发展，特别是以隆平高科为代表的一批骨干企业不断发展壮大，并逐步走向国际市场，我国种业发展将步入发展的快车道。

下一步，我们种业将会按照中央的统一部署，以更大的力度、更加开放的姿态，出台更加积极有力的开放政策和知识产权保护措施，集聚全球创新资源要素，统筹利用好"两个市场、两种资源"，使种业在开放中竞争，在竞争中发展，加快提升国际竞争力。我们相信，建设种业强国，令人期待。

📷 **潘显政：**

这次新闻发布会到此结束。借此机会再通报一个信息，农业农村部新闻办公室将就农业农村部的重点工作、重点专题等有关问题加大新闻发布的力度和频度，希望得到新闻界朋友们的支持，也欢迎大家来参加。今天的发布会到此结束。谢谢大家。

20. 促进农村产业融合发展助推乡村振兴新闻发布会

一、基本情况

时 间	2018 年 6 月 15 日（周五）上午 10 时		
地 点	农业农村部新闻办公室新闻发布厅		
主 题	促进农村产业融合发展助推乡村振兴		
发布人	农业农村部农产品加工局局长	宗锦耀	
	农业农村部农产品加工局副局长	潘利兵	
主持人	农业农村部办公厅副主任	宁启文	

促进农村产业融
合发展助推乡村
振兴新闻发布会

二、 现场实录

📷 **宁启文：**

　　女士们、先生们，大家上午好。欢迎参加农业农村部新闻办公室举行的新闻发布会。今天发布会主题是：促进农村一二三产业融合发展，助推乡村振兴。我先请我的同事先介绍有关情况，然后回答记者提问。出席今天发布会的有农业农村部农产品加工局局长宗锦耀先生、副局长潘利兵先生。下面，先请宗锦耀局长给大家介绍有关情况。

🎤 **宗锦耀：**

　　女士们、先生们，新闻界的朋友们，大家上午好。

　　党的十九大提出，实施乡村振兴战略，促进农村一二三产业融合发展，支持和鼓励农民就业创业，拓宽增收渠道。习近平总书记在今年"两会"期间参加山东代表团审议时强调，实施乡村振兴战略是一篇大文章，要推动产业振兴、人才振兴、文化振兴、生态振兴、组织振兴。总书记把产业振兴放到五个振兴的首位，明确要求，要紧紧围绕发展现代农业，围绕农村一二三产业融合发展，构建乡村产业体系，实现产业兴旺。今年中央1号文件提出，大力开发农业多种功能，构建农村一二三产业融合发展体系。《政府工作报告》要求，多渠道增加农民收入，促进农村一二三产业融合发展。这充分说明，促进农村一二三产业融合发展，是以习近平同志为核心的党中央作出的重要决策，是党的"三农"理论政策的创新和发展，是实施乡村振兴战略、加快推进农业农村现代化、促进城乡融合发展的重要举措。

　　推进乡村产业振兴，必须把促进一二三产业融合发展作为根本途径，把加工业和休闲旅游作为融合的重点产业，把创业创新作为融合的强大动能。近期，农业农村部先后印发了四个通知：大力实施农产品加工业提升行动、乡村就业创业促进行动、休闲农业和乡村旅游升级行动、农村一二三产业融合发展推进行动。这"四大行动"是深入贯彻党的十九大精神、中央1号文件、《政府工作报告》决策部署的重大举措，也是具体实际行动。

　　党的十八大以来，各级农业农村部门认真贯彻中央决策部署，把农村产业融合发展作为农业农村经济转型升级的重要抓手和有效途径，积极推动政策落实，实施支持项目，加强示范引导，推进各项工作顺利开展，取得了积极成效。农产品加工业稳中向好，2017 年农产品加工企业主营业务收入超过 22 万亿元，与农业总产值之比由 2012 年的 1.9∶1 提高到 2.2∶1；今年 1—5 月主营业务收入已超过 5 万亿元，较上年同期增长 7% 左右。规模以上农产品加工企业 8 万多家，大中型企业比例达到 16%，年销售收入超过 1 亿元的企业近 2 万家，超过 100 亿元的企业达 70 家。一半以上的加工企业通过前延后伸构建全产业链价值链，成为农村产业融合发展的主导力量。休闲农业和乡村旅游蓬勃发展，2017 年接待游客超过 28 亿人次，收入超过 7 400 亿元，从业人员 900 万人，带动 700 万户农民受益，成为天然的农村产业融合主体。农村创业创新活力迸发，2017 年返乡下乡双创人员累计达到 740 万人，农村本地非农自营人员 3 140 万人。54% 的返乡下乡创业创新人员运用了网络等现代手段，82% 以上创办的是产业融合项目，89.3% 是多人联合抱团创业，形成了一大批农村产业融合利益共同体。农村一二三产业融合发展态势形成良好局面，农业与加工流通、休闲旅游、文化体育、科技教育、健康养生和电子商务等产业深度融合，催生出大量的新产业新业态新模式。据测算，农村产业融合使订单生产农户的比例达到 45%，经营收入增加了 67%，农户年平均获得的返还或分配利润 300 多元。

　　总体看，农村产业融合发展为农业供给侧结构性改革提供新力量，为农村经济发展注入新动能，为农民就业增收开辟新渠道，为城乡融合发展增添新途径。但还存在一些不容忽视的问题，部分地方对产业融合认识还不足，政策落实不到位；有些地方融合发展水平不高，产加销脱节或者环节衔接不紧密，产业链延伸、价值链提升不充分；企业和农民的利益联结机制还不完善，农民合理分享全产业链增值收益还不够。迫切需要加强利益联结机制建设，实现小农户与现代农业发展的有机衔接，让农民特别是小农户合理分享融合发展增值收益，共享农村改革发展成果。下一步，我们要深入学习贯彻习近平总书记关于"三农"工作重要论述，大力促进农村一二三产业融合发展，助推乡村振兴。坚持"基在农业、惠在农村、利在农民"原则，以农民合理分享产业链增值收益为核心，以延长产业链、提升价值链、完善利益链为关键，以改革创新为动力，增强"产加销消"的互联互通性，形成多业态打造、多主体参与、多机制联结、多要素发力、多模式推进的农村产业融合发展体系，努力助推乡村产业振兴，切实增强农业农村经济发展新动能。下面，我和潘利兵副局长愿意回答各位记者的提问。谢谢。

宁启文：

谢谢宗局长的介绍，下面请记者提问，提问时请通报所代表的新闻机构。

📷 **中央广播电视总台央广记者：**

我们知道推进农村一二三产业融合发展涉及很多的主体、部门和行业，是一个比较复杂的工程。农业农村部在这方面主要采取哪些措施？下一步将如何统筹农村一二三产业融合发展？谢谢。

🎤 **宗锦耀：**

你的问题很有针对性。我们认为，促进农村一二三产业融合发展，是构建现代农业产业体系、生产体系、经营体系的一个客观要求，是农民持续较快增收的重要支撑，是培育农村新产业新业态新模式的有效途径。同时，也是促进城乡融合发展的必然选择。这是我的一点认识。各级农业农村部门，坚决贯彻党中央、国务院的重大决策部署，履职尽责，积极推动一二三产业融合发展。这些年来主要采取以下措施：

一是推动政策制定和实施。我们推动出台了国务院办公厅《关于促进农村一二三产业融合发展的意见》《关于支持返乡下乡人员创业创新促进一二三产业融合发展的意见》《关于进一步促进农产品加工业发展的意见》。同时联合 14 个部门印发了《关于大力发展休闲农业的意见》，同时编制了《"十三五"农产品加工业与农村一二三产业融合发展规划》。四个意见，一个规划，构建了促进一二三产业融合发展的政策体系。同时，我们加强督导检查，要求各省份都制定实施意见和规划。到目前为止，有近 2/3 的省份分别制定了相应的《实施意见》，效果还是不错的。

二是加大项目支持。中央财政这几年安排一二三产业融合发展试点资金 52 亿元，支持让农民成为分享二三产业增值收益的经营主体，发展一二三产业；产地初加工资金 45 亿元，补助农户和合作社建设初加工设施 12 万余座；同时，我们还协调农发行、农行这些金融机构，加大对一二三产业融合的信贷支持。

三是开展示范引导。宣传推介了 208 个农产品加工业发展典型，328 个休闲农业和乡村旅游示范县，91 项中国重要农业文化遗产，560 个中国美丽休闲乡村，2 160个景点，670条精品线路，发挥其示范带动作用。

四是培育融合主体。新型职业农民培育工程等培训项目，每年培训人员超过100万人次。宣传推介创业创新的优秀带头人和典型县，到目前为止，树立了200个农村创业创新优秀带头人和100个典型县。举办了3万多名选手参加农村创业创新创意大赛，并且跟投资机构结合，加大融合主体培育力度。

五是总结典型模式。总结树立了一批内部有机融合，从农田到餐桌的全产业融合的典型发展模式，形成点创新、线延伸、面推广的格局。

下一步，我们将以实施农村一二三产业融合发展推进行动为抓手，构建农村产业融合发展体系。具体有以下五项任务：一是要落实政策引导融合，要细化实化国家支持产业融合发展的政策措施，组织实施好产业兴村强县等支持产业融合的项目，扶持一批带动力强、影响力大、能够让农民分享二三产业收益的融合主体；二是要以创业创新促进融合，以返乡农民工、退役军人、科技人员、企业家、经营管理和职业技能人员为重点，通过农村创业创新项目创意大赛、成果展示展览等活动，培育一批带头人，树立一批标杆典型来引路；三是强化产业支撑融合，我们要实施农产品加工业提升行动，来统筹推动初加工、精深加工、综合利用加工协调发展，不断地增强加工业引领融合的能力；四是要完善机制带动融合，通过支持企业和农户建立紧密的利益连接机制，打造风险共担、利益共享、命运与共的产业融合发展利益共同体，通过股份合作制、股份制的形式，使他们的利益更加紧密；五是加强服务推动融合，通过购买服务等方式，为企业提供政策咨询、融资信息、人才对接等公共服务，进一步加强与金融机构、产业基金的合作，加大信贷金融支持。我们要力争到2020年，农村产业融合主体规模要不断扩大，产业链不断延长，价值链明显提升，供应链加快重组，农民和企业利益连接机制更加完善，融合模式更加多样，建成一批农村产业融合发展的先导区、示范园。农村产业融合发展体系初步形成，为乡村振兴提供有力的支撑。谢谢！

📷 **光明日报记者：**
刚才宗局长提到，实施休闲农业和乡村旅游的升级行动。请问，休闲农业和乡村旅游将在哪些方面升级？农业农村部对这项工作将有怎样的打算？谢谢。

🎤 **宗锦耀：**

这个问题请潘利兵同志回答。

🎤 **潘利兵：**

休闲农业和乡村旅游作为一种新型的产业形态和消费业态，这些年，在快速增长的同时，在产业总体发展上确实还存在着不平衡、不充分问题。主要表现在经营项目同质化现象比较严重，特别是有品位、高质量、中高端产品和服务供给不足，还有发展模式以及功能比较单一，特别是对农耕文化的深度挖掘和传承利用不够，硬件设施建设滞后，软件管理服务不规范，人员总体素质不够高等问题。针对这种情况，今年中央1号文件明确提出来要实施休闲农业和乡村旅游精品工程，农业农村部认真贯彻落实中央决策部署和要求，提出了开展休闲农业和乡村旅游升级行动。刚才宗局长讲到，目标是要通过升级行动促进休闲农业和乡村旅游产品质量、硬件设施建设的升级，以及软件管理服务的升级，文化内涵的升级，环境卫生的升级，还有人员素质技能的升级，来进一步促进经营主体的多元化、业态发展的多样化、设施建设的现代化、管理服务的规范化以及布局结构的合理化，真正打造一批生

潘利兵

态优、环境美、产业强、农民富、机制好的休闲农业和乡村旅游精品，来促进产业高质量发展。为此，我们部主要从五个方面来发力：

一是大力促进政策落实。已有的政策主要涉及用地、金融、财税这些方面，比如针对产业发展比较快、建设用地又比较紧张的问题，今年中央 1 号文件提出来要预留一部分建设用地规划，单独用于闲置的农业设施和休闲旅游设施建设，还有国务院办公厅这几年连续下发的相关意见，包括关于转变农业发展方式，关于推进一二三产业融合发展，还有支持返乡下乡人员创业创新促进农村一二三产业融合发展，关于促进旅游投资和消费一系列的意见，以及国务院相关部门出台的，比如 2016 年我们部会同国家发改委、财政部等14 个部门下发的《关于大力发展休闲农业的指导意见》，这些文件里都有一些具体的支持政策。对这些政策是否落实到位，实际上直接关系到我们产业的升级发展。有些问题企业是解决不了的，比如说用地的问题，还有财税的问题，这方面要靠政府营造一个好的政策环境。我们要加大对这方面政策的宣传和贯彻落实力度，进一步强化督查，对一些比较突出的问题，要积极推动相关部门出台具体的意见，进一步细化实化政策，落实政策，真正使政策落地生根，为产业升级发展创造一个良好的政策环境。

二是要培育精品品牌。用精品品牌来引领升级发展，这也是我们一项重要的工作。首先，我们要进一步完善精品品牌创建体系，包括标准等一系列制度，加大宣传贯彻力度，促进产业标准化、规范化水平。另外，要树立一批在全国叫得响、立得住的品牌。县一级要建设一批全国休闲农业和乡村旅游示范县，乡镇要建设一批美丽休闲乡村和乡镇，园区要建设一批现代休闲园区，经营主体要建设一批现代化休闲农庄等，要在全国把品牌树起来。还要定时定点举办"美丽乡村休闲旅游行"主题活动，在重大的节假日和一年四季，分次开展休闲农业和乡村旅游精品线路和景点推介活动等，进一步扩大精品的影响力和美誉度。

三是完善公共设施。这也是我们一个软肋，要千方百计推动政策落实，整合相关项目，充分利用各方面资金，改造提升一批现代农业休闲旅游的乡村道路、停车场、用水用电、厕所、污水垃圾处理设施等。另外，也鼓励各地建设一些配套的相关设施，满足有些消费者的多样化需求。

四是提升服务水平。组织开展休闲农业和乡村旅游人员培训，我们有专门的培训项目。主要是对休闲农业和乡村旅游管理人员和经营人员进行培训，提升他们懂经营、善管理的能力。另外，我们也通过地方和各种渠道加强对从业人员的教育培训和考核，加强诚信教育、服务意识，提升服务技能，提高从业者的素质能力。我们也注重发挥协会和联盟以及中介组织的桥梁纽带作用，通过行业自律、服务和管理来提升这方面的能力。

五是传承和弘扬农耕文化。休闲农业和乡村旅游不仅要有的看、有的玩，还要有念头、有想头，要满足城乡居民对看山望水忆乡愁的需要。所以，要结合资源禀赋、人文历史、特色产业来深度挖掘农村文化，讲好自然和人文故事，把农业旅游中间加上"文化"，就是"农文旅"相结合，进一步提升休闲农业乡村旅游内涵。我们对全国做得好的一些典型案例进行分析研究，然后对一些典型案例进行推广推介。我们还有一项重要的工作就是，积极开展中国重要农业文化遗产的挖掘保护和利用。今年，要开展第五批中国重要农业文化遗产的认定工作，要开展中国重要农业文化遗产主题展活动，进一步提升对重要农业文化遗产的保护传承和开发利用。谢谢！

📷 人民网记者：

我们知道，产业兴旺离不开人才支撑。企业家作为市场的参与主体，如何调动他们参与乡村振兴和"三产"融合的积极性？

🎤 宗锦耀：

这个问题点到了关键。最近，习近平总书记刚刚在山东考察，又强调乡村振兴关键是人才。同时，提出要积极培养本土人才，鼓励外出能人回乡创业，鼓励大学生村官扎根基层，为乡村振兴提供人才保障。去年，中共中央、国务院印发了《关于营造企业家健康成长环境弘扬企业家精神更好发挥企业家作用的意见》，这是非常重要的一个文件，支持企业家、鼓励企业家、弘扬企业家精神，为企业家营造良好的环境。所以，我们部里要结合乡村实际，来认真贯彻落实总书记的指示和中央意见，实施乡村振兴战略，促进农村一二三产业融合发展，最根本的也是要靠人才。企业家是人才中的人才，是农村产业融合发展的重要主体，他们善于抓住机遇，整合资源，创造价值，担当社会责任。所以，企业家的作用非常重大，我们要弘扬企业家精神，继续让企业家放开手脚，创业创新，兴办企业，这样乡村振兴才有希望。

回顾改革开放 40 年，乡镇企业异军突起，总书记高度评价。发展乡镇企业曾经为许多国家提供了学习和借鉴的样板。乡镇企业这个名词它的本质没有变，就是农民通过多种所有制形式在乡村兴办企业，这不是乡镇办企业的意思，实际上是农民在乡村办企业。乡镇企业的发展曾经为我国市场经济体制的建立，基本经济制度的确立，多种所有制发展，工业化、城镇化，都作出了历史性的贡献。现在要提"乡村振兴"，乡镇企业的发展也为乡村振兴奠定了很好的基础。在新形势下，我们越来越多的返乡、下乡、本乡人员在农村创业创新，实际上还是办企业、办经济实体，这些创业创新人员就是产业发展的带头人。他们当中的许多人员是优秀的企业家，20 世纪 90 年代我们表彰过 1 200 名乡镇企业家，现在我们树立了 200 个创业创新带头人，这是新一代的企业家，是乡村振兴的重要人才。农村振兴不能靠传统的那一套，要通过返乡下乡人员发展现代农业，为农村发展提供新要素，注入新动能，为农民增收开辟新渠道。我们要促进一二三产业融合发展，就必须发挥这些企业家的作用。当年的乡镇企业家受尽千辛万苦，想尽千方百计，说尽千言万语，走进千山万水来艰苦创业。我们要大力弘扬这些企业家的开拓进取、艰苦创业、创新发展，专注品质、追求卓越、勇于担当的企业家精神。同时，要加快培育企业家队伍，为企业家搭建高效务实的服务平台，引导企业家爱国敬业、遵纪守法、艰苦创业、诚信守业、履行责任、服务社会。我们还要为这些乡村企业家营造健康成长的良好环境，引导更多的企业家积极投身到农村一二三产业融合发展当中，投身到农村的产业振兴中去，为加快农业农村现代化提供有力的人才支撑。谢谢！

◉ 经济日报记者：

刚才宗局长提到，农业农村部下一步要大力实施农产品加工业提升行动。请问，这个行动主要包括哪些内容？要达到什么样的预期目标？谢谢。

🎤 宗锦耀：

农产品加工业是农村产业中非常重要的产业。我前面已经提到，目前它的主营业务收入达到了 22 万亿元，是连接工农、沟通城乡的产业，是为耕者谋利，为食者造福的重要民生产业，关系到每个人的吃穿，也是国民经济重要的支柱产业，对满足人民美好生活的向往需要，提高人民生活质量和营养健康水平，对促进农业提质增效、农民就业增收、农村繁荣稳定和我国经济社会持续健康发展都有十分重要的地位和作用。同时，加工业对融合发展具有天然的连接功能，只有通过加工业前延后伸，才能延长产业链、提升价值链。所以，它发挥着引领作用。实施农产品加工业提升行动，是在落实中央1号文件提出来的要求，也是一项重大举措。目的是要引导加工业从数量增长向质量提升转变，由要素驱动向创新驱动转变，由资源环境消耗型向环境友好型转变，通过三个转变，促进农业高质量发展。党的十九大提出，我们国家经济要从现在开始转向高质量发展。这是一个转变发展思路的主题，要实现质量变革、效率变革。农产品加工业也是如此。我们要从六个方面发力，来加以提升。

一是通过协调发展促提升。要统筹初加工、精深加工和后续副产物的综合利用加工，各个环节要协调起来发展，开发多元化产品，提高产品附加值，延长产业链，提升价值链。二是通过园区聚集来促提升。引导加工企业要向园区集中，特别是向"三区三园"，粮食生产功能区、重要农产品保护区以及特色农产品优势区，现代农业产业园、科技园、农民创业园聚集发展。支持企业前延后伸，发展原料基地、农产品流通营销。三是通过科技创新促提升。突出企业创新的主体地位，攻克一批产业发展的关键共性技术难题，取得一批科技成果，加快科技成果的转化和推广。农产品加工也要搞科技研发、集成，它是一个复杂的过程，生物技术、工程技术、信息技术、环境技术都在里面，要集成创新才能加工出营养安全、美味健康、方便实惠的食品和加工制品。四是通过品牌创建促提升。要支持企业提升全程化的质量控制能力，弘扬精益求精、追求卓越的工匠精神，促进农产品加工业增品种、提品质、创品牌。五是通过绿色发展促提升。要发展绿色加工，引导企业发展低碳、低耗、循环、高效加工，形成一个绿色加工体系。这涉及食品安全问题，尤其要控制质量。农产品从生产出来到加工企业，源头原料是农产品，从头一道关就要检测，加工过程要进行质量控制，销售的产品要检测合格才能出去，还要留样，经得起追溯。这关系到人民关心的食品安全，农产品也是食品加工，是良心产业、道德产业。总书记反复强调食品安全的问题，所以我们要求企业诚信守法，要注重质量，注重产品食品安全。六是通过融合发展促提升。组织实施好一二三产业融合发展的补助政策，让农户合理分享二三产业增值的收益，特别是初加工项目这里面有财政补助，主要是给保鲜、储存、分等分级设施补助。如果不进行初加工，一方面万一卖不出去，时间长了就烂掉了；另一方面，不进行保鲜、烘干，就会发霉发烂污染环境，不仅浪费资源，还造成损失。所以，要发展初加工。

同时，要引导加工与休闲旅游、文化、教育、科普、养生养老等产业深度融合。我们要通过实施提升行动，力争到2020年能够使产业规模持续扩大，加工业转化率达到68%，规模以上主营收入年均增长6%以上，与农产品加工的比值由现在的2.2：1提高到2.4：1。同时要通过提升行动，达到结构布局不断地优化，产业的集中度、企业的聚集度明显提高，规模以上企业明显增加，实现初加工、精深加工、综合利用加工的协调发展，实行全产业链的打造，创新能力也要显著增强。刚才说了，要加快推广一批有核心技术、装备研发方面具有自主知识产权的成果。最后，要通过提升行动创建一批品牌，提升品牌，打造出一批具有广泛影响力、持久生命力国内知名品牌，生产出更多营养安全、美味健康、方便实惠的食品和优质廉价、美观实用的农产品加工制品，来满足我们老百姓不断增加的美好生活的需要。谢谢！

◎ 宁启文：

时间关系，最后一个问题。

◎ 农民日报记者：

近年来，许多大学生、农民工返乡创业给农村发展增添了新动能。请问，农业农村部在推动农村的创业创新方面有哪些具体举措？谢谢。

🎤 潘利兵：

正如您所说的，近年来许多大学生、农民工，包括科技人员、退役军人和城市里的一部分人返乡下乡到农村开展创业创新，并且成为一种新的趋势。刚才宗局长在前面介绍过，人数已超过740万。过去主要是农村向城市流动，现在有一部分人从城市又回到农村创业创新，呈现出双向流动的局面，这是一个非常好的现象。从效果来说，这部分人回去之后，直接催生出了农村新的市场主体，成为了农村新技术、新产业、新业态、新模式的承担者、使用者，甚至是创造者。我们有一个监测数据，回去创业的这部分人，从事融合发展项目的超过80%，利用互联网手段创业的超过50%，抱团创业的接近90%，这部分人确实成为农村经济社会发展的新动能，对农村来说是一个非常大的红利。政府对这个事情非常重视，国务院办公厅下发了《关于支持返乡下乡人员创业创新促进农村一二三产业融合发展的意见》，这个意见里面为返乡下乡创业创新提供了八个政策大礼包，包括市场准入、用地用电、财政税收方面，还有人员培训、社会保障、信息支撑等八个政策。下一步，农业农村部牵头促进农村创业创新这项工作，我们要以乡村就业创业促进行动为抓手，除了下大力抓好相关政策落实以外，重点围绕"由谁创、到哪儿创、创什么、怎么创"这四个问题来开展工作，加强引导推进。

第一是由谁创。我们要积极培育各类主体，以农村创业创新带头人培训以及相关项目为抓手，以全国农村创业创新项目创意大赛以及开展农村创业创新成果展示展览为手段载体，进一步培育一批农村创业创新的带头人、导师人才。第二是到哪儿创。要积极打造各类园区和基地，园区和基地是农村创业创新的主战场，那里有比较好的条件，为企业创业创新提供发展的环境更好一点。我们要进一步跟踪已经发布的1 096家全国农村创业创新园区基地运行情况，从中加快支持建设一批区域特色比较明显、基础设施比较完善、管理服务比较配套、科技创新条件比较好的一批园区基地作为样板、作为示范，起到引领示范作用。第三是创什么。要积极促进特色优势产业的发展，积极支持特色农业，支持农产品初加工、精深加工、综合利用加工以及休闲旅游和电子商务等优势产业。还要支持鼓励发展乡土产业，养生养老、科技教育以及农村生产性、生活性的一些服务业发展。最后是怎么创。要积极推动产业融合发展，要应用"三产"融合发展的理念和思路，来开展创业创新，积极培育新产业、新业态、新技术、新模式。鼓励创业创新者与农民结成稳定合理的利益连接机制，让农民分享全产业链的增值收益，带动农民增收致富。还要打造一批农村一二三产业融合发展的示范园和先导区，为农村创业创新提供一个更好的政策环境和成长条件。谢谢！

📷 宁启文：

在今天的发布会结束之前，我再向大家做一个预告。下周二19日上午10点，我们还有一场新闻发布会，由农业农村部副部长韩俊解读农村集体产权制度改革的有关情况，欢迎大家届时参加。今天的发布会到此结束。谢谢！

21. 农村集体产权制度改革进展情况新闻发布会

一、 基本情况

时　间	2018 年 6 月 19 日（周二）上午 10 时
地　点	农业农村部新闻办公室新闻发布厅
主　题	农村集体产权制度改革进展情况
发布人	中央农办副主任、农业农村部副部长　　　　　　　韩　俊
	农业农村部农村经济体制与经营管理司司长　　　张红宇
主持人	农业农村部办公厅主任　　　　　　　　　　　　潘显政

农村集体产权制
度改革进展情况
新闻发布会

二、现场实录

📷 **潘显政：**

　　女士们、先生们，新闻界的朋友们，大家上午好！欢迎各位参加农业农村部新闻办公室举行的新闻发布会。今天发布会主题是农村集体产权制度改革进展情况，为了使大家能有一个全面的了解，我们今天邀请到中央农办副主任、农业农村部副部长韩俊先生，农业农村部农村经济体制与经营管理司司长张红宇先生为我们介绍有关情况。首先请韩部长为大家介绍情况。

🎤 **韩俊：**

　　新闻界的各位朋友，大家上午好！首先欢迎大家参加今天的新闻发布会。在这儿我也对新闻界的各位朋友多年以来对我们工作的大力支持表示衷心的感谢！

　　今天新闻发布会的主题是农村集体产权制度改革。积极稳妥推进农村集体产权制度改革是以习近平同志为核心的党中央作出的一项重大部署，也是实施乡村振兴战略的重要抓手，推进这项改革对完善农村治理、保障农民权益、探索形成农村集体经济新的实现形式和运行机制具有重大意义。习近平总书记对此高度重视，在党的十九大和 2017 年中央农村工作会议上，强调要深化农村集体产权制度改革，全面开展清产核资，进行身份确认、股份量化。这些重要论述，为我们深化改革指明了前进方向，提供了根本遵循。李克强总理也多次对这项改革提出明确要求。中央农办、农业农村部落实中央决策部署，以"扩面、提速、集成"作为深化农村集体产权制度改革的行动指南，全面动员部署，广泛宣传培训，有序推进改革。总的看，改革进展平稳，成效显著。目前，全国已有超过 13 万个村组完成改革，确认集体成员超过 1 亿人。

　　2016 年 12 月发布的《中共中央 国务院关于稳步推进农村集体产权制度改革的意见》（以下简称《意见》），是指导新时期农村集体产权制度改革的纲领性文件，共有 36 项任务、涉及 31 个部门。近年来，中央农办、农业农村部会同有关部门认真贯彻《意见》精神，聚焦农村集体资产清产核资和经营性资产股份合作制改革两大重点任务，采取一系列有力措施，推动农村集体产权制度改革取得良好开局。

清产核资摸清家底，是农村集体产权制度改革的第一场硬仗。按照中央提出的"到 2019 年年底前基本完成清产核资"要求，去年我们会同财政部等 8 个部门制定了清产核资政策文件和统计报表，全面启动这项工作。今年 3 月，国务院在河北正定县专门召开清产核资工作推进会议，胡春华副总理亲自到会作了动员部署，要求各地把清产核资搞实、把权属关系理清、把集体资产管好。目前，各地正按照中央部署，全面推进清产核资各项工作。截至 5 月底，省、地市、县三级共印发清产核资实施文件 2 743 个，成立清产核资领导机构 1 988 个，召开部署会议或专题培训 6 504 次，参加会议培训人员累计 77 万人次。今年，中央财政已安排清产核资专项资金 3 亿元，省、地市、县三级财政累计安排工作经费 9.4 亿元，为清产核资提供了有力保障。

量化资产搞股份合作，是农村集体产权制度改革的重头戏。为率先探索路径、积累改革经验，早在 2015 年，中央即部署在 29 个县开展农村集体资产股份权能改革试点，经过 3 年试点探索，各项试点任务已经全部完成，取得了预期成果。29 个试点县共清查核实集体资产 1 125.6 亿元，确认集体成员 918.8 万人；共有 13 905 个村组完成改革，量化集体资产 879 亿元，累计股金分红 183.9 亿元，改革给集体和农民带来了实实在在的好处。去年，我们又选择在 100 个县扩大改革试点，目前各县均成立由县级党政主要领导任组长的改革领导机构，对改革试点作出全面部署。

按照中央有关"力争用 5 年时间基本完成股份合作制改革"的决策部署，今年我们继续扩大改革试点覆盖面，已发文确定吉林、江苏、山东 3 个省开展整省试点，河北石家庄市等 50 个地市开展整市试点，天津市武清区等 150 个县开展整县试点，目前中央试点单位共涉及 1 000 个县左右，约占全国总数的 1/3。同时，我们也鼓励地方在抓好中央试点的基础上，自主安排地方试点，结合实际扩大试点面，全国已有 18 个省份自主确定了 266 个省级试点县。

农村集体产权制度改革任务艰巨、使命光荣。中央农办、农业农村部将深入贯彻落实习近平总书记关于"三农"工作重要论述，推动农村集体产权制度改革向纵深发展，确保改革积极稳妥有序推进，按期圆满完成各项改革任务。下面，我和张红宇同志愿意回答大家的提问。

潘显政：

谢谢韩部长的介绍，下面请记者提问，请在提问前通报所代表的新闻机构。

中央广播电视总台央视记者：

去年农业部联合多部门下发了《关于全面开展农村集体资产清产核资工作的通知》，今年中央1号文件也同时对这项工作作出进一步的部署，请问中央为什么要部署全面开展清产核资工作？是出于哪些考虑？

韩俊：

在开场白里面我已经给大家作了一些背景介绍，按照中央统一部署，清产核资这项工作是从2017年开始，按照时间服从质量的要求，逐步推进。到2019年年底，用3年左右时间完成这项重要的改革任务。今年3月，在正定召开了全国农村集体资产清产核资工作推进会，做了再部署，提了新要求。这是当前中央农办、农业农村部抓农村集体产权制度改革要打的一场硬仗。之所以把这项工作摆在一个非常重要的位置，主要是基于三方面的考虑：

第一，这是推进农村集体产权制度改革的最重要的基础性工作。搞农村集体产权制度改革，首先要搞清楚集体家底有多少，到底有多少资产，这些资产归属谁。这个问题不搞清楚，集体产权制度改革就无法向前推进，也会引发很多矛盾。具体到一个村里，有的村有几十万元的集体资产，有的村有几百万元的集体资产，有的村甚至有几千万元、数亿元的集体资产，所以推进改革，首先要摸清家底，全面开展农村集体资产的清产核资。农村的集体资产包括三类：一类是资源性的资产；二类是非经营性的资产，比如学校、医院；三类是经营性的资产。要对这三类资产分类登记，建立集体资产管理台账，保护好资源性的资产，盘活经营性资产，管护好非经营性资产，这是推进农村集体产权制度改革必须要做好的一项基础性工作，这一课不能缺。

第二，这是保护农民财产权益的客观要求。2016 年年底，全国农村集体账面资产总额 3.1 万亿元，村均 555.4 万元，一些大城市的城郊村账面资产可能是 2 千万元，要评估土地的话可能就是两个亿，甚至数亿元。这么庞大的资产是亿万农民长期辛勤劳动、不断积累的宝贵财富，也是发展农村经济、实现乡村振兴、实现农民共同富裕的重要物质基础。全面开展农村集体资产清产核资，把家底搞清楚，在这个基础上把集体资产折股量化、确权到户，有利于增加农民财产性收入，切实维护农民财产权益，让农民也能够分享集体经济发展成果。媒体朋友可以去一些村做调研，有些县级市农民的每年人均分红能达到上万元。要让农民分享农村集体经济发展的成果，首先要把有多少资产搞清楚，农民要参与，要有知情权。

第三，这是加强农村集体资产管理的关键举措。当前一些地方仍然存在农村集体产权虚置、账目不清、分配不公开、管理不透明，导致集体资产被挪用、侵吞、贪占的现象时有发生，农民对此反映十分强烈，迫切需要解决。全面开展清产核资，查实集体资产的存量、价值和使用情况，建立健全集体资产的登记、保管、使用和处置各项制度，加快建设农村集体资产监管管理平台，有利于从制度上来遏制"小官巨贪"和"微腐败"，有利于让农村的集体资产真正在阳光下运行，也有利于融洽党群干群关系，增强农村基层党组织的凝聚力、战斗力。

刚才韩部长提到中央明确提出力争用 5 年左右时间基本完成经营性资产股份合作制改革，我们了解到此前农业农村部、中央农办已经组织了三批改革试点，请问这三批改革试点是什么关系？下一步打算怎么实施并按期完成这项改革？

🎤 **韩俊：**

2016 年 12 月，中央印发的《意见》明确，要先行试点，逐步推开这项改革。开展试点是我们推进农村集体产权制度改革的一个重要方法。为了推进这项改革，我们目前组织了三批试点。第一批试点是，2015 年农业部、中央农办、国家林业局确定在 29 个县（市、区）开展的农村集体资产股份权能改革试点。这项改革试点任务去年年底已经完成。我们已经进行了总结，媒体对这 29 个县改革的情况已有系统报道。第二批试点是，2017 年农业部、中央农办确定在 100 个县开展的农村集体产权制度改革试点，试点周期两年，将于今年 10 月底完成。第三批试点是，今年中央农办、农业农村部按照"扩面、提速、集成"的改革总体要求，进一步扩面的改革试点，包括吉林、江苏、山东 3 个整省试点，50 个地级市开展整市试点，150 个县级行政单位开展整县试点。三批试点加起来，共涉及县级行政单位 1 000 个左右，此外，部分省份还确定了 266 个地方试点，这三批就是"先行试点，逐步扩面"的具体体现。

这三批试点是压茬推进、逐步深化的关系。第一批 29 个试点县主要是开展集体资产权能改革试点，重点探索保障农民集体组织成员权利、发展农民股份合作、赋予农民集体资产股份权能。第二批试点在原有内容的基础上，对试点内容做了进一步拓展，包括全面开展清产核资、加强集体资产财务管理，探索确认集体成员身份、推进经营性资产股份合作制改革、赋予集体资产股份权能、发挥集体经济组织功能作用、发展壮大集体经济，内容更加丰富，要求更加全面。第三批试点主要是对标党的十九大提出的要求和今年中央 1 号文件的部署，将原来的"探索确认集体成员身份"调整为"全面确认集体成员身份"，并明确提出了开展农村集体经济组织登记有关事宜，内容进一步丰富。中央明确，到 2021 年年底要基本完成农村集体经营性资产股份合作制改革，考虑到这项改革涉及面广、情况复杂，我们确定了总体部署、重点推进、先行试点、全面展开的实施路径；建立了农村集体产权制度改革重点工作定期报告制度，要求各省每月填报工作进度、每季度报告工作进展，中央农办、农业农村部每季度通报各省工作情况。下一步，将在继续做好已有试点的基础上，逐年扩大试点范围，不断推动改革在面上推开。同时，鼓励地方结合各地实际自主扩大地方试点，确保如期完成改革任务。目前，北京、上海、浙江3省（直辖市）已经基本完成这项改革，先行试点的29个县也积累了很多可复制可推广的经验。应该讲，推进这项改革我们是有很好的基础的，步子也是比较稳妥的，到2021年基本完成改革任务是有保障的。

📷 新华网记者：

乡村组织振兴是乡村振兴的重要组成部分，目前全国农村集体资产分布在50多万个村和490多万个村民小组，我们到农村采访时发现，许多地方村组都建立了农村集体经济组织，基层干部群众反映最强烈的问题是组织无法登记注册并获得统一社会信用代码，存在参与市场竞争的障碍。请问农业农村部和中央农办如何加强农村集体经济组织建设？如何明确其市场主体地位？

🎤 韩俊：

这个问题请张红宇同志回答。

🎤 张红宇：

大家都知道，乡村振兴是时代的重要话题，具有革命性意义。乡村振兴，组织振兴是保障。今年3月8日，习近平总书记在参加山东代表团审议时，提出乡村振兴要实现五大振兴，包括产业振兴、人才振兴、文化振兴、生态振兴、组织振兴。怎么样通过组织振兴实现乡村振兴的宏伟目标？我认为发展壮大集体经济，搞好清产核资是很重要的工作。农村集体经济组织作为农村集体资产管理的主体，富有中国特色，要充分发挥联结农民的纽带作用。2016年年底中共中央、国务院下发的《意见》明确提出，有集体统一经营资产的村组，特别是城中村、城郊村、经济发达村都应建立健全农村集体经济组织。经过多年的发展，全国现在共有23.8万个村、75.9万个村民小组建立了集体经济组织，占总村数的40.7%，村民小组占比超过15%。与此同时，已有超过13万个村组通过产权制度改革，将农村集体资产折股量化建立了

股份经济合作社。正如你提到的，目前各地普遍反映，新成立的组织迫切需要办理注册登记，并取得统一社会信用代码；过去已在地方领取农村集体经济组织证明书（登记证）、组织机构代码证的组织，迫切需要进行换证赋码。

2017 年以来，为解决农村集体经济组织的市场主体地位问题，中央农办、农业农村部深入基层开展调研、认真研究各类市场主体的登记政策，在总结各地试点经验的基础上，联合人民银行、市场监督管理总局研究制定了开展农村集体经济组织登记赋码工作的文件，明确提出要落实好中央有关"现阶段可由县级以上地方政府主管部门负责向农村集体经济组织发放组织登记证书"的要求，全面开展农村集体经济组织登记赋码工作，强调各级农业农村管理部门是农村集体经济组织建设和发展的主管部门，县级农业农村管理部门负责向本辖区农村集体经济组织发放登记证书，并赋统一社会信用代码，集体经济组织可以凭登记证到相关部门办理公章刻制和银行开户等相关手续，以便发挥好管理集体资产、开发集体资源、发展集体经济、服务集体成员等方面的功能作用。开展农村集体经济组织登记赋码，是农村集体产权制度改革的重要任务，我们要求各个地方建立省级负全责、县级组织实施领导体制和工作机制，各级农业农村管理部门要充分发挥业务主管部门的作用，指导新型集体经济组织及时办理相关手续，领取《农村集体经济组织登记证》，确保其正常开展管理活动。这是个技术活，作为主管部门，我们已经印发了文件，下一步将组织开展专门培训，确保各项工作顺利有序开展。

📷 **人民网记者：**

刚才您介绍了农村集体经济组织的有关情况，我观察到目前还没有一部农村集体经济组织的专门法律，请问国家对于专门立法有何考虑？如何推进立法进程？

🎤 **韩俊：**

根据《宪法》《物权法》等法律规定，农村集体经济组织依法代表成员集体行使农村集体资产所有权，承担农村集体资产经营管理事务。农村集体经济组织是一类特殊的经济组织，它不同于公司企业，也不同于农民专业合作组织。公司企业的股权可以随时转让，可以集中到少数人手里，但农村集体经济组织的股权只能在内部流转，集体资产也不能由少数人控制；公司企业可以倒闭，但农村集体经济组织不能破产，也不能倒闭。正像你所说，目前还没有一部专门法律对农村集体经济组织的组织架构、成员身份、权责关系等作出明确规定。随着农村集体资产总量不断增加，农村集体经济组织参与市场竞争越来越频繁，对专门立法的需求也越来越迫切。党中央、国务院高度重视农村集体经济组织立法工作。2017年中央1号文件明确要求，要"抓紧研究制定农村集体经济组织相关法律"。2018年中央1号文件要求，要"研究制定农村集体经济组织法"。今年中央1号文件提到需要立法的有三项任务，第一项是粮食安全保障立法，第二项是抓紧启动制定乡村振兴法的有关工作，第三项就是研究制定农村集体经济组织法。去年10月1日开始实施的《民法总则》已经将农村集体经济组织列为特别法人，这在农村集体经济组织立法进程中具有里程碑意义。各地在推动地方立法方面已经取得了一些积极进展，党的十八届三中全会以来，上海市、江苏省、浙江省、广东省人大都颁布了《农村集体资产管理条例》，为全国农村集体经济组织立法提供了有益参考。根据中央1号文件任务分工，农村集体经济组织法的起草、制定是由中央农办、农业农村部牵头，我们已经把它作为一项重点工作，我们将认真贯彻中央要求，加强与立法部门的沟通配合，通过立法保障农村集体经济组织平等使用生产要素、公平参与市场竞争、同等受到法律保护。这是农村集体经济组织及其成员长期以来的期盼。下一步，主要开展三个方面的工作：一是推动将农村集体经济组织法列入国家立法规划；二是尽快启动立法调研，深入研究集体成员确认、责任财产界定等重点难点问题；三是在调研基础上尽快启动法律草案的起草工作，对组织登记制度、成员确认和管理制度、组织机构设置和运行制度、资产财务管理制度、法律责任制度、监管制度等作出全面的规定。

◎ 中央广播电视总台央广记者：

刚才提到党的十九大在实施乡村振兴战略中，明确提出要壮大集体经济，请问实践中各地发展集体经济有哪些好的做法和经验？下一步还会采取哪些支持集体经济发展壮大的措施？

🎤 韩俊：

壮大集体经济是引领农民实现共同富裕的一个重要抓手。根据农业农村部的统计，截至 2016 年年底，全国农村集体资产总额是 3.1 万亿元（不包括土地等资源性资产）。在统计的 55.9 万个村中，经营收益 5 万元以上的村达到 14 万个，约占总数的 1/4。集体没有经营收益或者经营收益在 5 万元以下的村有 41.8 万个，占总数的 74.8%。东部地区村均集体资产总额 1 027.6 万元，中部地区村均 271.4 万元，西部地区村均 175 万元。如果村集体没有实力，集体经济没有活力，农村基层组织就很难有凝聚力和战斗力。集体手里一把米都没有，村里很多事儿都办不了。坦率讲，乡村振兴要发挥农民、集体、社会、政府各个方面的积极性，政府不可能把村里的事儿全包了，如果村里有点实力、有点钱，这些事都可以办。所以说，壮大集体经济是中央一贯的要求。现在 74.9% 的村每年集体经营收益在 5 万元以下或者没有收益，这个占比很高。从各地实践经验来看，发展壮大集体经济可以有多种路径，每个村的路径可能都不一样。

总结各地实践，我们将其归纳为四种路径：一是利用没有承包到户的集体"四荒"地、果园、养殖水面等资源，集中开发或者通过公开招标等方式发展现代农业项目，这是目前很多村集体收入的一个重要来源；二是利用人文的、历史的良好生态资源优势发展休闲农业和乡村旅游，多数情况下是跟社会资本合作的，这方面也有很多很好的典型；三是在符合规划的前提下，利用闲置的各类房产设施、集体建设用地等，以自主开发、合资合作等方式来发展租赁物业，很多地方叫做"瓦片经济"，主要出租不动产，目前，大多数村集体的主要收入是来自租赁物业，即便是浙江、江苏苏州等集体经济非常发达的地区也是如此；四是整合利用集体积累的资金，政府的帮扶资金等，通过入股或者参股一些企业、村与村的合作、村企联建共建等多种形式来增加集体经济收入，在脱贫攻坚中这种形式是比较多的。总的看，发展集体经济可以是资产租赁型、生产服务型，也可以是企业股份型、联合发展型、农业开发型等多种形式。在实践中，各地一定要在多种联合与合作中寻求发展集体经济的新路径。中央农办、农业农村部将结合推进农村集体产权制度改革，鼓励和支持各地从实际出发来搞好统一的经营服务，盘活用好集体的各种资源资产，鼓励发展多种形式股份合作，进一步创新农村集体经济发展思路，拓宽农村集体经济发展路径，壮大农村集体经济的实力。过去一些农村集体产权是虚置的，经营收益不清，分配不公开，农民群众意见很大，滋生了一些"微腐败"，甚至"小官巨贪"。发展壮大集体经济必须要明晰农村集体资产产权的归属，要维护好农村集体经济组织及其成员的各项权益，必须建立符合市场经济要求的农村集体经济新的运行机制，一定要确保集体资产保值增值，确保农民真正受益。

■ 潘显政：

时间关系，最后一个问题。

■ 农民日报记者：

刚才韩俊副部长两次提到全面开展农村集体资产清产核资，力争到 2019 年年底基本完成，现在只剩下 18 个月也就是一年半时间了，时间已紧，任务很重。我想问，完成这项工作有没有具体的时间表、路线图？在推进工作当中，有哪些需要关注的事项？

🎤 张红宇：

农村集体产权制度改革是典型的改革深水区、硬骨头，中央非常重视。推进这项改革，打好清产核资第一仗非常重要。中央提出，从 2017 年开始，到 2019 年基本完成清产核资工作，为此我们制定了明确的时间表、路线图。2017 年伊始，我们就着手研究起草清产核资配套文件，去年年底以九部门名义印发《关于全面开展农村集体资产清产核资工作的通知》，对这项工作怎么入手、怎么清、怎么算、怎么登记都提出了明确要求。按照通知要求，这项工作分"三步走"，我们也可以把它看作"三部曲"：第一步是准备阶段，从去年开始，包括今年 3 月 29 日胡春华副总理在农村集体资产清产核资工作推进会上提出要求，到今年 4 月完成，主要就是启动部署这项工作；第二步是实施阶段，主要是怎样干好这项工作；第三步是总结阶段，主要是怎样总结好这项工作。具体来说，第一步，各地已经陆续开展清产核资部署工作，目前准备工作已经基本完成，已有 24 个省份、194 个地市、1 770 个县成立专门机构指导清产核资工作。第二步，从今年 6 月开始到明年 6 月，重点指导乡镇、村、组各级农村集体经济组织，全面清查核实资产，填写登记报表，逐级审核上报，这是清产核资工作的重中之重。4 月以来，中央农办、农业农村部连续举办三期专题培训，对全国地市以上农业系统负责同志及辅导员进行轮训，系统讲解政策和报表填制；开发完成全国农村集体资产清产核资报送系统，截至 5 月底，16.4 万个组、4.4 万个村、1 141 个乡镇完成清产核资工作，其中有 41 个县整县完成，近期即可在系统内填报并上传数据。第三步，到明年 12 月底前完成，重点是组织开展监督检查和成果验收，中央农办、农业农村部将形成报告上报党中央、国务院。

清产核资工作技术性强、工作量大，各地情况千差万别，完成这项工作难度较大。在具体工作中，要注意把握好以下几点。一是要把清产核资搞实。农村集体资产数量庞大、底数不清。这次中央部署开展清产核资，就是要下决心把集体家底的现状摸清楚。各地务必要按照中央统一部署，分类施策、分步推进，指导集体经济组织逐一盘点实物，仔细核对账簿，弄准经营性、非经营性、资源性资产的数量、归属和使用情况，清查过程要确保农民群众参与。二是要把权属关系理清。中央要求，要把全部农村集体资产的所有权，确权到不同层级的农村集体经济组织成员集体。在推进过程中，要严格按照这一要求，保持农村集体资产权属关系稳定。属于村民小组农民集体所有的，就确权到村民小组；属于村农民集体所有的，就确权到村集体；属于乡镇农民集体所有的，就确权到乡镇。这样做，也可以减少清产核资过程中的矛盾，提高工作效率。对集体资产所有权有争议的，除法律、法规已有规定的外，可以协商解决；协商不成的，可以列为待界定资产，也可以通过仲裁或司法程序解决。三是要把集体资产管好。清产核资的最终目的是管好用好集体资产，构建集体经济运行新机制。要以此为契机，健全集体资产管理各项制度，规范集体资产管理和交易行为，加快集体资产监管平台建设，推动集体资产财务管理制度化、规范化、信息化。在清产核资过程中，要同步加强集体资产管理，不能造成集体资产边清边流、边查边失的局面。虽然这项工作时间紧、任务重，但我们的工作要按照中央要求有条不紊按步推进，"三部曲"每一步都要扎扎实实搞好。

📷 **潘显政：**

今天新闻发布会到此结束，谢谢媒体朋友，谢谢韩部长、张司长。

22. 质量兴农工作新闻发布会

一、基本情况

时　间	2018 年 7 月 19 日（周四）上午 10 时
地　点	农业农村部新闻办公室新闻发布厅
主　题	质量兴农工作相关情况新闻发布会
发布人	农业农村部农产品质量安全监管局局长　　　　广德福
	农业农村部农产品质量安全监管局副局长　　　程金根
主持人	农业农村部办公厅副主任　　　　　　　　　　宁启文

质量兴农工作新
闻发布会

二、 现场实录

宁启文：

女士们、先生们，媒体的朋友们，大家上午好。欢迎参加农业农村部新闻办公室举行的新闻发布会。今天发布会的主题是质量兴农工作有关情况，农业农村部农产品质量安全监管局局长广德福先生和副局长程金根先生为我们介绍有关情况。首先，请广局长向大家通报有关情况。

🎙 **广德福：**

女士们、先生们、新闻界的朋友们，大家上午好！感谢媒体朋友们一直以来对质量兴农、"三农"工作和农产品质量安全工作的关心。今天媒体朋友到的比较多，可以说群贤毕至，这也体现了大家对农产品质量安全工作的关注。17日上午，19个部委在北京举行了食品安全宣传周主题日活动。这次新闻发布会，既是落实"农业质量年"的部署，也是食品安全宣传周农业农村部的主场活动。习近平总书记在去年年底召开的中央农村工作会议上明确指出，要坚持以农业供给侧结构性改革为主线，坚持质量兴农、绿色兴农，不断提高我国农业综合效益和竞争力，实现由农业大国向农业强国的转变。今年中央1号文件明确要求实施质量兴农战略。为贯彻落实习近平总书记指示要求和中央部署安排，农业农村部将今年确定为"农业质量年"，启动了八大行动，部署全面推进农业高质量发展，提高农产品质量安全水平，满足人民群众对美好生活的需要，为实施乡村振兴战略、培育农业农村发展新动能提供重要支撑。在各级农业农村部门的共同努力下，上半年农业农村经济高质量发展开局良好，夏粮再获丰收，结构优化、绿色发展取得明显进展，质量、品牌、效益等工作稳步提高，各方面取得了明显进展。

一是生产水平更高。牢固树立绿色发展理念，推进绿色化、标准化生产，新制定农兽药残留限量标准302项、农业行业标准125项。稳步发展绿色、有机和地理标志农产品，截至目前认证登记产品达12.2万个。选择325个粮棉油糖及园艺作物生产大县开展绿色高质高效整建制创建，推进生猪屠宰、水产健康养殖、畜禽养殖等标准化示范场创建，部署开展国家级稻渔综合种养示范区创建和循环水养殖示范。深入开展农业面源污染治理，实施化肥农药减量使用和有机肥替代化肥，在 300 个大县市开展化肥减量增效示范，支持 204 个畜牧大县推进畜禽粪污资源化利用，支持 12 个省份开展秸秆综合利用试点，推进农膜回收行动，加强耕地土壤质量保护。

二是执法监管更严。加大抽检监测和监管力度，调整完善 2018 年国家农产品质量安全风险监测计划，全国上半年共监测 153 个大中城市 92 个品种近 2 万个样品，检测指标 122 项，主要农产品例行监测合格率达 97.1%。围绕粮油、蔬菜、果品、畜禽、水产等 15 大类农产品或风险因子组织开展风险评估，及早发现问题隐患，提高风险预警能力。深入开展农药、"瘦肉精"、兽用抗生素等 7 个专项整治行动，上半年共出动执法人员 149 万人次，检查生产经营企业 76 万家次，查处问题 22 877 起，责令整改 8 957 起，严防、严管、严控农产品质量安全风险。公布十大农产品质量安全执法案例，树立了执法办案典型，有效震慑不法分子。

三是典型示范更优。新创建 21 个国家现代农业产业园，对 2017 年批准的 41 个产业园开展创建绩效评价，推动产业园在农业高质量发展上更好地发挥示范引领作用。深化国家农产品质量安全县创建工作，推动各地加大投入力度，加强监管条件能力建设，探索新的监管模式。加强区域合作联动，与北京市人民政府签署《共建北京农产品绿色优质安全示范区合作协议》，推动 36 个大中城市共同发布质量兴农倡议书。加快农产品质量安全追溯体系建设，目前国家追溯平台试运行平稳，数字监管、机器换人等新的智慧监管方式方法在地方积极涌现。加快建立农产品质量安全信用档案，已有 21 万个规模以上主体建立了信用档案。加强农产品品牌打造力度，出台加快推进品牌强农的意见，举办第二届中国国际茶叶博览会，启动贫困地区农产品产销对接行动。

四是产业素质更强。成立全国蔬菜质量标准中心，用标准提升质量安全水平，用标准引领产业高质量发展。编制农业绿色发展技术导则，开展重大引领性农业技术集成示范，组织推广 70 项绿色高效适用的农业生产技术，启动马铃薯等 11 种特色作物联合攻关。加快推进农业机械化全面发展，打造 150 个以上全程机械化核心示范基地。积极推进生产经营主体能力提升行动，发展多种形式的适度规模经营，目前各类新型农业经营主体数量超过 300 万个，全国农业生产托管面积达到 2.32 亿亩，种植业适度规模经营比重在 40% 以上。

推进质量兴农、绿色兴农，提高农产品质量安全水平，需要大家群策群力、共建共享。农业农村部按照中央要求，正在抓紧编制《国家质量兴农战略规划（2018—2022）》，积极谋划质量兴农支持政策，建立一套与实施质量兴农战略相适应的政策体系、评价体系、工作体系和考核体系。我们将继续抓好农业质量年重点任务的落实，及时总结经验，加强宣传报道，确保"农业质量年"各项举措取得实效。为了在全社会营造质量兴农的良好氛围，农业农村部决定从今年 7—11 月，组织开展质量兴农万里行活动，集中形成强大的宣传声势，从多角度展现农产品质量安全监管工作成效，从各方面提升农产品质量安全理念，科学传播质量安全知识，及时准确发布权威信息，讲好质量安全故事，提振公众消费信心。7 月 10 日，我部在福建举行了质量兴农万里行活动启动仪式，全国各地也先后开展很多宣传活动。借此机会，我们也诚挚地邀请广大消费者和媒体朋友们，走进农业生产一线，走进农产品质量安全检测机构和风险评估实验室，进行实地体验和现场指导。我们将和大家一起，共同为提升人民群众的获得感、幸福感、安全感积极努力。下面，我愿意回答大家提出的问题。谢谢！

📷 **宁启文：**

谢谢广局长。下面请记者朋友提问，提问时请通报一下自己所代表的媒体机构。

📷 **人民日报记者：**

刚才听广局长介绍，农业农村部今年修订完善了国家农产品质量安全例行监测计划，特别是扩大了监测范围，增加了农兽药残留等监测指标。请问，这次调整监测计划有什么考虑？在监测指标增加后，我国农产品的质量安全状况会有什么样的改变？您刚才提到今年上半年例行监测合格率达 97.1%，仍然有 2.9% 不合格。请问，这些不合格农产品的主要问题是什么，又是怎样处理的？

🎤 **广德福：**

谢谢您的提问。您的问题全面深入，也很专业。开展农产品质量安全例行监测是根据农产品质量安全法的规定，主要是从全国面上掌握农产品质量安全水平，也是主动发现问题、防范风险的重要手段。今年农业农村部把2018年确定为"农业质量年"，我们开展农产品例行监测也是"农业质量年"八大行动其中一项，监测是其中一项重要内容。根据我们的部署安排，今年在监测上牢固树立问题导向和底线思维，坚持发现问题是业绩、解决问题是政绩的工作理念，加大了抽检力度，扩大了监测参数。扩大的参数范围主要是增加农药和兽用抗生素等影响农产品安全水平的监测指标，这些监测指标是和老百姓日常生活密切相关的。过去，我们的监测指标是94项，2018年我们增加到122项，增加的幅度是29.8%，接近30%。这样监测的科学性、有效性、权威性、涵盖性进一步增加。今年上半年，农业农村部共组织两次例行监测，在监测参数增加近30%的情况下，农产品质量安全例行监测合格率达到了97.1%，这说明我们国家农产品的安全水平确实是在稳步提高。可以负责任地讲，我们国家农产品质量安全水平保持了稳中向好、稳中向优的发展态势。

上半年例行监测发现的主要问题是，个别产区蔬菜中豇豆、韭菜和芹菜农药残留超标，畜禽产品中禽蛋兽用抗菌药氟喹诺酮类药物（恩诺沙星、环丙沙星和氧氟沙星）残留超标和水产品中加州鲈鱼和鳊鱼兽用抗菌药氟喹诺酮类药物残留超标。这个超标有的是超范围，有的是超限量使用，有的属于违规使用，没有遵守用药间隔期、休药期。农业农村部对问题产品采取零容忍态度，即使1%的问题，也要付出100%的努力。我们采取的措施有：一是迅速将监测结果通报各地，对存在问题较多、合格率较低的省份进行重点督促，要求各地农业农村部门严肃进行查处，对监测发现的问题有针对性地跟进开展监督抽查，依法严查不合规、不守法的生产经营主体；二是坚决杜绝不合格农产品流入市场，主动加强与市场监管部门产地准出与市场准入的衔接，对不合格产品采取禁止入市销售、监督销毁和无害化处理等措施；三是举一反三，根据监测发现的问题，深入开展农药及农药残留、兽用抗菌药、"瘦肉精"、水产品"三鱼两药"等专项整治行动，加大行政执法和刑事司法衔接力度，严厉打击违法违规行为，严防、严管、严控农产品质量安全风险，让人民群众吃得安全放心。

📷 **经济日报记者：**

我们常说质量兴农，标准要先行。请问，近年来我们在完善农业标准体系方面取得了哪些进展？我们也知道，农业绿色发展是今后农业发展的重要方向，请问，下一步在标准制修订方面如何更好适应农业绿色发展需要？谢谢。

🎤 **广德福：**

谢谢您的提问。标准是质量的核心，质量的几个要素有标准、有检测、有计量、有认证，但是它的核心是标准。质量兴农首先要标准先行，农业标准是评价农产品质量安全的一个科学基础，也是我们开展例行监测、执法检查的重要依据。所以对农产品质量安全的标准，农业农村部历来高度重视。经过多年努力，我国农业标准体系框架基本形成，标准技术水平日益提升，标准化实施成效日渐显著，这些都为农业现代化发展提供了重要支撑。截至目前，我部共制定发布农业国家标准和行业标准 12 695 项，其中国家标准6 678 项，农业行业标准 6 017 项，国家标准中农药残留限量标准 4 140 项，兽药残留限量标准 1 548 项，饲料安全标准 67 项，检测方法等标准 757 项。在农兽药残留标准的制定上，我们有一套严格的程序和规范，每一项标准都是经过科学实验和风险评估得出的，并增加了 100 倍的安全阈值，与国际食品法典在制定方法上保持一致。我国目前制定的农兽药残留限量标准，基本覆盖了常用农药兽药品种和主要食用农产品种类。

下一步，我们将围绕农业高质量发展，继续在农业标准体系建设上加大工作力度，尤其是要加大绿色标准体系的建设，把健全质量标准体系和推进标准化生产作为质量兴农的重要措施，抓紧构建完善的农业质量标准体系，努力实现农产品生产有标可依、产品有标可检、执法有标可判。同时，为高质量农业、品牌化农业提供技术支撑。主要是在三方面努力：一是抓紧建立健全农产品质量标准体系，加快制修订农兽药残留、畜禽屠宰、饲料卫生安全等国家标准和行业标准，制定农产品品质营养标准，清理、废止与农业绿色发展不适应的标准和行业规范；二是全面推进标准化生产，加强标准宣传推广和使用指导，督促规模经营主体按标生产，建立生产记录台账，落实好农兽药使用间隔期、休药期等规定；三是大力发展绿色有机农产品，以生产技术规范制定为基础，加快绿色新技术的推广应用，促进农业生产标准化、绿色化，加强审核管理，开展品牌宣传，不断扩大其在国内外市场的占有率和影响力。具体到 2018 年，我们在标准制修订上提出，要实现新制修订农药残留限量标准 1 000 项、兽药残留限量标准 100 项、其他行业标准 200 项的目标，目前这项工作正在有条不紊地进行着。谢谢！

农产品质量安全是"产出来"，也是"管出来"的，执法监管在农产品质量安全方面应该说发挥着非常重要的作用。今年农业农村部提出"农业质量年"，在执法监管方面有没有什么新的部署或者举措？在"管出来"方面，我们做了哪些努力？

🎤 **广德福：**

谢谢您的问题。正如您刚才说的，农产品质量安全是"产出来"的，也是"管出来"的，执法监管在农产品质量安全上发挥着举足轻重的作用。今年年初，部里在部署"农业质量年"时提出"八大行动"，其中一项就是"农产品质量安全执法行动"。在农产品质量安全执法监管上，部里做了大量工作。比如，印发加强农产品质量安全执法工作的意见，推动各地加大执法办案力度，向社会公布农产品质量安全执法监管十大典型案例，发挥了很好的震慑作用。推进信用体系建设，目前已建立生鲜乳、兽药、农药质量"黑名单"制度，将农产品质量安全与农业扶持政策挂钩，构建"一处失信、处处受限"的联合惩戒机制。我们在加强执法监管上一个基本考虑是，坚持问题导向，始终保持高压严打态势，既要打攻坚战，又要打持久战。核心是把专项整治和日常执法监管结合起来。在专项整治上，部里今年组织安排了农药、"瘦肉精"、生鲜乳、兽用抗菌药、水产品、生猪屠宰、农资打假等专项整治行动，严厉打击违法违规行为。目前，已经广泛推行高毒农药定点经营实名购买，兽药监管领域运用大数据、云平台等现代信息技术建立起了"二维码"追溯信息系统，高毒农药和禁用兽药得到较好控制，"三聚氰胺"连续9年零检出，"瘦肉精"黑窝点生产经营链条已被切断，农产品例行监测合格率处于历史最好水平。

在日常执法监管上，现在监管、监测体系已初步建立起来，县域综合执法基本实现全覆盖，这次机构改革对推进农业综合执法做了专门部署，开展日常执法监管具备了有利的基础和条件。我们考虑重点是在严防、严控、严查、严检、严打这五个"严"字上下功夫。严防，主要是加强风险隐患排查，找准问题所在和薄弱环节，做到心中有数，防患于未然。严控，主要是抓好源头控制，加强农业投入品和产地环境管理，控肥控药控添加剂，推进减量化绿色化生产。严查，主要是建立重点监管名录，加大日常巡查检查力度，及时发现问题，督促生产经营主体按标生产、合理用药、科学施肥，落实禁限用规定和休药期、生产记录等制度。严检，主要是强化检验检测和监督抽查衔接，坚持严字当头，依托好农业综合执法机构，强化"检打联动"，监督抽查不合格的，该处罚的要从重处罚，该曝光的要及时曝光。严打，主要是强化农产品质量安全执法，严打非法添加、违规使用、制假售假、私屠滥宰等行为，加强行刑衔接，用好"两高"司法解释，严惩违法犯罪分子。我们相信，只要用好法律武器，重拳出击，重典治乱，坚决打击各类违法违规行为。通过各方面的不懈努力，主动作为、积极作为，就一定能够保障好人民群众"舌尖上的安全"。这也是我们的职责所在。谢谢！

📷 中央广播电视总台央广记者：

消费者现在对农产品质量安全追溯管理很关注。目前，农业农村部在追溯体系建设方面取得了哪些进展和成效？在构建全程监管的机制上，下一步还有什么具体的部署和安排？谢谢。

🎤 广德福：

谢谢您的问题。追溯体系建设社会都很关注，农业农村部也高度重视，这也是我们近些年抓的工作重点。建立农产品质量安全追溯体系是创新农产品质量安全监管的一个重要措施。核心是解决三个问题：一是提高监管效率，出现问题能及时锁定源头，界定主体责任，防止不合格农产品流入市场；二是促进产业进步，追溯体系会倒逼生产经营主体建立一种自律的意识，提高科学生产、绿色生产、合法合规生产的自觉性；三是提升消费信心，消费者在市场买东西，一看到有追溯二维码，心里就放心踏实。当前，农业生产规模化、标准化程度不断提高，"互联网＋"现代农业得到广泛运用，国办在2015年印发了《关于加快推进重要农产品追溯体系建设的意见》，全面推进农产品质量安全追溯的条件已经成熟。农业农村部以推进国家追溯平台建设为重点，正在加快构建统一权威、职责明确、协调联动、运转高效的农产品质量安全追溯体系，努力现农产品源头可追溯、流向可追踪、信息可查询、责任可追究。目前，开展的工作主要有：一是加强追溯管理的顶层设计，明确追溯管理总体思路和发展重点，印发《关于加快推进农产品质量安全追溯体系建设的意见》，指导全国农产品质量追溯体系建设统一有序的开展；二是建成国家追溯平台，在国家发改委的大力支持下，设立国家追溯平台建设项目，开展可行性研究和项目的设计，加快项目建设步伐。去年 6 月底，已经建成了国家农产品质量安全追溯平台，并且上线试运行；三是开展追溯平台的试运行，选择了四川、山东、广东三个省开展试运行工作，不断优化完善平台的功能和设计；四是构建追溯管理长效机制，印发《农产品质量安全追溯管理办法》，制定了国家追溯平台主体注册、标签使用等 5 项配套制度和 7 项基础标准，谋划建立追溯实施的保障机制。

我们正在采取有效措施，争取早日把国家追溯平台建成上下联通、内外联动的智慧化综合监管信息平台。重点在以下几个方面努力：一是在平台功能上，进一步优化、完善和扩充，建立数据交换与信息共享机制，推动各省份已有平台与国家追溯平台有效对接和融合，信息平台一定要共建、共享、共融；二是在制度保障上，要修改完善《农产品质量安全追溯管理办法》及配套制度标准，加快形成农产品追溯长效机制；三是在倒逼机制上，出台文件明确要求将追溯与农产品品牌推荐、认证登记等挂钩，率先将规模生产经营企业纳入追溯管理；四是在推广应用上，加强线上与线下的销售平台和商超的合作，在全国范围推广应用国家追溯平台，通过设置追溯产品销售专区专柜等形式，提高消费者对追溯产品的认知度，让好的产品卖个好价钱，调动生产经营主体纳入追溯平台的积极性。我们相信，这个追溯平台一定是政府搭台、企业唱戏、全民参与，这样平台运行才会更好。

追溯管理是加强农产品质量安全的一个重要手段，当前要重点抓好规模生产经营主体，以点带面，逐渐扩大，加快推进国家追溯平台的推广应用。针对当前我国农业生产小而分散、上市食用农产品身份不明等问题，我们经过反复研究论证，提出建立食用农产品合格证制度，总体思路借鉴发达国家工业产品合格证的理念，建立与市场准入相衔接的食用农产品合格证制度，推动生产经营主体采取一系列质量控制措施，确保农产品质量安全。生产经营主体提供合格农产品，这是法律确定的责任，我们明确要求生产经营主体经过自检合格、委托检验合格、内部质量控制合格、自我承诺合格等方式，自主出具合格证。这项工作目前在浙江、山东等六省份开展了试点，下一步将加强与市场监管部门的沟通协调，加快建立合格证与市场准入的有效衔接，通过追溯和合格证制度的双管齐下，共同推进构建从田头到餐桌的行之有效的全链条无缝监管机制。谢谢！

📷 **新华通讯社记者：**

刚才广局长提到农业农村部正在推进国家农产品质量安全县创建工作，我想了解这项工作在全国开展的情况怎么样？下一步将如何继续推进？谢谢。

🎤 **广德福：**

开展农产品质量安全县创建，这是国务院食安委确定的一个保障食品安全的重大举措。这项工作在 2014 年首次启动，首批创建了 107 个国家农产品质量安全县，在 2017 年又确定了第二批 215 个创建试点单位。创建工作开展以来，调动了基层工作的积极性。大家知道，农产品质量安全的主战场在基层，质量安全县创建是非常好的抓手，各地对这项工作非常积极、踊跃参与。通过这几年安全县的创建来看，确实达到了效果。首先调动了属地管理的积极性，各地不同程度地增加了投入，质量安全监测水平普遍提升 2 个百分点以上，现在全国农产品质量安全总体合格率是 97.1%，安全县平均99.1%，高出 2 个百分点。再就是群众满意度，通过调查，群众满意度提升16 个百分点。实践证明，质量安全县创建确实是很好的抓手，也促进了当地一二三产业融合发展，已经成为当地的一个亮丽名片。

农业农村部加大这项工作的推进力度。一是农业农村部与北京市人民政府签署共建北京农产品绿色优质安全示范区合作协议，我们想通过这项活动建立共建示范区，以点带面，示范带动，打造一个标杆。目前有几个省（直辖市），像浙江、山东、上海、北京等，提出整省整市创建，可见大家对这件事情的关注和重视，对质量安全认识的提高。二是加强考核指导。组织全国 31 个省（自治区、直辖市）、新疆生产建设兵团第二批国家农产品质量安全县创建试点单位交叉互查，保持创建的科学性和公正性。因为质量安全县的创建对当地是一个金字招牌，但不是一劳永逸，我们可以挂牌，也可以摘牌，如果出现质量安全事故，质量安全县创建牌子挂上有问题还会给你摘下来，它是动态管理，我们要进行监督。三是对这些创建县进行了培训，加大了培训力度。质量安全县创建的各级领导，尤其是安全县创建单位农业部门的主要负责人定期培训。今年以来安排了三期，去年也是安排了三到五期，把创建县这些局长都召集在一起进行培训，现场教学，示范引领，不断推动农产品质量安全县的创建水平。通过这个活动，发挥示范引领作用，把安全县的成果推广到全国，不断提高我国农产品质量安全整体水平，带动各地各省提高质量安全意识，加强质量安全监管，加大质量安全投入，保障"舌尖上的安全"。谢谢！

📷 **中国日报记者：**

今年上半年主要农产品合格率是 97.1%，我查了一下去年的数字，去年上半年是 97.6%，有一个非常小幅度的下降。最近几年基本上都是 96% 以上，今年上半年和去年上半年相比下降的原因是什么？谢谢。

🎤 **广德福：**

谢谢你的提问。今年上半年监测合格率是 97.1%，与去年同期相比略有下降，主要是因为我们增加了参数，扩大了监测范围。我们在今年年初增加参数的时候，当时研判说今年如果能保持在 96.5% 左右，处于合理的预期范围之内，应该是很好的。因为参数从 94 项扩大到 122 项，增加了近 30% 的参数，监测范围扩大很多，如和老百姓密切相关的蔬菜、水果、畜禽产品、水产品上增加很多农药残留、兽药残留等参数，扩大这么多参数，合格率有所下降是正常的。实际上与去年同口径相比，监测合格率为 98.1%，反倒增加了 0.5 个百分点。对于监测的指标，有人说你们监测的合格率达到 96%、97%，这个数字谁来信。我在很多场合讲，我们对国家农产品质量安全状况水平的好坏不能靠感觉，不能跟着感觉走，要靠事实说话、靠数据说话。农产品质量安全水平的好坏，一方面看标准。刚才经济日报记者问到标准的问题，它是一个依据。目前我们国家农产品质量安全水平的标准和国际上是基本同步的，发展的水平一致。另一方面看检测。原来食药部门现在是市场监管部门，他们也在市场抽检，卫生健康委也在抽检，他们的监测合格率也在95%、96% 左右，跟我们是接近的。三个部委在不同的市场抽检，抽检结果基本一致说明了什么？说明我们是客观、公正、可信的。但为什么会有一小点数字的偏差？因为主要是抽样环节不完全相同，代表性有差异。作为一个资源禀赋这有限的农业大国，保证 13 亿人一日三餐，按时开饭，吃饱吃好，吃得安全放心是非常不容易的，达到 97% 的成绩是相当不容易。但是我们也看到和人民群众对美好生活的追求相比，需要我们下更大的功夫，一个一个解决好问题，让消费者安全消费、放心消费。谢谢。

📷 **宁启文：**

感谢各位媒体朋友的大力支持，今天的发布会到此结束。谢谢大家。

23. 长江江豚科学考察及长江珍稀物种拯救行动实施情况新闻发布会

一、 基本情况

时　间	2018 年 7 月 24 日（周二）上午 10 时
地　点	农业农村部新闻办公室新闻发布厅
主　题	长江江豚科学考察及长江珍稀物种拯救行动实施情况
发布人	农业农村部副部长　　　　　　　　　　　　　于康震
	农业农村部长江流域渔政监督管理办公室主任　马　毅
主持人	农业农村部办公厅副主任、巡视员　　　　　　陈邦勋

长江江豚科学考察及长江珍稀物种拯救行动实施情况新闻发布会

二、现场实录

📷 **陈邦勋：**

女士们、先生们，各位记者朋友，欢迎大家来参加农业农村部新闻办公室举行的新闻发布会。今天北京大雨，大家冒雨前来，向大家表示感谢，辛苦了。今天新闻发布会的主题是长江江豚生态科学考察、长江江豚种群现状及长江珍稀物种拯救行动实施情况。发布人是农业农村部副部长于康震先生，农业农村部长江流域渔政监督管理办公室主任马毅先生。首先，我们请于康震副部长向大家通报有关情况。

🎤 **于康震：**

首先感谢大家对长江江豚保护工作的关心与支持！为落实习近平总书记"共抓大保护，不搞大开发"的要求，深入贯彻落实《长江经济带生态环境保护规划》《长江江豚拯救行动计划（2016—2025）》等相关政策，我部组织实施了"2017年长江江豚生态科学考察"。下面，我向大家简要介绍一下本次考察的情况。同时，借此机会，将我部推动实施长江珍稀物种拯救行动的工作进展向大家一并通报。

本次考察由农业农村部组织实施，参加单位包括了国内主要豚类研究机构、长江中下游各豚类保护区管理部门、渔政管理部门、公益环保组织和志愿者。长江航务局、长江海事局、长江公安部门提供了后勤支持。考察于2017年11月10日至12月31日实施，历时52天，覆盖了宜昌至上海1669公里的长江干流及洞庭湖和鄱阳湖。采用目视考察和被动声学考察相结合的方式，对长江江豚种群数量、分布特征及变动趋势进行了全面调查评估，并从宏观尺度评价了长江江豚栖息地的质量。

本次科学考察估算长江江豚数量约为1012头，其中，干流约为445头，种群趋于向受人为扰动较少的江段集中，过半数水域种群持续下降或没有发现，种群分布呈碎片化特征。洞庭湖约为110头，鄱阳湖约为457头，两湖中丰水期分布较为广泛，枯水期主要分布在河槽和大型沙坑中。考察还发现，长江江豚在长江干流内以湖北鄂州至安徽安庆江段分布密度最高，湖北宜昌至鄂州江段分布密度居中，安徽安庆至上海江段江豚分布密度最低。干流内长江江豚喜好分布在坡度平缓的自然岸带或洲滩，种群呈现围绕沙洲分布的特征。鄱阳湖是野外江豚分布密度最高的区域，洞庭湖次之，两湖是长江江豚最重要的栖息地。考察结果表明，长江江豚种群数量大幅下降的趋势得到遏制，但其极度濒危的状况没有改变、依然严峻。

为遏制长江江豚种群急剧下降的态势，农业农村部分别从就地保护、迁地保护和人工繁育等方面开展了相关工作。先后在干流及两湖建立了8处长江江豚就地自然保护区，在长江故道建立了4处迁地保护区，在人工环境中建立了3个繁育保护群体，以及在实验室条件下开展离体细胞培养和保存等研究工作。目前天鹅洲保护区的迁地种群已从1990年投放的5头增长至接近80头，何王庙及安庆西江两处迁地保护区种群数量也分别达到14头、22头，当前整个迁地保护的江豚群体数量超过100头，每年有10头左右的幼豚出生，说明长江江豚迁地保护工作已初见成效。同时，我们在人工环境中建立了3个保种群体，其中，1999年从湖北天鹅洲保护区引入武汉白鳍豚馆的雌豚于2005年成功诞下幼豚"淘淘"，"淘淘"也创造了人工繁殖淡水豚类生存时间最长的科学记录，之后人工环境中的长江江豚保种群体多次成功繁育，标志着我国在人工驯养环境下长江江豚的繁育取得重要突破。

尽管长江江豚保护工作初见成效，但其种群极度濒危的现状并未改变，针对长江江豚的保护工作仍需加强。在此形势下，我部将依照《长江江豚拯救行动计划 (2016—2025)》，开展以下工作：第一，进一步加强长江江豚就地保护工作，制定固定的考察机制，定期跟踪评估长江江豚种群数量及分布特征，切实做好长江江豚自然种群及其栖息地的保护；第二，积极推动长江江豚迁地保护工作，新建长江江豚迁地保护基地和推动长江江豚进水族馆，扩大迁地种群数量，降低系统性风险；第三，加强个体交流，强化遗传多样性管理，提高种质质量；第四，稳步推进长江江豚人工繁育研究，开展长江江豚遗传物质保存，实现多层次、多途径的长江江豚保护策略。

除了发布《长江江豚拯救行动计划 (2016—2025)》，近年来，我部还针对中华鲟和长江鲟两种国家一级保护动物，分别发布了《中华鲟拯救行动计划 (2015—2030)》和《长江鲟（达氏鲟）拯救行动计划 (2018—2035)》，并从就地保护、迁地保护、遗传资源保护与支撑保障四个方面分别开展了大量的保护工作，初步取得了一些成绩。下面，我和同事们愿意回答大家的问题。

请问于部长，我们知道，其实原农业部现在的农业农村部早在上世纪开始进行了长江江豚相关保护工作，而且也是采取了一系列有效措施，为什么正如您刚才所说的这次考察结果表明，长江江豚种群数量大幅下降的趋势得到了遏制，但是它的一种极度濒危状态仍然没有改变，而且形势依然严峻？谢谢。

🎤 **于康震：**

长江江豚的保护工作衡量它的成效，不仅要看数量，还要看种群分布结构和变化的趋势，长江干流的种群数量应该说不是太乐观，2006年考察的时候，估算是有1 225头，到了2012年降到了505头。所以，种群年下降速率大概是13.7%，可以说是急剧下降。到2017年，种群数量大概是445头，这5年从505头降为445头，可以说快速下降的趋势得到了初步的遏制或者说得到了缓解，没有说下降那么快，这5年才下降了10%。前面的一个时段是每年下降13.7%，所以说快速下降的趋势得到了缓解，就是这么来的。

我们看一下"两湖"，鄱阳湖和洞庭湖的情况，跟长江干流相比，"两湖"的情况稍微乐观一些。2012年，鄱阳湖是450头，洞庭湖大约是90头，到去年我们考察的时候，发现了鄱阳湖现在457头，持平略增，洞庭湖是110头，也是略微增加，没有降低。"两湖"的种群数量没有降低，而且是有所增加。总的来说，在过去几年，长江经济带大发展的背景下，能够取得这样的成绩，说明保护工作是见到了成效。

需要强调的是，长江江豚极度濒危的状况没有得到改变，特别是长江干流，我们只是说它的急剧下降的趋势得到了缓解，但还是在下降。所以，长江江豚极度濒危的现状并没有得到根本的缓解。原因主要是人类的活动的干扰，这个因素依然是威胁长江江豚生存状况的主要因素，像水域污染、工程建设、航运发展、过度捕捞，还有非法采砂等等这些人类活动，会直接或者间接地伤害长江江豚，压缩江豚的栖息地，栖息地质量下降，种群分布碎片化严重，干扰江豚的通讯交流，最终导致长江江豚意外死亡的现象频发，例如今年上半年发现了十几头长江江豚死亡。

随着《长江江豚拯救行动计划》的发布和实施，我部大力推进相关保护工作，从严控涉水活动开始，进一步修复长江流域的生态环境，不断恢复水生生物资源，全力保护长江江豚自然种群，争取实现长江江豚种群数量能够由减到增，保护成效更加显著。这是我们要追求的目标。谢谢。

📷 **中央广播电视总台央广记者：**

长江生态保护工作一直是社会很关心的问题，在这个保护过程中，像水生生物也是长江生态健康状况的一个重要指标。请问农业农村部近些年来在保护水生生物方面具体采取了哪些措施？谢谢。

🎤 **于康震：**

确实，长江大保护的成效怎么样，水生生物是衡量长江大保护成效的一个非常重要的指标。党的十八大将生态文明建设纳入中国特色社会主义事业"五位一体"的总体布局，习近平总书记两次主持召开推动长江经济带发展的座谈会，强调要共抓长江的大保护，为抓好长江水生生物保护工作，农业农村部坚持以严格渔政执法和加强资源保护为抓手，出台了系列的保护措施，实施了多项保护行动。

第一，深化保护工作的顶层设计。在会同生态环境部、水利部等有关部门印发《重点流域水生生物多样性保护方案》的同时，我部正组织编制长江珍稀水生生物保护工程建设规划，并研究起草了关于加强长江水生生物保护工作的意见，努力为保护长江水生生物提供更有利的政策支撑。

第二，加强珍稀物种的保护。发布并实施中华鲟、长江鲟、江豚三个物种的拯救行动计划，组织开展了水生生物资源调查活动，连续3年实施长江江豚迁地保护行动，积极推动长江江豚提升等级，加强推进中华鲟陆海陆接力保护中心建设，推动中华鲟保护区晋升国家级，启动实施了长江鲟野生种群的重建和恢复工作。

第三，不断完善禁渔期制度。进一步调整长江、珠江禁渔期制度，扩大禁渔范围，延长禁渔时间。并首次对闽江及海南省等内陆水域作出了禁渔的规定。根据2017年中央1号文件的总体部署，我们发布了《农业部关于公布长江流域率先全面禁捕水生生物保护区名录的通报》，推动自2018年1月1日起率先在长江流域332个水生生物保护区逐步实行全面禁捕，今后长江流域新设立的水生生物保护区自动纳入禁捕范围，尽量减少人类活动对水生生物的不利影响。联合四川、贵州两省成功实现了赤水河流域全面禁渔十年试点，在这个试点基础上组织起草了长江流域重点水域禁捕补偿制度实施方案，积极推动长江流域重点水域实现合理期限的全面禁捕，加快推进捕捞渔民的退捕转产，努力让长江水生生物得以休养生息。

第四，加大渔政执法监管力度。启动实施"中国渔政亮剑2018"——春季禁渔同步执法行动，在渔政特编船队组织构架下，组织渔政、公安、水警、海事等多个部门执法力量，分别在长江上中下游、珠江、淮河以及鄱阳湖、洞庭湖七个地方同步开展渔政执法交叉检查和跨区域联合执法。以零容忍的态度坚决清理涉渔"三无"船舶、"电毒炸"和"绝户网"，严厉打击违法违规行为。

第五，完善流域生态补偿措施。组织开展渔业资源与环境常规监测，编制发布长江流域渔业生态公报，为有关部门和科研单位提供基础数据，严把涉水水生生物保护区专题审查关口，从源头防控工程建设的不利影响，督促涉水水生生物保护区项目落实生态补偿措施，会同有关部门开展"绿盾行动"，排查涉保护区违法违规行动，并挂牌督办整改。

最后，探索长江保护的新机制。与交通运输部签署共同开展长江大保护的合作框架协议，与三峡集团公司签署修复向家坝库区渔业资源及珍稀特有物种合作框架协议。整合资源，发挥社会公益组织力量，动员社会力量，在湖北何王庙、江西湖口和安徽安庆试点将捕捞渔民转为护鱼员，共同加强长江大保护。谢谢。

📷 **中国日报记者：**

近年来，有许多人呼吁将长江江豚升级为国家一级重点保护动物，请问这项工作有没有取得一些进展？谢谢。

🎙 **马毅：**

大家都知道，我们国家于1988年颁布了野生动物保护法，在1989年经国务院批准，我部与原国家林业局联合发布了重点保护野生动物的名录，把长江江豚列为国家二级保护动物。根据江豚的濒危程度和保护工作的需要以及社会各界的呼声，2014年农业部发布《关于进一步加强长江江豚保护管理工作的通知》，要求按照国家一级重点保护野生动物的标准实施最严格的保护和管理措施。去年5月，我们长江办在上海组织了专家对江豚升级为国家一级保护动物进行了专题认证。目前，农业农村部正在会签国家林草局，报请国务院将长江江豚升级为国家一级保护动物。这项工作社会公众和新闻媒体很关注，一旦有新的进展，我们将第一时间告诉大家，谢谢。

📷 **人民网记者：**

社会公众对于长江江豚繁育和保护是非常关注的，尤其对于有"长江女神"的白鳍豚关注更多一些，之前有消息说，长江白鳍豚处于功能性灭绝，但是近些年来陆陆续续还有一些关于它的消息，我们关心的是长江到底有没有白鳍豚，如果有的话，对于它的保护和繁育工作情况是什么样的？

🎤 **于康震：**

社会公众对于长江江豚、白鳍豚这么关注，我想其中有一个原因，就是它们非常美，长江江豚很多同志可能看到过，它们天生有一张笑脸。白鳍豚就更美了，刚才你说了有"长江女神"的称誉，很遗憾，我只见过标本，没有见过活体，标本看上去真的是非常美，可以想象它活体的时候更美了，确实名副其实的"长江女神"。虽然从 2007 年白鳍豚被宣布为功能性灭绝，已经过去 11 年了，但是政府部门和社会有关方面一直没有放弃对白鳍豚的追寻。2017 年长江江豚科学考察中，就明确将搜寻白鳍豚列为考察的主要内容之一。今年 4 月 18 日，我在媒体上看到了这个消息，有社会组织宣称在安徽省的芜湖市板子矶水域拍摄到了疑似白鳍豚的照片，再度引起了社会的广泛关注。获悉发现疑似白鳍豚照片以后，我们农业农村部立即组织淡水豚类研究专家进行了辨识，虽然因清晰度不够，无法得出明确的结论，但是我们本着绝不放弃任何一丝挽救白鳍豚的可能性这一原则，立即组织有关专家和管理机构，并邀请志愿者代表一同前往该水域对白鳍豚进行了应急考察。但是，非常遗憾地告诉大家，这次考察也并没有发现白鳍豚存在的有力证据。如果发现了以后，我们对白鳍豚应该怎么保护，目前我们已经制定了以发现白鳍豚、加强长江淡水豚栖息地保护为目标的应急保护工作方案，一旦确认白鳍豚的存在，将按照《中国水生生物资源养护行动纲要》的要求，立即启动白鳍豚应急保护计划，通过实施专项救护活动，严格划定保护区，实施特别保护等，我们采用一切可以实施的措施和手段，尽可能挽救这一珍贵的物种。谢谢大家。

📷 **人民网人民视频记者：**

我们看到网上一些报道，在今年 4 月 11 日很多的国内外的科研人员发现长江江豚和海洋江豚已经形成了自己稳定的遗传分化的支系，包括长江江豚已经有自己进化的支系，发现这样一个观点之后，对于江豚的保护和我们对于它的措施都意味着什么？谢谢。

🎤 **马毅：**

这是个专业性较强的问题，在学术上还有一定的争论，可以和新闻办联系，我们可以推荐专家回答你这个问题。

🎤 **于康震：**

我也看到了，不论在学术会议上还是学术文章上，把全球的豚类几个支系区分了一下，从科学上是有一定价值的。

📷 **陈邦勋：**

还在科学探索研究之中。

📷 **农民日报记者：**

我有两个问题，我们都知道长江中除了白鳍豚和江豚，还有中华鲟、长江鲟、白鲟这三种国家一级保护动物。目前，它们的状况怎么样，我们进行了怎样的保护？未来还有哪些工作上的计划？谢谢。

🎤 **于康震：**

确实，长江里宝物很多，除了我们刚才讲到的江豚、白鳍豚之外，还有很多长江或者中国特有的珍稀的水生生物，大家可能听说过长江流域的一个比较著名的俗语，叫做"千斤腊子，万斤象"，这个"腊子"指的是中华鲟，"万斤象"指的是白鲟，白鲟号称是"淡水鱼之王"，所以我就先说说白鲟。从 20 世纪 90 年代开始，白鲟就非常的稀少，我是没有见到过。2003 年，就是 15 年前，最后一次发现白鲟的活体，到现在已经连续 15 年没有再见到白鲟的踪迹。中华鲟个体很大，可以长到一千多斤，我给大家介绍两个方面的情况。一是中华鲟繁殖群体变动的情况。葛洲坝截流的初期，每年能够到葛洲坝下的繁殖群体，那个时候是 2 176 尾，到了 2013 年，也就是 5 年前，能到葛洲坝下的中华鲟的繁殖群体已经降到了100尾以下，去年只有20几尾，这是繁殖群体变化的情况。二是自然繁殖情况。我们定期对长江中华鲟进行监测，主要在长江的下游。2015年和2017年，我们没有监测到中华鲟在长江的自然繁殖活动，也就是没有小的中华鲟了。但是2016年我们幸运地监测到了中华鲟在葛洲坝以下的自然繁殖，但是产卵的规模非常小。总体来看，中华鲟的自然繁殖已经由原来的年际间连续繁殖变为现在的偶发性繁殖。所以这两方面的情况说明，中华鲟的野生群体，如果单靠自然繁殖，灭绝的风险非常大，所以物种状况堪忧。

为了保护中华鲟，我部发布实施了《中华鲟拯救行动计划》，三年来，我们主要开展了以下工作：一是就地保护方面，积极推进提升中华鲟保护区的等级，全面实施中华鲟产卵场和早期资源量的监测，大力开展中华鲟人工增殖放流，我们只能用人工的办法繁殖它，前面自然繁殖已经说了，靠不住；二是在迁地保护方面，实施人工保护性养殖、自然水体迁地保护和海洋河口水体驯养保护三大行动；三是在遗传资源保护方面，我们现在正在通过现代生物学的研究探索中华鲟的异种生殖技术，缩短中华鲟初次性成熟的时间，努力为中华鲟物种的延续探索新的途径；四是在支撑保障方面，我们成立了中华鲟保护联盟，创新保护机制，整合各方资源，推动成果共享，研究并落实了一系列的具体保护措施，动员社会力量保护和拯救中华鲟这一珍稀物种，大家想看中华鲟，北京动物园就有好几条，大的也有上千斤，非常壮观，可以看到。你还提到了长江鲟，长江鲟是我国特有的物种，而且仅在长江流域发现，主要在金沙江下游和长江中下游、干流以及主要支流。20世纪末长江鲟的自然繁殖活动就停止了，近年来长江鲟的野生种群已经基本绝迹，人工保种的野生个体也只有20尾左右，就是说，目前世界上野生的长江鲟就这20尾，而且这20尾现在已经进入了高龄阶段，所以物种的延续面临着严峻的挑战，保护的形势十分紧迫。为了保护长江鲟，今年5月我部发布了《长江鲟拯救行动计划》，并在四川省宜宾市实施了最大规模的增殖放流活动，5月我们一次放流了85 000多尾不同规格的长江鲟，当然是人工繁殖的，其中50尾是一米以上已经具备自然繁殖条件的成体亲本，有5 000尾20厘米以上的比较大规格的幼鱼，同时我们还在这批长江鲟的身上加载了跟踪监测的装置，用了高科技手段，目前，一直在进行跟踪监测，后期将有针对性的加强重点水域水生生态环境的修复和执法管理。

下一步，我部将继续针对中华鲟和长江鲟两个物种拯救行动计划，重点开展以下几方面工作。中华鲟保护工作方面，一是在长江和近海水域建立中华鲟自然种群监测评估与预警体系，就地保护中华鲟自然种群及其关键的栖息地；二是在三峡水库、长江故道、河口、近海等水域建立中华鲟接力保种基地，模拟中华鲟生活史的关键阶段，通过人工技术条件来满足中华鲟江海洄游习性的需要；三是制定中华鲟规模化增殖放流规划，确保中华鲟野生群体能够获得有效的补充，为未来中华鲟野生种群自我维持奠定基础。在长江鲟保护方面，一是在长江上游自然江段实施长江鲟幼鱼和亲本的规模化增殖放流，科学监测评估长江鲟种群重建的效果；二是在长江上游、干支流，像三峡水库等水域建立若干个驯养繁育基地；三是建立人工群体和放流群体的遗传资源库，实现对放流个体的遗传谱系跟踪管理。谢谢。

📷 陈邦勋：
下面提最后一个问题。

📷 澎湃新闻记者：
和长江江豚一样，现在海洋江豚的生存状况也不容乐观，请问海洋江豚如何保护呢？谢谢。

🎤 马毅：
我们长江办主要工作是保护长江江豚，当然我以前工作是在渔政局，也做过一些海洋的生物保护工作。海洋江豚对海洋生态系统具有重要的意义，保护工作也非常重要，多年来，我部一直非常重视，与中华白海豚等相关保护工作协同部署，通过加强栖息地保护管理、降低捕捞强度、开展增殖放流等措施减少人类活动干扰，为海洋豚类营造更好的生存环境。但是今天发布会的主题还是讲长江江豚，我还是重点介绍一下如何加强长江江豚的保护。长江江豚的总体情况刚才部长也介绍了，接下来，对长江江豚的保护工作我们将重点围绕以下几个方面开展。

第一，**加强重点水域栖息地的保护**。因为长江江豚是长江生态系统中的顶级物种，对它的栖息地保护和恢复，能够带动对食物链下端的其他生物的栖息地环境保护恢复，就是说我们着眼于整体保护系统修复。现在已经建了一些江豚保护区，下一步我们将推进提升对这些保护区的保护等级，加大保护和建设的力度。同时，对于没有建立保护区的江豚分布密集区域，我们要抓紧采取限制开发、降低影响等针对性强的栖息地保护措施。

第二，**实施生态修复工程**。对一些破坏比较严重的曾经又是长江江豚重点分布的区域采取清退违法围垦、清理非法码头、撤并小码头等措施，再通过工程修复的技术手段，实施洲滩的保护和恢复，提高生境的适合度，让长江江豚再能够回到昔日的美丽家园。

第三，**严厉打击非法采砂和破坏岸坡等行为**。江里挖砂对江豚的生境影响非常大，今年我们长江办和长江的公安、海事、航运等部门共同组建了长江渔政的特编船队，加大了执法力度，特别对我刚才讲的像挖砂等对江豚生存影响大的违法行为加大了打击力度。

第四，**严控涉水工程建设和水体污染**。对涉及长江江豚等重点水生生物保护水域的工程建设，严格把好审查关口，同时我们会同有关部门，严格排污口管理，严厉打击不达标的污染排放行为。

第五，**加快推进禁渔工作和严格渔政执法**。中央1号文件已经明确，我们在长江的保护区率先实行禁渔，我们将加快推进长江重点水域的常年禁捕工作。同时，我刚才也讲了，在执法力量上会加强对电、毒、炸等酷渔滥捕违法行为的打击，并持续保持高压态势。当然还有一个很重要的方面，我们尽量动员社会力量积极参与，把大家对江豚的爱护转化为我们共同的保护行动，这个过程中非常需要我们各位媒体朋友们的大力支持。谢谢。

◉ 陈邦勋：

在结束今天新闻发布会之前，给大家发一个预告：本周四26日上午10点在这里有一场农业污染防治专题新闻发布会，欢迎各位记者朋友参加。今天发布会到此结束。谢谢。

24. 农业生态环境保护工作有关情况新闻发布会

一、 基本情况

时　间	2018 年 7 月 26 日（周四）上午 10 时	
地　点	农业农村部新闻办公室新闻发布厅	
主　题	农业生态环境保护工作有关情况	
发布人	农业农村部科技教育司司长	廖西元
	农业农村部种植业管理司副司长	杨礼胜
	农业农村部畜牧业司副司长	王俊勋
主持人	农业农村部办公厅副主任、巡视员	陈邦勋

农业生态环境保
护工作有关情况
新闻发布会

二、现场实录

📷 陈邦勋：

女士们、先生们、各位记者朋友，大家上午好，欢迎来参加农业农村部新闻办公室举行的新闻发布会。今天发布会的主题是农业生态环境保护工作有关情况，发布人是农业农村部科技教育司司长廖西元先生，种植业管理司副司长杨礼胜先生，畜牧业司副司长王俊勋先生。下面先请廖西元先生向大家通报有关情况。

🎙 廖西元：

女士们、先生们，新闻界的朋友们，大家上午好。感谢媒体朋友们一直以来对农业生态环境保护工作的关心。为贯彻落实《中共中央国务院关于全面加强生态环境保护坚决打好污染防治攻坚战的意见》和全国生态环境保护大会精神，农业农村部近期出台了《关于深入推进生态环境保护工作的意见》，全面部署农业生态环境保护工作。

农业农村生态环境保护是新时代生态环境保护的重要内容。习近平总书记指出，农业发展不仅要杜绝生态环境欠新账，而且要逐步还旧账，要打好农业面源污染治理攻坚战；推进农业绿色发展是农业发展观的一场深刻革命。农业农村部将农业生态环境保护工作摆在农业农村经济发展的突出位置，2015年打响了农业面源污染治理攻坚战，提出了到2020年实现农业用水总量控制、化肥农药使用量减少、畜禽粪便秸秆地膜基本资源化利用的"一控两减三基本"的目标任务，2017年进一步聚焦重点领域和关键环节，启动实施了畜禽粪污资源化利用、果菜茶有机肥替代化肥、东北地区秸秆处理、农膜回收和以长江为重点的水生生物保护行动等农业绿色发展五大行动。

农业面源污染防治工作扎实推进，农业绿色发展理念日益深入人心，制度的"四梁八柱"已经构建起来，一批样板模式显现出来，农业发展方式更绿了。2017年我国水稻、玉米、小麦三大粮食作物化肥利用率为37.8%，农药利用率为38.8%，化肥农药零增长提前三年实现。规模化养殖污染防治有

序推进，以农村能源和有机肥为主要方向的资源化利用产业日益壮大。秸秆农用为主、多元发展的利用格局基本形成，农膜回收体系和能力不断加强。

下一步，我们将以习近平生态文明思想为指引，进一步做好农业农村生态环境保护工作，打好农业面源污染防治攻坚战，全面推进农业绿色发展。重点抓好五项工作。

第一，要加快构建农业农村生态环境保护制度体系。制度才能管根本、管长远。一是构建农业绿色发展制度体系。贯彻落实中办国办、印发的《关于创新体制机制推进农业绿色发展的意见》，建立农业产业准入负面清单、耕地轮作休耕、畜禽粪污资源化利用等制度。二是构建农业农村污染防治制度体系。推动建立工业和城镇污染向农业转移防控机制，构建农业农村污染防治制度体系，加强农村环境整治和农业环境突出问题治理，加快补齐农业农村生态环境保护突出短板。三是构建多元环保投入制度体系。建立健全以绿色生态为导向的农业补贴制度，推动中央资金投入向农业农村领域倾斜。培育新型市场主体，推动农业农村污染第三方治理。

第二，要着力实施好农业绿色发展重大行动。推动农业绿色发展是解决农业农村污染问题的根本之策。一是强化畜禽粪污资源化利用。以资源环境承载力基准，优化畜禽养殖区域布局，全面落实畜禽粪污资源化利用地方政府属地管理责任和养殖场户主体责任，支持畜牧大县整县推进畜禽粪污资源化，推动形成畜禽粪污资源化利用可持续运行机制。二是强化化肥农药减量增效。继续实施果菜茶有机肥替代化肥、化肥农药使用量零增长行动，加大农作物病虫害绿色防控力度，在150个重点县开展果菜茶全程绿色防控试点。三是强化秸秆地膜综合利用。以东北、华北地区为重点，建设150个秸秆综合利用试点县，打造20个典型示范样板。做好100个地膜治理示范县建设，构建加厚地膜推广应用与地膜回收补贴挂钩机制，开展地膜生产者责任延伸制度试点。

第三，要稳步推进农村人居环境改善。改善农村人居环境，是乡村振兴的重大任务。一是落实《农村人居环境整治三年行动方案》。加强优化村庄规划管理，加大农村垃圾污水治理力度，推进厕所革命，提升村容村貌，打造一批美丽休闲乡村和精品旅游景点，把农村建设成为农民幸福生活的美好家园。二是建立农村人居环境改善长效机制。发挥好村级组织作用，增强村集体组织动员能力，支持社会化服务组织提供垃圾收集转运等服务，同时鼓励农民投工投劳，开展环境整治。三是总结推广典型经验。学习借鉴浙江等先行地区经验，开展农村人居环境整治争创示范活动，通过试点示范不断探索积累经验，及时总结推广一批先进典型。

第四，要大力推动农业资源养护。耕地、淡水和农业生物资源是农业发展的基础。一是加快发展节水农业。推进高标准节水农业示范区建设，推广节水品种、喷灌滴灌、水肥一体化等旱作农业技术。二是加强耕地质量保护与提升。全面提升耕地质量，加强农田水利基本建设，加强旱涝保收、高产稳产高标准农田建设。以任务精准落实到户、补助资金精准发放到户为重点，完善轮作休耕制度。三是强化农业生物资源保护。加强水生野生动植物栖息地和水产种质资源保护区建设，大力实施增殖放流，完善休渔禁渔制度，合理布局水产养殖空间，深入推进绿色健康养殖，严厉清理整治"绝户网"。加强种质资源收集与保护，防范外来生物入侵。

第五，要显著提升科技支撑能力。科技创新是破解环境污染和资源约束的关键。一是突出创新联盟作用。依托畜禽养殖废弃物等国家科技创新联盟，开展产学研企联合攻关，合力解决农业农村污染防治技术瓶颈问题。二是加强产业技术体系建设。实施《农业绿色发展技术导则（2018—2030年）》，推进现代农业产业技术体系与农业农村生态环境保护重点任务和技术需求对接，促进产业与环境科技问题一体化解决。三是集成推广典型技术模式。发布重大引领性农业农村资源节约与环境保护技术，加强集成熟化，开展示范展示，推介一批优质安全、节本增效、绿色环保的主推技术。下面，我和我的同事愿意回答大家的提问。谢谢大家！

📷 陈邦勋：

谢谢廖西元先生的通报。下面请记者提问，请大家注意两个问题，第一是我们要围绕今天发布会的主题提问，第二是提问的时候请通报自己所代表的新闻机构。

📷 经济日报记者：

我们了解到目前全国正在开展第二次污染源普查工作，想请问廖司长，我们农业农村部在农业污染源普查方面有哪些安排？谢谢。

🎤 廖西元：

感谢您的提问。农业源污染监测是一项长期性、基础性工作，有利于全面掌握我国农业污染现状，准确判断当前农业环境形势，是督促和引导各地区推进农业污染防治工作的指示器和风向标，我们在 2007 年第一次全国污染普查基础上，构建了全国农田面源污染国控监测网络，开展长期监测。结果显示，2013 年以来农田总磷排放量开始下降，总氮排放量趋稳。目前我们按照第二次全国污染源普查的总体安排和要求，启动农业污染源普查工作。一是构建工作机制，成立了由分管副部长任组长，相关司局参加的第二次全国农业污染源普查推进工作组，负责全国农业污染源普查工作协调、指导、监督。成立了第二次全国污染源普查专家组，加强技术支撑为各地农业污染源普查工作提供技术指导。二是加强总体方案设计，在全国设置涵盖主要种植模式，畜禽养殖、水产养殖模式的原位监测点，其中种植业源 300 个，畜禽养殖业源 210 个，水产养殖业源 186 个，开展重点监测，结合农业生产活动抽样调查，测算农业源氮磷水污染物产生和排放情况，选取 260 个县开展地膜使用和残留情况调查监控，选取 120 个县开展秸秆产生和利用情况调查监测。三是强化工作部署。推动各级地方农业部门成立农业污染源普查机构，按照统一规定和要求，组织和协调本辖区的农业污染源普查工作，开展农业污染源普查机构、技术骨干以及省级普查培训师资的培训。

下一步我们将加大工作力度，狠抓工作落实，严格按照第二次全国污染源普查的时间节点要求，高质量完成农业污染源普查工作。一是全面推进普查。按照统一技术规范要求，建设种植业、畜禽养殖业、水产养殖业原位监测点设施，开展原位监测，获取产排污系数，开展抽样调查，获取农业生产活动基础数据，建立农业污染源质量档案，完善农业污染源信息数据库和监测管理平台。二是加强质量控制。建立覆盖农业污染源普查全过程的"国家—地方—实施机构—实施人员"四级联动质控工作机制，组建质控专家组，确保普查工作质量全程痕迹化管理，数据质量全程可追溯。三是做好总结发布。认真做好农业源产排污测算工作，摸清种植业、畜禽养殖业和水产养殖业生产过程中主要污染物产生量、排放量、地膜使用量和残留量、秸秆产生量和利用量。按照第二次全国污染源普查方案和分工安排，会同有关部门做好农业污染源普查结果发布工作。谢谢！

◎ 中央广播电视总台央视记者：
　　廖司长刚才提到我们已经实现化肥农药使用零增长，这是一个可喜的成绩，但是化肥农药的使用量仍然不小，我们也了解到中央明确提出要减少化肥农药使用量，增加有机肥的使用量，请问农业农村部如何贯彻这一要求，在深入推进化肥农药减量增效方面有什么打算？

🎤 廖西元：
　　谢谢你，这个问题请我们种植业司的杨礼胜副司长回答。

🎤 杨礼胜：
　　2015 年以来，农业农村部开展到 2020 年化肥农药使用量零增长行动，取得明显成效，有两个表现：一是化肥农药使用量少了，2017 年农药使用量连续三年减少，化肥使用量连续两年减少，应该说提前三年实现了行动的目标，这是一个重要转变；二是化肥农药的利用率提高了，刚刚廖司长也提到，到 2017 年三大粮食作物化肥利用率是 37.8%，农药利用率是 38.8%，

化肥利用率比 2015 年提高了 2.6 个百分点，农药利用率比 2015 年提高 2.2 个百分点，成绩来之不易。但这是阶段性的成效，要把这一成效巩固完善，持续推进，由零增长提升为负增长还需要付出艰苦的努力。下一步，我部在工作上重点抓好"三聚一创"。一是聚焦重点，前面谈到三大粮食作物，下一步的重点是果菜茶等化肥使用量大的园艺作物，特别是核心产区、核心产地和品牌基地。二是聚合资源，充分利用我部现有的项目渠道，特别是畜禽粪污资源化利用，秸秆综合利用，黑土地保护利用和果菜茶有机肥替代化肥等项目，支持农民和新型经营主体有机肥就地还田利用。三是聚集力量，努力构建政府引导、企业主体、涉农部门参与，上下联动，多方支持的工作格局，共同推进化肥农药减量增效。四是创新机制，重点扶持一批社会化服务组织，开展化肥统配统施，病虫害统防统治工作，通过政府购买服务、财政补助、金融创新等方式引导社会资本参与化肥农药的减量增效工作。谢谢！

📷 **光明日报记者：**
我们知道 2016 年中央财经领导小组会议曾经专题研究过畜禽粪污资源

化利用的问题，农业农村部去年也专门启动了畜禽粪污资源化利用行动，请问这项工作目前进展如何？下一步有什么打算？谢谢。

🎙️ **廖西元：**

谢谢你的提问，这个问题请王俊勋副司长回答。

🎙️ **王俊勋：**

谢谢你对畜禽粪污资源化利用工作的关心。2016 年 12 月，习近平总书记主持召开了中央财经领导小组第十四次会议，专题研究了畜禽养殖废弃物资源化利用工作，农业农村部认真贯彻落实习近平总书记重要指示精神，坚持政府支持、企业主体、市场化运作的方针，以畜牧大县和规模养殖场为重点，以就地就近用于农村能源、农用有机肥为主要使用方向，采取有力措施，积极推进，力争"十三五"时期基本解决大规模畜禽养殖场粪污处理和资源化问题。一年来，一是完善制度安排。国务院办公厅印发了《关于加快推进畜禽养殖废弃物资源化利用的意见》，明确了环评制度、监管制度、属地管理责任制度、规模化养殖场主体责任制度、绩效评价考核制度和种养循环发展机制，构建起"四梁八柱"的制度框架体系。二是扎实推进大县治理。在国家发展改革委、财政部的支持下，启动畜禽粪污资源化利用项目，截至目前已支持了 300 个畜牧大县整县推进畜禽粪污资源化利用。选择了北京、天津、江苏、浙江 4 个省（直辖市）开展整省整市推进，石家庄市、驻马店市、襄阳市等 5 个地级市开展了整市推进，集中力量办大事。三是促进末端利用。在肥料化利用方面，实施有机肥替代化肥行动，支持果菜茶核心产区和知名品牌生产基地使用畜禽粪污为主要原料的有机肥。在能源化利用方面，支持建设规模化生物燃气，大型沼气工程 500 多个。四是创新监管手段。建立畜禽规模养殖场直联直报信息系统，实现畜牧大县、规模养殖场监管全覆盖，对大规模养殖场进行在线监管。下一步，我们将加强绩效考核和责任落实，强化政策激励和引导，全力推动畜禽粪污资源化利用工作。一是落实属地责任管理。联合生态环境部对省级人民政府畜禽养殖废弃物资源化利用工作开展考核，对工作进展情况和工作目标完成情况进行综合评价，推动省、市、县签订目标责任书，落实属地管理责任，目前考核办法和实施方案已经印发，启动了考核工作。二是加强工作指导。以畜禽粪污资源化利用整县推进项目为抓手，支持规模化养殖场和第三方处理机构粪污资源化设施建设，提升资源化利用能力，探索完善畜禽粪污资源化利用市场机制。三是促进种养循环发展。要求畜牧大县制定种养循环发展规划，促进种养业在布局上相协调，健全完善畜禽粪污还田利用和检测标准体系，引导农民科学合理使用有机肥。谢谢。

📷 澎湃新闻记者：

关于农村生态环境治理中，病死动物的无害化处理的问题，据澎湃新闻近期报道，内蒙古自治区鄂尔多斯市的贫困县杭锦旗有多位养殖大户，农牧民举报，此前跟牧业公司合作的时候，不明原因发生了大规模的死羊事件，有数万只病死羊未经过处理就埋在草场内，他们现在请求帮助处理。请问类似的情况该如何处理？谢谢。

🎤 廖西元：

感谢你的提问，这个问题请王俊勋副司长回答。

🎤 王俊勋：

谢谢你的提问。因为病死畜的无害化处理也是我们一直关心和关注的一件事情，农业农村部在这方面已经做了全面的部署和安排，各地严格落实有关法规和政策要求，在机制建设方面取得了积极成效。你提到的内蒙古病死羊和处理有关情况，我们将进一步就有关情况进行核实和了解，包括你刚才提到的大批死羊的一些具体的数据，希望会后进一步与你进行沟通。谢谢。

📷 中央广播电视总台央广记者：

刚才廖司长提到了我国秸秆综合化利用取得了明显进展，但是在一些地方，像秸秆的乱堆乱放和焚烧还是存在的，特别是像东北地区还是比较突出，我们接下来将采取哪些措施推进这方面的工作？谢谢。

🎤 廖西元：

感谢您的提问。近年来，我们国家粮食年年丰收，产生的秸秆数量十分庞大。据统计，2016 年全国主要农作物秸秆可收集资源量 8.24 亿吨，综合利用率每提高一个百分点就意味着我们要处理 800 万吨秸秆量，随着经济社会的发展，农民使用商品能源量逐步增加，导致秸秆炊事采暖用量不断减少，此外秸秆具有季节性特点，茬口紧，离田、还田储运成本高，综合利用难度大，为解决秸秆利用问题，我们坚持农用为主，五化并举，不断加大工作力度，创新实用技术，探索有效模式，扎实推进各项工作。一是强化政策扶持，会同财政部设立秸秆综合利用专项，2016 年以来投入资金 38 亿元，补助支持 200 多个县开展秸秆综合利用，加大秸秆还田、离田等机具补贴力度。2017 年共安排秸秆粉碎还田机、捡拾打捆机购置补贴 4.6 亿元。江苏、安徽等省对农作物秸秆运输车辆免收车辆通行费。二是实施东北秸秆处理行动，针对东北地区秸秆总量大，还田腐熟慢，离田成本高等突出问题，我们开展东北地区秸秆处理行动，重点围绕提高秸秆农用水平、收储运专业化水平，综合利用标准化水平和市场化利用水平，建立了 71 个示范县，打造了 20 个样板县。三是强化技术支撑，在现代农业产业技术体系内增设秸秆综合利用岗位科学家，推动组建东北区域玉米秸秆综合利用协同创新联盟，开展科技攻关，组织专家组与 12 个试点省份开展技术对接，印发秸秆全量化利用技术导则，发布秸秆农用十大模式，加快技术模式推广应用。

虽然目前秸秆综合利用取得了阶段性进展，但由于秸秆面广量大，种类多，季节性强，各地水热条件差异等因素，当前秸秆综合利用仍然面临很多困难，工作任务依然繁重，下一步要重点做好以下几个方面的工作：一是聚焦三大方向，着力提升秸秆农用水平，继续坚持秸秆肥料化、饲料化、燃料化三大利用方向，不断提升秸秆农用水平，扩大秸秆综合利用试点范围，深入实施东北地区秸秆处理行动，整县推进秸秆处理利用，打造形成配套政策全、工作力度大、技术支撑强、服务组织多、综合利用率高的典型样板，同时探索秸秆生态补偿制度，形成可持续、可推广的技术路线、模式和机制；二是夯实发展基础，着力提升秸秆收储运专业化水平，采用政府购买服务、政府与社会资本合作等方式，加快培育秸秆收储运社会化组织，建设秸秆储存规范化场所，配备秸秆收储运专业化装备，建立县域范围内全覆盖的收储网络，形成商品化秸秆收储和利用能力，提高就地就近综合利用水平；三是强化政策配套，着力提升秸秆产业化利用水平，围绕秸秆综合利用公益性导向，进一步推动用地、用电、信贷、税收等优惠政策落地，加大还田离田机具购置及作业补贴、收储运建设补贴、终端产品补贴、运输绿色通道等关键政策创设力度，培育一批可产业化运营的经营主体，推动秸秆综合利用产业转型升级；四是加强科技创新，着力提升秸秆利用标准化水平，围绕重点领域熟化一批新技术、新工艺、新装备，争取在秸秆还田技术标准和规范、大马力秸秆收割打捆一体机、加工设备和技术等方面取得突破，形成从农作物品种、种植、收获、秸秆还田、收储到"五料化"利用等全链条、全过程的技术规范和装备标准，提高秸秆综合利用的标准化水平。谢谢。

📷 中国化工报社农资导报记者：

关于深入推进农业生态环境保护工作意见中提出，要建立农业产业准入负面清单，请介绍一下这方面的情况，预计何时发布？第二，这两年南方地区的畜禽养殖场大规模转移至东北地区，想问一下对东北的畜禽粪污资源化利用工作有什么影响？谢谢。

🎤 廖西元：

这涉及我们好几个产业，涉及种植业领域方面的问题，还是请杨礼胜副司长回答。

🎤 杨礼胜：

农业农村部正在研究与促进绿色发展、高质量发展密切相关的农业产业负面清单，目前已有阶段性成果。清单发布时会有通知和公告，请你及时关注，也欢迎你参加我们另外的发布会。

🎤 王俊勋：

非常感谢你对畜牧产业布局调整的关心，我国畜禽养殖量非常大，而且分布也有很强的区域特点。南方水网地区人口密集，水环境敏感，东北土地资源丰富，承载能力相对较强。这就需要优化调整畜牧业区域布局，引导南方水网地区部分产能向东北西北地区转移，促进产业可持续发展。近年来，我们发布了两个指导性的文件，一个是《关于促进南方水网地区生猪养殖布局调整优化的指导意见》，一个是《畜禽粪污土地承载力测算技术指南》。关于畜牧业区域产业转移布局调整，农业农村部的态度，第一是合理规划好，特别是在东北等承接产业转移的区域，做好土地承载力的测算；第二是做好农牧循环，特别是要把有机肥利用当成主要利用方向；第三是坚决按照环保部门的要求，做好规模养殖项目环评等，坚决不允许一个新的污染源出现；第四是提高生产效率，转变生产方式，按照清洁养殖的要求，做到源头减量，特别是做到节水节料减药。现在生猪产业正处于转移的过程当中，农业农村部将持续关注，指导各地畜牧部门加强监管，发挥好养殖龙头企业的示范带动作用，既要符合绿色发展的要求，又要为畜产品的供应作出自己的贡献。谢谢！

农民日报记者：

去年农业部在绿色发展五大行动中提出农膜回收行动，着力解决重点地区的白色污染问题，请问目前这项工作的进展情况如何，下一步还有哪些具体的打算？谢谢。

廖西元：

感谢您的提问。农膜是重要的农业生产资料，为农业增产和农民增收作出了重大的贡献。大量的地膜使用，农田残膜也带来了环境风险，造成了白色污染，特别是西北地区用膜量大，治理任务很重。2017 年我部启动实施了农膜回收行动，以西北地区为重点，以加厚地膜应用、机械化捡拾、专业化回收、资源化利用为主攻方向，不断完善农膜回收资源化利用体系。一是推动出台了地膜新国家标准。这是一个基础性的工作，这是一项强制性的标准，已于 5 月 1 日正式实施，新标准重点实现了"三提高"，提高了地膜厚度、拉伸强度、耐候性能，从源头上保证了地膜的可回收性。二是农膜回收水平不断提高。西北地区 100 个示范县回收利用体系初步建立，当季回收率接近 80%，甘肃全省农膜回收率达到 80% 以上。三是科技支撑能力不断加强，成立国家农业废弃物资源循环利用创新联盟，进一步加大了地膜污染治理的产学研协作，地膜回收机具研发取得突破，全生物可降解地膜在马铃薯、烟草等作物上推广应用的可行性得到了初步验证。下一步，我们将加大工作力度，狠抓工作落实，深入推进农膜回收行动取得新成效，重点抓好四个方面的工作：一是制定一个办法，就是制定农膜回收利用管理办法，从农膜生产、回收、再利用等环节加强农膜管理，落实监管责任，建立全过程监管体系，加强制度保障；二是打造一批示范县，就是抓好西北地区的 100 个农膜回收示范县，不断加强地膜回收加工能力建设，集中力量、聚焦投入、集成技术、作出样板；三是探索一个机制，就是开展生产者责任延伸机制试点，重点抓好四个县的试点工作，地膜回收责任由使用者转到生产者，农民由买产品转为买服务，推动将地膜回收与地膜使用成本联动，逐步扩大范围，探索建立基于市场主体的地膜回收利用长效机制；四是用好一个监测评价，就是以 100 个示范县为重点开展农膜残留监测和考核评价，建立常态化监测评价机制，用监测数据说清楚示范效果，构建工作落实情况，建立与资金分配挂钩的激励约束机制。谢谢。

📷 **陈邦勋：**

我们发布会就到这里，大家如果还有继续需要了解的情况、需要采访的事情可以跟农业农村部新闻办进行联系。谢谢各位。

25. 首个"中国农民丰收节"有关活动安排新闻发布会

一、基本情况

时间	2018 年 9 月 13 日（周四）上午 10 时	
地点	农业农村部新闻办公室新闻发布厅	
主题	首个"中国农民丰收节"有关活动安排	
发布人	农业农村部副部长	屈冬玉
主持人	农业农村部办公厅副主任	宁启文

首个"中国农民丰收节"有关活动安排新闻发布会

二、现场实录

宁启文：

　　女士们、先生们，媒体的朋友们，大家上午好，欢迎参加农业农村部新闻办公室举行的新闻发布会。还有 10 天就是秋分了，我们即将迎来首个"中国农民丰收节"，今天要发布的是社会各界非常关注的一个内容，就是首个"中国农民丰收节"有关活动的安排情况。为使大家对此有一个全面的了解，今天很高兴地邀请到了农业农村部副部长屈冬玉为我们介绍有关情况。下面首先请屈冬玉副部长通报有关情况。

🎤 **屈冬玉：**

　　各位媒体界的朋友，这是我到农业农村部工作以来，第一次到这来发布新闻。为什么说第一次，我要把第一次献给中国的农民，因为我是农民的后代，我是农民的儿子。

　　党中央、国务院设立"中国农民丰收节"，是落实习近平总书记关于"三

农"工作重要论述的一个具体行动。农业农村部高度重视这项工作的落实，牵头成立了"中国农民丰收节"组织指导委员会。离9月23日还有10天，所以我们想预热一下。上次韩长赋同志在新闻发布会上已经讲了很多有关这方面的原则、要求，我们这段时间其实是在抓落实，今天主要是把最新的进展给大家通报一下，有利于全社会关注、重视"中国农民丰收节"。

我们认真谋划庆祝活动，为体现农民主体、特色优势，让全社会都来过节，让农民受益，设计了"1+6+N"的总体活动安排，1是在北京有1个主会场，6是6个分会场立足体现中国农耕文明的区域特点，N就是我们策划了100多个系列活动。

我们推出了"5个100"。一是农产品能够实现优质优价，原来只关注原料，现在要关注终端产品和品牌，所以我们推出了100个品牌农产品。二是城里人秋天自驾游的也多，我们推荐100个特色村寨，现在互联网很发达，大家就可以知道这段时间去哪儿玩合适了。三是100个乡村文化活动，充分展示了我国各地优秀的传统文化传承。我们要把这些有特色的乡村文化活动推荐到全国。四是100个乡村美食，应该能让大家找到家乡的味道，是这样一个目的。五是还有100个乡村旅游线路，也是给大家提供了一个非常好的休闲旅游参考。我们这"5个100"是自主推荐，在"中国农民丰收节"官网上公布。这"5个100"也是引导性的，地方也可以按照这个方式来做。这也是我们农业农村工作方式方法的创新。谢谢。

◉ 宁启文：
感谢屈冬玉副部长的介绍，下面请媒体朋友提问。

◉ 经济日报记者：
屈部长好，刚才您提到亿万农民第一次迎来了属于自己的节日，各地积极性非常高，他们举办了精彩纷呈的庆丰收活动，请您介绍一下目前基层丰收活动有哪些鲜明的特点？谢谢。

🎤 屈冬玉：
我们通过"1+6+N"来引导各地，各地也都在策划各具特色的活动，比如广西有赛歌会，广西有唱民歌的习惯。安徽有凤阳花鼓，今年他们举办农民歌会。我们一直强调，要把庆祝活动重心放到县乡村，做到农民主体、政府引导、因地制宜、突出特色，最后要让农民满意，也要让市民满意。要站在两端来看待问题，农民丰收节这个大平台也是为了产销精准对接，生产者和消费者能够互相发现价值。农耕优秀文化也是这样，有人愿意花几千块钱，开一两千公里的路去看你的传统文化，他愿意投入这个价值和时间，因为社会发展到了这个阶段，满足人的基本生活需求以后，现在主要矛盾已经变了。特别是城里人、城二代，要把城二代对农村生活、对乡村文明、对传统文明的向往的价值发掘出来、弘扬出来，那就是对农民最大的帮助。乡村产业一定是在农村，乡村产业是在乡村把农产品变成商品，可以变成二产的产品，也可以变成三产的产品，也可以把乡村本身的景观，就是环境消费变成产品，从公共产品变成有价值的商品，这样乡村产业才能形成。

📷 中央广播电视总台央广记者：

我们了解到在这次丰收节活动中，全国各地都有"5个100"的活动，这个活动也很受欢迎，据我们了解，各地积极性很高，都想借助这个风口推销自己的产品。屈部长，请您具体介绍一下"5个100"活动的相关情况，谢谢。

🎤 屈冬玉：

我们充分发挥市场主体和行业协会、社会的力量来组织策划"5个100"，这"5个100"是开放的。比如，100个美食，只是一个名号，各地特色的美食很多，川菜就可以搞100个，湘菜可以搞100个，我们的想法是沿着这个思路去做，每个地方的取材不一样，也可以搞它的美食。美丽乡村也是这样，乡村旅游线路，有大线路，有小线路，八月十五到国庆节过后，十月中旬之前，从南到北气候都挺好，所以适宜自驾游、乡村旅游，旅游线路不仅仅是农村旅游，也是为了帮农民推销文化和农产品，希望大家关注我们的官网发布。总而言之，这"5个100"涉及乡村美景、美食、文化、品牌，涵盖生产、生活、生态，包括生命、康养，不断满足城乡居民对美好生活的需求，这也是我们推介"5个100"的重要原因和出发点。

之前农业农村部说过会策划丰收购物节，能不能介绍一下丰收购物节的情况？

屈冬玉：

这个问题提得很好。在新的历史条件下，生产能力不是问题，恰恰是生产适销对路的产品是个大问题，是个永恒的问题。"中国农民丰收节"引入了全民购物节的概念，阿里巴巴也好，京东也好，苏宁也好，它们已经在网上打造了一个很成功的购物环境，这次他们很下工夫。同时，我们也发挥传统的零售批发作用，策划了相关活动，特别是针对不同的贫困地区，促进产销衔接。购物节需要两个力量，传统的批发零售和兴起的网购。所以我说庆丰收全民购物节是两个，线上线下要互相支持，形成互补，生产端和消费端要能够真正建立起可持续的信赖关系，也就是忠诚度。为什么发达国家几代人就去一个店买东西，祖祖辈辈，三四代人都去，是因为已经建立起了信赖关系，忠诚度很高。中国恰恰要通过互联网，通过商业模式创新建立细分市场的忠诚度和信赖关系。

宁启文：

由于时间关系，最后一个问题。

农民日报记者：

我想请问屈部长，"1+6+N"的活动是丰收节的一大看点。大家都比较关注主会场、分会场以及系列活动的情况，请您再详细介绍一下。

屈冬玉：

刚才我也提到，"1+6+N"只是提供一个基本范式来引导各地，这是我们这次活动思路上的创新、工作方式上的创新，在这里我也希望媒体朋友们去找镜头，把每个地方的特色挖掘出来，推向全国，推向全民，别的地方农民和地方政府可以借鉴，消费者、城里人愿意去，来源于基层，服务于基层，最后是全民受惠，全国各地都能享受到农民丰收的喜悦。农民丰收节是要帮农民创造价值、提升价值、振兴文化，最后达到乡村振兴的目的和农业农村现代化。农业农村的振兴要靠多渠道、多主体、社会各方来支持，我们策划各项活动，"5个100"，都是为了达到这个目的。相关活动的信息会及时在中国农民丰收节官方网站及公众号上发布，希望大家关注。

📷 **宁启文：**

感谢屈部长的精彩发布，感谢媒体记者朋友的提问，如果记者朋友还有什么问题，发布会结束后可以和新闻办联系。今天的新闻发布会到此结束。

🎤 **屈冬玉：**

谢谢大家，农业农村部的工作靠大家支持。

26. 首个国家农业开放发展综合试验区相关情况新闻发布会

一、 基本情况

时　间	2018 年 10 月 30 日（周二）上午 10 时	
地　点	农业农村部新闻办公室新闻发布厅	
主　题	首个国家农业开放发展综合试验区相关情况	
发布人	农业农村部国际合作司司长	隋鹏飞
	山东省人民政府副秘书长	张积军
	山东省潍坊市人民政府市长	田庆盈
主持人	农业农村部办公厅副主任	宁启文

首个国家农业开放发展综合试验区相关情况新闻发布会

二、现场实录

📷 **宁启文：**

女士们、先生们，新闻界的朋友们，大家上午好。欢迎参加农业农村部新闻办公室举行的新闻发布会。今天发布会的主题是介绍首个国家农业开放发展综合试验区的相关情况。今天很高兴地邀请到了农业农村部国际合作司司长隋鹏飞先生，山东省人民政府副秘书长张积军先生，潍坊市人民政府市长田庆盈先生为我们介绍有关情况。下面首先请隋鹏飞司长向大家通报有关情况。

🎤 **隋鹏飞：**

各位女士、各位先生、新闻界的朋友们，大家上午好。感谢大家参加今天的新闻发布会。今年的 8 月 31 日，国务院批复同意设立潍坊国家农业开放发展综合试验区。这里我先给大家介绍一下有关背景情况。为推进"一带一路"建设和实施农业走出去战略，2014 年国务院决定由当时的农业部现在的农业农村部牵头建立农业对外合作部际联席会议制度。在这个制度框架下，农业部会同联席会议成员单位，加强顶层设计，推动出台了一系列指导性文件，最重要的是国办关于农业对外合作的意见。推出了财税、金融、通关、外事等重要举措，完善科技支撑与人才服务体系，为农业对外合作事业发展奠定了坚实基础。作为推动农业对外合作的重要举措之一，2017 年 7 月，农业部认定了首批 10 家境外农业合作示范区和 10 家农业对外开放合作试验区。潍坊入选首批试点试验区。经过一年多的培育，今年 8 月 31 日，国务院批复同意建设潍坊国家农业开放发展综合试验区。党中央、国务院高度重视"三农"工作，十分重视农业农村发展。习近平总书记指出，改革开放以来，山东创造了不少农村改革发展经验；要充分发挥农业大省优势，扎实实施乡村振兴战略，打造乡村振兴的齐鲁样板。李克强总理视察山东时，对设立潍坊国家农业开放发展综合试验区提出明确要求。

设立潍坊国家农业开放发展综合试验区是贯彻落实党中央、国务院决策部署的具体行动，是潍坊实施乡村振兴战略和农业走出去的重要抓手，是推动形成全面开放发展新格局的重大举措，是山东新旧动能转换的骨干工程。

我们有理由相信，国家综合试验区的设立将为潍坊在新的平台上，为全国创造更多可复制、可推广的经验。

　　农业农村部牵头推动设立潍坊国家农业开放发展综合试验区以来，多次深入调研和广泛听取意见，会同外交部、发展改革委、商务部等 19 个部门和单位，对《潍坊国家农业开放发展综合试验区总体方案》（以下简称《总体方案》）进行了反复研究、修改和完善，9 月 13 日，农业农村部、山东省人民政府以部省文件印发了《总体方案》。应该说，《总体方案》凝聚了方方面面的智慧，符合山东及潍坊农业开放发展的意愿和实际。下一步，农业农村部将根据国务院批复精神，充分发挥农业对外合作部际联席会议机制牵头部门的作用，与山东省人民政府一道，指导潍坊市因地制宜抓好《总体方案》的贯彻实施。

　　下面，我和张积军副秘书长、田庆盈市长以及在座的潍坊市副市长和山东省农业厅的副厅长愿意回答大家的提问。谢谢。

　　📷 **宁启文：**
　　感谢隋司长介绍，下面请媒体朋友提问。

我们知道山东省是农业大省，也是农产品的出口大省，出口额连续多年领跑全国，请问山东在推进农业对外开放发展方面下一步有哪些打算？谢谢。

🎤 **张积军：**

谢谢您对山东农业的关注。如您所说，山东是农业大省，也是农产品的贸易大省。早在20世纪90年代，山东就实施了农业国际化战略，坚持"引进来、走出去"双向发展战略。农产品出口额连续19年领跑全国，占到全国的1/4左右，2017年达到了170.1亿美元。今年6月，上合组织青岛峰会成功召开，为山东开放发展提供了难得的机遇。

下一步，我们将积极融于"一带一路"建设，以上合组织青岛峰会为契机，以潍坊综合试验区为平台，着力在开放发展的内涵和外延上下工夫，打造农业开放发展的新样板。一方面，在"走出去"上拓空间，巩固传统市场，拓展新兴市场，提高企业自有品牌率，增强市场的话语权。特别是要借助"一带一路"沿线国家的农业资源，鼓励企业到境外独资或合作办厂，加大企业"走出去"的广度和深度。另一方面，在"引进来"上做文章，大力开展引资、引智、引技，打造国际农业投资新规则的对接平台、农业对外合作政策集成试验平台，提升农业现代物质技术装备水平。谢谢大家。

📷 **中央广播电视总台央视记者：**

请问隋鹏飞司长，今年是我国改革开放40周年，也是"一带一路"倡议提出5周年，更是实施乡村振兴战略的开局之年，在这样一个时间节点，我们设立潍坊国家农业开放发展综合试验区有什么特殊的考虑和意义？谢谢。

🎤 **隋鹏飞：**

谢谢你提这个问题。40年前，家庭承包经营掀开了农村改革的序幕，也开启了改革开放的伟大征程。习近平总书记多次强调，改革开放是决定中国命运的关键一招，中国开放的大门只会越开越大。我理解、我认为，这也是改革开放40年赋予我们认识上的最大收获和启示。五年前，习近平总书记提出来"一带一路"倡议。五年来，"一带一路"建设步伐、建设成效超出预期，成为推动构建人类命运共同体的重要抓手。农业作为"一带一路"沿线各国经济社会发展的基本支撑和重要支柱，随着合作建设的逐步深入，其价值前景和道义影响会越发显现，越发重要。

在去年召开的首届"一带一路"国际合作高峰论坛前夕，当时的农业部和发改委、商务部、外交部联合发布了《共同推进"一带一路"建设农业合作的愿景与行动》，这是今后一个时期国际社会参与"一带一路"农业合作我们为之提供的一个基本遵循。

党的十九大提出了实施乡村振兴战略，中共中央、国务院已正式印发了《乡村振兴战略规划（2018—2022年）》，部署了一系列重大工程、重大计划、重大行动，可以说这是我国第一个全面推进乡村振兴战略的五年规划，是统筹谋划和科学推进乡村振兴战略的行动纲领。实施乡村振兴战略需要充分用好两个市场、两种资源甚至两个规则。正如你提到改革开放走了40年了，今年还是"一带一路"五周年，又是乡村振兴战略的开局之年，在这样一个关键的时间节点，国务院批准设立潍坊国家农业开放发展综合试验区，我理解意义至少是三个：

一是这既是对农业领域对外开放取得成就的充分认可，又是吹响重整行装再出发的响亮号角。潍坊只是代表，只是其中的先行者，在潍坊设立综合试验区等于向全国发出了响亮号角，是动员令。

二是新时期对外合作我们必须更加注重创新，更加注重对外合作的内涵，更需要提高对外合作的质量，而注重创新、丰富内涵、提高质量恰恰是我们当初设立境内试验区境外示范区的初衷。也就是说，我们今后的农业对外合作要实实在在的高大上。

三是中央要求我们进一步扩大农业农村对外开放，以开放促改革，以开放促发展，批准设立潍坊国家农业开放发展综合试验区，对山东省来讲，对潍坊市来讲，是重要的动能平台，对全国来讲也是一样，我们要通过这样的平台，将来甚至更多类似这样的平台来倒逼国内加快制度创新，加快改革。我几次随着部长听国务院领导同志的会议讲话，李克强总理最常用的一句话就是"我们必须要通过开放倒逼改革"。农业农村部作为农业对外合作部际联席会议的牵头单位，将继续会同各成员单位，按照国务院的要求，深化潍坊综合试验区实施方案的顶层设计，同时我们继续从全国层面到国际层面来做好聚焦农业对外合作"两区"和"一带一路"建设这些重要的平台，持续精准发力，尽最大可能去拓展我们的区域布局，去拓展我们的产业布局，去拓展我们的市场布局。潍坊在新的平台上形成的好经验、好做法，我们也将及时推广，就在这个会之前，我们几位还商量，到底应该如何创新工作做法，强化责任担当。

今天我们谈的是潍坊，刚才我说了意义，大家都知道海南全岛被中央列入了自贸试验区，同样琼海农业对外开放合作试验区也纳入了中央对全岛自贸试验区的部署当中。所以我们肩负的责任和使命，或者说把这个事儿做好做成的重大意义本身就已经存在在这儿，只是我们要更加发扬光大。谢谢。

📷 **人民日报记者：**

潍坊市作为试验区建设的实施主体，我在今年9月印发的《总体方案》中看到，试验区分为核心区和辐射区。请问核心区具体有怎样的功能定位？下一步建设有怎样的推进措施呢？谢谢。

🎤 **田庆盈：**

你的提问很好，这个问题也是潍坊综合试验区搞好核心区建设首先要研究好和把握好的一个问题。潍坊农业开放发展综合试验区包括中国食品谷和潍坊综合保税区北区两个部分，总占地面积120平方公里，核心区的地理位置区位优势非常明显，位于潍坊市主城区和滨海区中间的一个中心地带。我们很多朋友过去可能不知道潍坊是一个沿海城市，也包括我自己，我刚到潍坊工作不长时间，不到三个月的时间，在我未到潍坊任职之前，作为一个山东人，我都不知道潍坊是沿海城市，这或许是与我们山东省的青岛、烟台、威海的名气太大有关系。潍坊市的地理特点是南山中城北海的格局，东西狭长，南部是一个丛林区，青州、高密绵延不绝的青山，中间是潍坊市区，北面是沿海，我们海岸线150公里，海域面积2 000多平方公里。今天说的综合试验区核心区就位于主城区和北部滨海区之间这么一个中心地带。这里交通优势也非常明显，紧临潍坊新机场，即将于年底开通的济青高速铁路就在这个地方。另外潍日高速、济青高速、荣乌高速，在这个地方纵横交错，地理位置和交通优势都比较明显。核心区的功能定位有两个，首先是搭建农业科技研发、集成创新和成果转化的高端平台，发展高端农业与现代食品产业，农业高新技术产业以及农产品国际贸易、现代物流、跨境电子商务等产业。其次是建设农业先进国家技术合作示范基地。引进商贸流通、信息咨询、检验检测认证，农业研发等方面的国内外一流机构。消化吸收国际先进经验、技术和标准，着力打造"五中心一平台"，"五中心一平台"就是农业及食品产业创新中心、品牌展示中心、物流配送中心、检验检测认证中心、农业和食品产业大数据中心以及产业总部基地这一平台。

关于下一步的建设，总的想法是聚集新技术、新产业、新业态和新模式，坚持高起点定位，高水平试验，高标准建设，率先将核心区打造成农业新六产和开放发展的新高地。主要措施从四个方面着力：

一是打造农业科技国际合作聚集区。重点是引进高端科技人才，领军人才和创业团队以及高等院校、科研院所、企业研发机构等各类农业科技创新资源到核心区来落户。推进建设现代农业科创园、国际院士谷、农业及食品产业大数据中心、农业孵化培训中心、国家现代农业产业园、高新技术集成示范区等功能园区和平台。

二是打造农业新产业新业态的聚集区。重点是立足现代农业、设施农业、特色种养、农资装备、农产品加工、电子商务等优势产业，建设国家现代农业产业园、农产品冷链物流基地、田园生态综合体，以及进境水果、肉类和冰鲜水产品指定口岸。

三是打造农业新模式聚集区。按照核心区的功能定位，配套完善公用保税仓储，冷链物流保税展示交易及配送、跨境电商等功能。在生产、流通、监管、交易、结算等环节，大力探索全产业链运营的新模式。

四是打造农业总部聚集区。强抓深化国际合作新机遇，通过东亚畜牧交易所、国际食品展示交易中心、中美食品与农业创新中心、综合农业创新培训中心等国际高端合作平台，在农产品贸易、技术创新等领域开展深层次国际合作，搭建好面向重点国家的农业投资合作平台，推进产业链向境外延伸，创建境外农业合作示范区。谢谢。

📷 **山东广播电台记者：**

我们注意到，在 9 月 29 日山东省人民政府印发了《山东省农业"新六产"发展规划》，在这次总体方案中我们也提出了要培育发展农业"新六产"，山东在开放发展中将如何推进"新六产"呢？

🎙 **张积军：**

谢谢来自山东老家媒体的提问。目前山东农业正处于走在前列、由大到强、全面求强的重要战略机遇期，再创"全国农业看山东"的新辉煌，必须增创发展的新优势，抓好"新六产"发展这个"先手棋"。根据国务院《推进农村一二三产业融合发展的意见》以及《山东省乡村振兴战略规划》，9月山东省人民政府正式印发了《山东省农业"新六产"发展规划》，按照规划，山东将重点围绕推动产业链、价值链、供应链的"三链重构"以及终端型、体验型、循环型、智慧型的"四型发展"，培育壮大农业"新六产"，打造山东农业产业化的升级版。

扩大农业对外开放，统筹国际国内两个市场、两种资源是推进"新六产"、推动现代农业发展的重要举措。我们将以潍坊综试区建设为契机，从以下几方面着力推进：

一是聚焦新技术，培植发展新动能。加快引进国内外高层次人才、先进技术、先进材料和关键设备，利用国内外农业科技资源，搭建技术转移平台，推进农业技术和装备的精细化、智能化水平。

二是聚焦新产业，重塑产业发展的链条。以境外农业合作示范区和境内农业对外开放合作试验区建设为支点，发挥设施蔬菜、农机装备、现代种业及食品加工业等农业产业特色和优势，支持有实力、有条件的企业以设备、技术输出和直接投资等方式到海外进行农业的科研、生产、加工、仓储、物流、销售等全链条的开发。加快建设国际型农产品冷链物流基地，实施冷链物流产业国际合作。搭建各类农业生产服务平台，创新提升农业生产性的服务业，整合优化资源，着力提升寿光国际蔬菜科技博览会等展会的专业化和国际化水平。

三是聚焦新业态，提升产业融合度。通过建立完善覆盖生产和消费、融合线下和线上的农产品生产流通全链条的标准体系，结合自身优势，推动跨境电商发展，大力发展电子商务。以设施农业为重点，加大互联网、物联网等信息技术的应用力度，发展智慧型农业。充分发挥当地资源优势，推动农业、旅游、教育、文化、康养资源的融合发展，加快乡村旅游园区和乡村旅游度假区建设，推广水肥一体化、饲养标准化、废弃物循环利用等技术，优化种植养殖机构，规划建成一批生态循环农业基地，推动农业可持续发展。

四是聚焦新模式，创新发展新路径。不断完善国际农商互联标准体系、食品农产品检验检疫国际互认机制和农业国际双向投资促进平台，开展农副产品冷链物流、"三农"金融服务等业务，探索开展农村产权交易、农产品现货交易、畜牧产品国际交易、食品农产品质量安全监管新模式，通过进一步优化资源要素配置，激发"新六产"的发展活力。谢谢大家。

🎤 **隋鹏飞：**

从对外合作的层面，我认为"新六产"的发展在山东有一个非常成功的案例，前年我陪韩长赋部长去苏丹访问，我们去年认定的农业对外合作"两区"当中，一个试验区在潍坊，山东还有一个境外示范区在苏丹。为什么把它作为"新六产"对外开放，或者内外结合开放的案例？很简单的一个例子，通过利用中国政府援助苏丹建的农业技术示范中心，山东省农科院和山东外经集团以新的机制把山东的棉花品种带到了苏丹，苏丹的棉花从零开始发展成为一个大的新产业。韩长赋部长在示范基地看到了棉花长势不是一般的高兴，是特别高兴，一个棉花籽在国内发育，到国外发芽长大，创新、丰富或者填充了苏丹这片沃土上没有棉花的空白，而且利用这个平台，培养培训了一大批苏丹人，促进棉花产业从境内到境外的繁荣，这个中心运作非常好，成了苏丹人向往农业科技的一个中心。我想，这是一个非常典型的融合一二三产的创新型境外示范园区建设。山东在苏丹示范区的主要功能就是发展棉花产业。种植生产棉花是第一产业，加工棉花是第二产业，面向当地搞培训是服务业，也就是第三产业，所以一二三产全有了。将来你们有机会去一趟苏丹看看，我就补充这么多。谢谢。

📷 **经济日报记者：**

《乡村振兴战略规划》和《潍坊综合试验区的总体方案》提出，探索建立与国际标准接轨的食品农产品的质量安全监管新模式，请问我们如何运用好与国际标准接轨这个措施加快发展壮大潍坊的特色优势产业？谢谢。

🎤 **田庆盈：**

潍坊是一个农业大市，也是一个农产品产出大市，特别是蔬菜产业，特色鲜明，优势突出，这个大家都比较了解。习总书记在多个场合提到的潍坊模式、诸城模式和寿光模式都与农业有着紧密联系。一直以来，我们潍坊市始终把农产品质量安全作为潍坊农业的生命线，在全市建立健全了农产品质量安全监督管理、检测检验和执法体系，出台了《潍坊市禁用限用剧毒高毒农药条例》，在此基础上突出质量兴农、绿色兴农，加快推进与国际标准的接轨。

一是加快建立与国际标准接轨的质量标准体系。近年来，我们不断提升农业生产标准，重点针对我市一批产业优势突出的农作物，参照国际标准制定了 60 项标准化技术规程，全市共批准发布农业标准规范 353 项，基本涵盖了大宗农产品和特色农产品。我们辖区内 9 个主要出口食品和农产品县市区全部获得了国家级出口食品农产品质量安全示范区的称号。

二是开展国际先进模式示范。依托寿光蔬菜产业集团，实施了中荷蔬菜技术示范园区项目，我们辖区的峡山区与以色列合作建设的华以国际农业科技孵化器项目，已经建成国内最大的工厂化水培蔬菜生产车间。坊子区玉泉洼种植专业合作社联合社与以色列 LR 集团合作，将打造国内首个"莫沙夫"项目。同时我们实施了政府主导的新型农业经营主体赴我国台湾和荷兰、以色列、美国等地培训计划，着力培养造就一批掌握相关领域先进技术和经营管理理念、熟悉国际规则的现代农业带头人，目前已经培训了 240 多人。

三是大力推进国际国内这"两个市场、一个标准"建设。全市区域性的特色农副产品出口基地现在是 120 多处，出口蔬菜备案种植场 1 400 多处，出口禽肉备案养殖场是 220 多处，先后推动 80 余家出口蔬菜及制品企业全面实施了 HACCP 管理体系，并获得认证。现在有 70 余家出口蔬菜以及制品企业参与"三同"工程，30 家出口蔬菜企业已经登录国家认监委公共服务平台，在售的产品达到百余种。

四是加快推进全国蔬菜质量标准中心建设。全国蔬菜质量标准中心是由农业农村部和山东省共同建设的，已经于本年度 7 月 12 日在寿光挂牌运营。

下一步，我们将在农业农村部和山东省政府的领导下，强化要素支持，将质量标准中心建设成为蔬菜全产业链标准集成和研发中心，蔬菜质量安全评估和预警中心，蔬菜品牌培育和品质认证中心，蔬菜信息交流和技术服务中心。力争到 2020 年基本完成全国蔬菜质量标准中心建设任务，成为全国蔬菜产业技术信息的汇集地、发散地，成为蔬菜产业发展的风向标和制高点。充分发挥全国蔬菜质量标准中心的平台作用，做大做强潍坊蔬菜高端品牌。谢谢。

🎤 **隋鹏飞：**

我补充一句话，为推动形成这个文件方案，去年年初我去了一次。观察一个地方，观察一个人，做事儿要看跟谁合作，才能看出他的水平档次。潍坊综试区现在和以色列一起合作，和荷兰一起合作，还有美国加州大学戴维斯分校一起合作。戴维斯分校是全世界农产品食品加工领域最好的学校之一，还有荷兰的瓦格宁根设施农业和以色列的育种技术，天天跟他们在一起，我想大家也能感觉到他们是怎么想、怎么做的。只要用好国家赋予他的这个平台，潍坊一届一届的领导把心思下得再大一点，我相信这个平台不会辜负国务院期望。谢谢大家。

📷 **宁启文：**

感谢记者朋友们的大力支持，今天的发布会到此结束。

27. 2018 年全国新农民新技术创业创新博览会新闻发布会

一、 基本情况

时 间	2018 年 11 月 8 日（周四）上午 10 时	
地 点	农业农村部新闻办公室新闻发布厅	
主 题	2018 年全国新农民新技术创业创新博览会有关情况	
发布人	农业农村部乡村产业发展司司长	曾衍德
	江苏省农业农村厅副厅长	徐惠中
	南京市人民政府副秘书长	王国夫
主持人	农业农村部办公厅副主任、巡视员	陈邦勋

2018 年全国新农民新技术创业创新博览会新闻发布会

二、现场实录

📷 陈邦勋：

女士们、先生们，各位记者朋友，节日好。欢迎大家参加今天的新闻发布会，今天是 11 月 8 日记者节，在这里我代表农业农村部新闻办向各位记者朋友问候节日，也感谢大家长期以来对农业农村部新闻宣传工作的大力支持。今天我们发布会的主题是通报 11 月 15—18 日在江苏省南京市举办的全国新农民新技术创业创新博览会有关的情况，我先给大家介绍一下出席发布会的嘉宾，他们是农业农村部乡村产业发展司司长曾衍德先生、江苏省农业农村厅副厅长徐惠中先生、南京市人民政府副秘书长王国夫先生。先请曾衍德司长介绍有关情况。

🎤 曾衍德：

女士们、先生们，新闻界的朋友，大家上午好。感谢大家对乡村产业发展的大力支持。全国新农民新技术创业创新博览会原名是 2016 年 9 月在江苏省苏州市举行的全国"互联网 +"现代农业工作会议暨新农民创业创新大会。2017 年按照中央领导指示要求，更名为全国新农民新技术创业创新博览会。

今年，全国新农民新技术创业创新博览会改在江苏省南京市举办。本届博览会由农业农村部、中央网信办、江苏省人民政府共同主办，时间定在 11 月 15—18 日，主场馆设在南京国际博览中心，展览总面积 3.6 万平方米，设立 1 个综合展区和创业创新、新农民、新技术、都市现代农业、数字乡村、智慧农业 6 专业展区。全国 31 个省、自治区和直辖市都将组团参展，参展企业共计 1 200 多家，展览规模和展示水平都将明显超过前两届。参加博览会的国内外嘉宾有 3 000 多人，预计参观人数将突破 6 万人。

博览会开幕式当天（15 日上午），将举办以"打造农村双创升级版，增强乡村振兴新动能"为主题的全国新农民新技术创业创新论坛，总结改革开放 40 年农村创业创新取得的经验，交流农村创业创新的做法，探讨打造农村创业创新升级版的实现路径和重点措施。

除举办论坛外，博览会同期还将举办全国农村创业创新项目创意大赛总决赛、全国农业农村电子商务工作会议、数字乡村发展论坛、全国信息进村入户工程经验交流会、助农 APP 榜样分享活动、首届全国苹果大数据发展应用高峰论坛、全国农产品加工科技创新推广活动、2018 联合国粮农组织—国际电信联盟亚太数字农业国际论坛、中国—以色列农业创新合作会议等 10 多场主题鲜明、异彩纷呈的活动。

目前，博览会筹备工作进展顺利，布展和各项活动安排正有序展开。借此，我简要介绍本届博览会的主要特点。

一是彰显时代背景。今年是改革开放 40 周年，是实施乡村振兴战略的开局之年。改革开放之初，乡镇企业异军突起，为农业农村发展发挥了历史性作用。如今，乡村振兴伊始，农村双创风生水起，为推进农业农村现代化增添了新动能。本届博览会的举办，既是贯彻落实乡村振兴战略、创新驱动战略的具体行动，也是推进农业供给侧结构性改革、促进农业农村高质量发展的重要抓手。

二是荟萃双创精品。本届博览会以"激发双创活力，促进乡村振兴"为主旨，汇聚各地最有代表性、最引人注目、最独具特色的"双新双创"成果，是新农民、新技术、新产品、新成果、新业态和新模式的集中展示，是我国农村双创领域层次最高、规模最大、阵容最强的知名展会。用一句形象的语言，可以说是"一览无余""尽收眼底"，全方位、多角度、深层次了解我国农村创业创新最新成果。

三是聚焦乡村产业。产业兴旺是乡村振兴的基础，创业创新是产业发展的源泉。放开搞活农村经济，培育壮大乡村产业，是举办本届博览会的一个重要目的。此次博览会围绕现代种养业、农产品加工业、休闲旅游业、乡村服务业和特色产业，着力打造信息交流的平台、携手合作的桥梁、创业创新的支点，引导更多的资金、人才、技术汇集乡村，吸引各类主体到农村开办新企业、开发新产品、开拓新市场，助力乡村产业振兴。

下面，我和我的同事愿意回答大家的提问。

📷 陈邦勋：

谢谢曾衍德先生的介绍。下面请记者朋友就今天的发布会主题提问，提问的时候，请先通报一下自己所代表的新闻机构。

请问曾衍德司长，您刚才介绍了全国新农民新技术创业创新博览会已经举办了两次，与前两届相比，这届博览会展览规模和水平大大超过了前两届，今年是乡村振兴开局之年，作为农村双创成果展示平台，也作为一个融入互联网新理念、新科技的平台，请问本届博览会有什么新的亮点，以及值得大家关注的特色？谢谢。

🎙 **曾衍德：**

本届博览会按照高水平双创、高质量发展的要求，集中展示新农村、新技术创业创新成就，展现农业农村发展新模式、新成果，目的是进一步激发创新创业活力，增强创新动能，推动三产融合，培育新型业态。

在筹备过程中，我们力求思路上求新，内容上更新，形式上创新，力争展览展示水平比前两届进一步提升。这次博览会有以下几个特点：

一是突出新农民。展示农村创新创业大潮中涌现出的优秀带头人，乡村产业发展的领军人物，以及新型职业农民、新型职业主体，包括返乡下乡创业人员，这是乡村振兴的一个主力军。

二是突出新技术。展示农业农村领域用信息技术、生物技术、工程技术和机械技术研发的新产品，应用的新成果。

三是突出新模式。展示实施乡村振兴战略，推进农村创业创新的新探索、新经验，包括国内涌现出的具有代表性、可复制、可推广的发展新模式。

四是突出新业态。展示生态农业、创意农业、康养农业等农村一二三产业融合发展的新热点，展示种植业、畜牧业、渔业等利用新技术取得的最新发展成果和未来的发展趋势。

五是突出新乡村。展示在美丽乡村、特色小镇、传统村落等乡村建设中运用新技术、新理念形成的特色做法和新鲜经验。

这"五新"是现代农业发展的一个取向，也是乡村产业发展的动能。今后，我们要加力推进，不断取得新成效，提振我们乡村产业发展的信心，助力乡村振兴和全面建成小康社会。

刚才注意到，此次博览会全国 31 个省（自治区、直辖市）都会去参加，而且参展人数超过 6 万人，届时博览会上还有一系列丰富多彩的活动。我们想问一下，刚看到农业农村部、网信办和江苏省人民政府都是主办方，请问作为主办方之一同时又是东道主的江苏省，在筹办这次博览会中做了哪些工作？

🎤 **曾衍德：**

这个问题请江苏省农业农村厅的徐惠中副厅长回答。

🎤 **徐惠中：**

谢谢你提这个问题。2016 年起，国家在江苏省举办"双新双创"系列活动，今年是第三年，这是对我省的鼓励和鞭策。省委、省政府对此高度重视，以高质量的展会组织与服务，吸引新农民、新主体、新技术、新成果等参会展示，激发农业农村高质量发展的新动能。主要有几个方面：

一是精心组织筹备。将办好这次博览会列入 2018 年江苏省委常委会工作要点和全省农业农村重点工作内容，省委、省政府主要领导和分管领导作出批示，并多次研究推动筹备工作，要求高标准、高质量、高水平办好本届博览会。江苏省政府专门成立了"双新双创"博览会筹备工作领导小组，精心组织做好场馆准备、展览展示、重大活动组织协调，以及食宿交通等服务保障，还有安全保卫、宣传推介等工作。

二是提升服务水平。我们认真总结前两次大会的经验，围绕高水平双创、高质量发展的要求，在现场布置、展会展示服务、重点活动举办、接待安排等方面加强沟通协调，推进工作方案到位，责任明确到位，措施落实到位，对接服务到位，切实做到主动服务、精准服务、周到服务，为新农民、新技术、新模式、新业态、新乡村展示搭建全方位的优质平台，努力将本届博览会展览展示和各项服务提升到新的水平。

三是彰显江苏特色。江苏既是"双新双创"博览会举办的东道主，也是博览会的参与省。我们抓住机会，在博览会上更好体现最新的成果，在创业创新和农业信息化两个展区，我们总共安排了 119 个主体进行参展，是本届博览会最大的省级展区，着重展现我省返乡下乡创业创新人才在领办创办新型农业经营主体、发展新产业新业态新模式、建设创业创新平台载体等方面的风采，全面展示我省农村创业创新政策与服务保障等方面的良好环境。博览会期间，我们还将在南京国家现代农业产业科技创新示范园区设立分展场，面积达 8 500 平方米，突出省内外最前沿的农业科技成果，突出与园区密切相关的生物农业、智慧农业、健康食品、农机装备等领域，推进主体与园区对接，加快国家农创园建设。谢谢。

中央广播电视总台央广记者：

我的问题和农村创新创业有关。农村是一个广阔的天地，很多人都有一个田园梦，而且农村创新创业也是作为大众创业、万众创新的重要组成部分。近年来，我国农村创新创业的态势怎么样，取得了哪些明显的成效？谢谢。

曾衍德：

我国的改革开放发端于农村，40 年来，农村涌现出一波又一波的创业热潮，特别是党的十八大以来，大众创业、万众创新给农村带来了更多的机会、更好的要素、更大的舞台。现在越来越多的人到农村创业创新，应该讲是再现了农村广阔天地大有作为的新风貌。近些年来，我们农村创新创业取得了明显的成效，概括起来有三个方面：

一是规模不断扩大。据统计，目前返乡下乡创业创新人员达 780 万人，本乡非农创业人员有 3 000 多万人，其中包括农民工、大学生、退役军人和科技人员，平均年龄 40 岁，高中以上学历占 40%，这批人素质是很高的，已经成为带领农民致富的主力军，推动乡村振兴的生力军。

二是领域不断扩展。农村创业创新从传统的特色种养，逐步延伸到加工流通、休闲旅游、乡村服务、电子商务，还有传统的手工制造等特色化、小众类、中高端产业。我们调查分析，80% 以上的返乡下乡创业项目都属于农村一二三产业融合的领域，还衍生了许多新业态、新模式。

三是层次不断提升。农村创新创业已经不再是过去的小打小闹，信息化、智能化广泛应用，现代技术应用方式持续引入，可以说在城里见到的，在农村基本都可以看到。在农业创业创新领域 50% 以上的项目都是基于信息技术开展的，有近 90% 的项目都是联合创业和合作创业，这是一种新的态势。

如今在中国广袤的农业大地上，新一轮创新创业热潮正在进行，从田间地头的"土专家"到创新工厂的"农创客"，再到互联网上的"新农人"，越来越多的人投身农村创新创业中，形成一个更大的创新创业热潮。谢谢。

📷 中国新闻社记者：

南京作为六朝古都、江苏的省会城市，今年全国新农民新技术创业创新博览会在南京举办，目前已进入倒计时阶段，请介绍一下服务保障及安排情况？谢谢。

🎤 王国夫：

非常高兴回答中国新闻社记者的问题。南京是中国东部地区重要的中心城市，是长三角的特大城市，也是创新名城、美丽古都。"双新双创"博览会在南京举办，这是一次集中展示新时代全国新农民、新技术创业创新的博览盛会，也是南京向全国传播好声音、展示好形象的重要舞台，更是我们学习借鉴国内先进地区好经验、好做法的重要平台。南京市委、市政府对这次博览会高度重视，精心组织、精心筹备，目前各项工作已经准备到位。

一是组织领导到位。南京市委、市政府把"双新双创"博览会作为今年全市的重大活动，专门成立了筹备工作领导小组，下设 6 个工作小组，全力做好博览会的各项服务保障工作。目前，6 个小组的人员正在按照博览会工作方案要求，有力有序地开展工作。

二是招展布展到位。3 个场馆，36 000 平方米，7 个展区，目前各展区招展工作已经结束，已经与各参展单位对接，展览内容和位置都已明确，各参展单位正在有序布展。

三是接待安排到位。这次博览会主场馆在南京国际博览中心，位于南京最繁华、最现代的核心城区，是集展会、酒店、会议于一体的会展场馆，为博览会提供最优良的硬件设备和最舒适的参展环境。南京国际青年会议酒店是本届博览会主接待酒店，是南京市一个地标式建筑，将为与会嘉宾提供贴心的保障服务。

四是安全保障到位。这次博览会规模大、人员多，加之展览地点处于城市的中心位置，人员的进出、会场的安全十分重要。市委、市政府对安全保障工作进行了全面的部署，对车辆进出、会场的安保作了周密的安排，人员到位，责任到位，确保展会安全有序开展。

五是媒体服务到位。展会有限，影响无限。做好媒体的服务保障工作，是我们整个展会方案里的一个重要内容。我们专门成立了新闻宣传小组，为记者提供全方位的服务。展会专门设立了媒体直播中心，为各位记者采访、参会、参观提供优质服务。

目前，博览会各项工作按照倒计时正在推进，我们将继续集中精力、周密部署，协调落实各项保障工作，确保博览会取得圆满成功。

南京是历史文化名城，我们热忱欢迎记者在南京采访"双新双创"博览会的同时，能够在南京多走走、多看看，领略一下南京作为创新名城、美丽古都的特色和魅力。同时，恳请媒体朋友们在南京期间能够多报道南京作为创新名城，在农村创新创业以及美丽乡村建设、乡村振兴方面取得的一些成果。谢谢大家。

农民日报记者：

前不久，国务院印发《关于推进创新创业高质量发展打造双创升级版的意见》，提出了一揽子支持双创高质量发展的政策，除了举办博览会之外，在推动农村双创高质量发展方面，农业农村部还有哪些具体的措施？谢谢。

曾衍德：

农村是广阔的天地，蕴含着巨大的创新活力，是创新创业的一片热土。国务院前不久印发了《关于推动创新创业高质量发展打造双创升级版的意见》，为农村双创提供了重要的机遇。农业农村部将深入贯彻国务院决策部署，勇立潮头、走在前头，着力打造农村双创升级版。主要抓三个方面：

一是培育壮大农村双创群体。实施农村创新创业百县千乡万名带头人培育行动，到 2020 年年底将培训农村创新创业人员 40 万人。组织实施百千万农村创新创业人才培训计划，培育一批全国致富带头人。

二是完善农村双创服务体系。重点整合现有资源，用三年左右时间，每年建设 100 个标准高、服务优、示范带动力强的国家级农村创新创业园区和孵化实训基地，为农村创新创业提供集中的场所和高效便捷服务。加强与金融部门和创新基金、风投公司等合作，联合搭建对接平台，支持农村双创优秀项目。组织农村双创优秀带头人、典型案例和典型县范例的宣传，不断激发农村创新创业的内生动力。

三是健全农村双创激励机制。发挥好农村创新创业推动协调机制的作用，会同有关部门落实好市场准入、金融服务、财政支持、用地用电、创业培训、信息技术和创业园区等方面的政策，加快推动现有双创政策向农村延伸，推动农业农村领域放管服改革，为农村创新创业清障搭台。

我们相信，有党中央的坚强领导，有各级各部门的强力推进，有社会各界的大力支持，有广大返乡下乡人员的深入参与，农村创业创新必将会取得更大的成效，为乡村振兴提供新动能，为全面建成小康社会作出贡献。

陈邦勋：

欢迎各位媒体朋友到南京现场报道"双新双创"博览会，今天发布会算是当面给大家发出的邀请。今天的发布会到此结束。谢谢大家。

28. 非洲猪瘟防控工作新闻发布会

一、基本情况

时　间	2018 年 11 月 23 日（周五）上午 10 时
地　点	农业农村部新闻办公室新闻发布厅
主　题	非洲猪瘟防控工作有关情况
发布人	农业农村部畜牧兽医局副局长（正局长级）　　　冯忠武
	中国动物卫生与流行病学中心副主任　　　　　　黄保续
主持人	农业农村部办公厅副主任　　　　　　　　　　　宁启文

非洲猪瘟防控工作新闻发布会

二、 现场实录

📷 **宁启文：**

　　女士们、先生们，媒体朋友们，大家上午好，欢迎参加农业农村部新闻办公室举行的新闻发布会。今天发布会的主题是非洲猪瘟疫情防控相关情况的介绍。我们今天邀请到的是农业农村部畜牧兽医局副局长冯忠武先生、中国动物卫生与流行病学中心副主任黄保续先生，为我们介绍有关情况。下面先请冯忠武副局长向大家通报有关情况。

🎤 **冯忠武：**

　　女士们、先生们，大家上午好！首先，我向大家通报近期非洲猪瘟疫情及防控情况。

　　党中央、国务院始终高度重视非洲猪瘟防控工作。习近平总书记、李克强总理、胡春华副总理等中央领导同志多次作出重要批示指示，国务院召开常务会议、专题会议和电视电话会议研究部署非洲猪瘟防控工作，国务院办公厅两次印发通知对防控工作进行全面安排，要求坚决阻断疫情传播和蔓延，有效控制和扑灭疫情。

　　农业农村部坚决贯彻落实党中央国务院决策部署，扎实抓好非洲猪瘟防控工作，在8月初首起疫情发现前，针对非洲猪瘟传入风险高、威胁大的特点，已在境外疫情追踪、境内风险监测、防控技术研发、应急物资储备等方面做好相关准备工作。疫情发生后，农业农村部多次召开部常务会、专题会议和视频会议，对非洲猪瘟防控工作作出具体安排。严格落实疫情排查、疫情扑灭、禁止使用餐厨剩余物饲喂生猪、限制疫区生猪及其产品调运、加强运猪车辆监管、提升基层动物防疫能力和水平等重点措施，果断处置疫情，严防疫情扩散蔓延。工作数据表明，由餐厨剩余物喂猪引发的疫情由50%下降到34.3%，由生猪调运引发的疫情由35.3%下降到19.4%。同时，农业农村部会同各地各有关部门第一时间发布非洲猪瘟Ⅱ级预警，与18个部门建立完善非洲猪瘟联防联控机制，召开3次全国视频会议，组成14个联合督导组对各地进行督导，落实地方政府属地管理责任，落实各部门监管责任，形成各尽其责、主动作为、通力协作的工作机制，合力打好非洲猪瘟防控攻坚战。

目前，非洲猪瘟防控工作取得了积极成效。自 8 月初我国首次发现非洲猪瘟以来，截至 11 月 22 日，全国有 20 个省份 47 个市（区、盟）发生 73 起家猪疫情、1 起野猪疫情，累计扑杀生猪 60 万头。已有 7 个省份的 24 个疫区按规定解除封锁，其中，河南和江苏的疫区全部解除封锁。全国非洲猪瘟疫情呈现多点散发、趋于平稳、防控有效、总体可控的态势。联合国粮农组织等国际组织和有关国家对我国非洲猪瘟防控工作给予充分肯定，认为中国政府高度重视非洲猪瘟防控工作，采取的措施有力有效，疫情管理公开透明，疫情数量和损失也控制在了最低范围内，避免了疫情大暴发大流行的严重后果。

但必须看到，当前我国非洲猪瘟疫情防控形势仍然十分严峻。从外部环境看，境外非洲猪瘟疫情频发，我国与疫区国家的人员交往频繁，货物贸易量大，加上非洲猪瘟的潜伏期长、隐蔽性强，再次传入风险很高。从国内情况看，我们有 2 600 万小散养殖户，养殖方式落后，生物安全防护水平低，生猪生产和消费在区域上不均衡，长途调运生猪及其产品的情况仍将长期存在，这些因素都大大增加了疫病防控的难度。近期发生疫情省份特别是主产省还在增加，总的看来防控任务依然十分艰巨、工作极为紧迫。根除这个疫情的国家，短的用了 5 年，长的甚至用了 30 多年，我们也要充分认识疫情防控的复杂性、长期性。下一步，农业农村部将毫不松懈继续深入贯彻落实中央决策部署，重点做好四方面工作，坚决打赢非洲猪瘟防控攻坚战。

一是进一步强化防控措施，坚决拔点、灭源、防扩散。全面开展疫情排查，第一时间掌握疫情，第一时间拔点灭源。全面实施生猪承运车辆备案制度，明确生猪收购贩运单位和经纪人管理要求。严格查处生猪违规交易和违规跨省外调，变"调猪"为"调肉"。督促地方进一步明确餐厨剩余物管理部门和责任，实施全链条管理，不折不扣落实禁止使用餐厨剩余物饲喂生猪的要求。

二是进一步强化防堵措施，严防境外疫情再次传入。会同有关部门聚焦重点环节，加强对国际运输工具、国际邮件、快件、出入境旅客携带物的查验和检疫，加大打击走私力度。加强联防联控，联合开展流行病学调查，查清传入的风险途径，以阻断外疫传入风险。

三是进一步抓好生产保供，不断提升综合保障能力。督促地方认真落实"菜篮子"市长负责制，加快调整猪肉供应链，大力推行"集中屠宰、品牌经营、冷链流通、冷鲜上市"，切实维护生猪产品正常流通秩序。指导强化种猪场

和规模养猪场防疫管理，保护基础产能。鼓励各地和大型养猪企业按照区域化管理要求，探索建立无疫区和无疫小区。

四是进一步压责追责问责，确保各项防控措施落地。 督促各地方政府充分发挥防控应急指挥机构的作用，对防控工作实施集中统一指挥，层层传导压力。进一步落实部门监管责任，严厉打击生产经营主体违法违规行为，确保关键防控措施落地。组织对各地防疫情况开展飞行检查，对查实的问题，坚决从严追责问责。

下面，我和我的同事愿意回答大家的提问。

📷 **宁启文：**

感谢冯忠武副局长的介绍，下面请记者朋友们提问，提问时请先通报一下自己所代表的新闻机构。下面开始提问。

📷 **经济日报记者：**

我们想问一下，非洲猪瘟今年好像还是第一次听说，这个非洲猪瘟是从哪里传进来的？在国内又是如何传播的？谢谢。

🎙 **冯忠武：**

我想这个问题请中国动物卫生与流行病学中心黄保续副主任回答。

🎙 **黄保续：**

首先，这个病是从国外传入的。2018年之前，我国一直没有非洲猪瘟。分子流行病学研究表明，传入我国的非洲猪瘟病毒属基因Ⅱ型，与格鲁吉亚、俄罗斯、波兰公布的毒株全基因组序列同源性为99.95%左右。

通常非洲猪瘟跨国境传入的途径主要有四类：一是生猪及其产品国际贸易和走私，二是国际旅客携带的猪肉及其产品，三是国际运输工具上的餐厨剩余物，四是野猪迁徙。

我国首例非洲猪瘟疫情发现后，我们立即开展了流行病学调查，从目前流行病学调查情况看，非洲猪瘟传入我国可能途径也主要是上述几类。我国与发生非洲猪瘟国家人员交流、货物贸易往来频繁；猪肉价格高于周边国家，走私活动屡打不绝；边境地区野猪数量和种群密度持续增加，疫情传入的风险比其他国家更高。目前，我部正在会同有关部门加强联合溯源调查，并采用分子流行病学方法分析，以进一步查明来源途径。

黄保续

关于国内疫情的传播问题。疫情发生以来，我们对每一起疫情进行了系统的流行病学调查。归纳起来，已查明疫源的 68 起家猪疫情，传播途径主要有三种。一是生猪及其产品跨区域调运。因异地调运引发的疫情共有 13 起，约占全部疫情 19%。二是餐厨剩余物喂猪。因餐厨剩余物喂猪引发的疫情共有 23 起，约占全部疫情 34%。三是人员与车辆带毒传播。生猪调运车辆和贩运人员携带病毒后，不经彻底消毒进入其他猪场，也可传播疫情。这是当前疫情扩散的最主要方式，约占全部疫情 46%。对此，农业农村部已于 11 月 1 日发布公告，对生猪运输车辆监管提出了新要求。谢谢。

📷 **人民日报记者：**

从农业农村部发布的消息来看，每起非洲猪瘟疫情都得到了有效的处置，但是为何近期我国非洲猪瘟疫情发生的数量仍在不断地增长，能不能预测一下我国的非洲猪瘟疫情会呈一个什么样的发展趋势？谢谢。

🎤 **冯忠武：**

关于您的第一个问题，据我们了解，这也是很多网民十分关注的问题。

针对已经发生的每一起疫情，我们均在第一时间派出专家组赴现场，指导协助疫情发生地坚决果断采取封锁、扑杀、消毒、无害化处理等应急处置措施。从目前情况看，上述处置措施均已严格落实，已发生的 73 起家猪和 1 起野猪疫情均得到有效处置，没有发生二次扩散。

之所以疫情数量仍在不断增加，我们分析，与以下四方面因素密切相关。一是我国边境线长，国际交流频繁，境外疫情传入风险持续增大。来自疫情国家的猪肉及其产品走私、旅客携带物、国际航班班列及其餐厨垃圾、野猪越境等均有可能从境外带入病毒。二是非洲猪瘟具有明显的早期发现难、预防难等特点，该病潜伏期长，生猪感染后，可能在 3 周内不表现出临床症状，但病毒可在这期间由这些尚不为人知的病猪及其产品，通过市场交易、屠宰、人员工具携带、长途调运、接触传播、餐厨剩余物饲喂等，多种途径传播病毒。三是我国居民普遍喜食热鲜肉，这就造成了大量生猪长途调运，同时车辆的消毒和经纪人的管理没有跟上，由此引发疫情。四是我国的生猪养殖中小散户的数量还很庞大。这些散养户生物安全条件差、措施不到位，且多有用餐厨剩余物（泔水）喂猪的习惯，传入疫情的风险较高。

关于您的第二个问题，我想得从其他国家的疫情形势说起。非洲猪瘟于1921年在肯尼亚首次发现，近百年来，已有60个国家先后发生非洲猪瘟疫情。今年，全球非洲猪瘟疫情明显重于往年，新增疫情国家数同比上升30%，疫情数同比增加10.7%。截至目前，全球已有罗马尼亚、匈牙利、波兰、南非等15个国家发生4 400多起疫情，部分国家呈现大暴发、大流行态势。在60个已发生过非洲猪瘟疫情的国家中，只有13个国家根除了疫情，根除时间多为5～36年，可以说付出了巨大人力、物力和财力。俄罗斯从2007年首次发生非洲猪瘟至今已经有11年，共发生疫情超过1 000起（其中2018年已发生107起），但仍没有得到有效控制。

我国自8月以来，已发生非洲猪瘟疫情72起，其中8月4起、9月20起、10月27起、11月迄今22起。联合国粮农组织首席兽医官来华考察后认为，中国政府高度重视非洲猪瘟防控工作，采取的措施有力有效，疫情管理公开透明，疫情数量和损失也控制在了最低范围内，避免了疫情大暴发大流行的严重后果；如果不是中国政府采取了坚决果断的措施，那就不是70多起，而是7 000起疫情了。从另一方面也表明，我国非洲猪瘟防控任务仍十分艰巨。考虑到我国养猪业的特殊性以及非洲猪瘟病毒的特性，我们初步判断，接下来的一段时间，仍是该病防控的关键时期，该病仍会呈现点状散发态势，随着各地防疫措施逐步落实到位，出现此前辽宁省那样小区域内暴发的可能性不大。同时，我们在坚决落实现有防控措施，在对每起疫情打好攻坚战的前提下，做好应对更加不利局面、打好持久战的各项准备。

📷 中央广播电视总台央广记者：

刚才冯局提到，我国已经发生了1起野猪的非洲猪瘟疫情，我们也看到报道说这起疫情发生在吉林，这和家猪的疫情有什么关系，会对我国非洲猪瘟疫情产生什么样的影响？谢谢。

🎤 黄保续：

吉林省白山市浑江区野猪非洲猪瘟疫情发生后，我部与国家林草局立即派出督导组，与地方共同开展疫情处置和流行病学调查工作。目前，各项疫情应急处置措施均已落实。经对死亡野猪采样检测，实验室检测结果表明，引发吉林白山野猪疫情的病毒，在基因的关键位置存在明显差异，不同于引发国内家猪疫情的病毒。同时，畜牧兽医部门对死亡野猪周边地区进行了多次疫情排查、抽样检测和流行病学调查，均未发现家猪感染病例。从现有调查和检测结果看，基本可以明确，这一起野猪疫情和国内已有家猪疫情没有直接关系，不是由家猪传给野猪。由于发现地处于边境地区，森林覆盖率高、野猪活动密集，很可能是境外传入疫情。

野猪活动路径复杂，不易受人为控制影响，如果非洲猪瘟在野猪中持续蔓延，将大大增加防控难度。同时，现在已经进入冬季，非洲猪瘟病毒怕热不怕冷，低温条件下存活能力更强、存活时间更久，加上野猪冬季觅食困难，进入农户周边寻找食物、向家猪传播疫情的风险增高。如果进一步形成野猪和家猪相互传播疫情的局面，非洲猪瘟防控的长期性和复杂性将大大增加。我部和国家林草局已经安排各相关地方进一步加强野猪疫情排查，加强人工饲养野猪的监管，切断非洲猪瘟在家猪和野猪之间交叉传播的途径。

📷 中央广播电视总台央视记者：

我的问题是非洲猪瘟发生以后，农业农村部采取了限制调运的措施，这对当前的生猪生产有何影响，会不会影响元旦和春节期间的猪肉供应？谢谢。

🎤 冯忠武：

从当前情况看，生猪生产方式正在积极适应限制调运措施，全国生猪供应和价格水平总体稳定。从生产看，前三季度全国生猪出栏 4.96 亿头，同比增长 0.1%；猪肉产量 3 843 万吨，增加 10 万吨，同比增长 0.3%。按照 2017 年生猪出栏 6.89 亿头测算，疫情处置中扑杀生猪占全国出栏量的比重仅为 0.087%，直接影响非常有限，市场供应总体上仍处于相对宽松状态。从价格看，8 月以来全国猪肉平均价格一直稳定在每公斤 23.5 元左右，没有出现大幅上涨，也没有脱销断档。在严格调运监管初期，浙江、上海等地猪肉价格出现了区域性上涨，目前两省（直辖市）猪肉价格分别为每公斤 31.4 元和 27.4 元，虽然仍高于全国平均水平，但自 10 月以来均下降了 2 元左右。总的看，元旦、春节期间产能充裕，猪肉供应有保障，价格上涨空间不大。

我们也注意到，限制生猪及其产品跨区域调运确实对部分企业生产周转产生了一些影响，部分猪场商品猪被迫压栏，仔猪调运遇到了一些困难。种猪本来不在限制调运范围，也给企业带来了较大困扰。对此，我们已做了相应安排。一是进一步完善调运监管方案，在确保疫情有效控制的前提下，尽量方便仔猪调运。二是合理调配、充分利用现有屠宰能力，引导就近就地屠宰，减轻疫区压栏压力。三是积极协调有关部门，加强主产省区和主销省区"点对点"调运，稳定市场价格。其实这项措施我们已经在省内启动实施，要求经省级畜牧兽医部门审核，符合条件的养殖场和屠宰厂建立"点对点"调运机制，按照指定路线运输生猪到指定屠宰厂，相关产品经检疫合格后方可上市销售。

📷 **农民日报记者：**

疫情发生之后，一些消费者担心吃猪肉是否安全，还有一些地方的餐厅和食堂暂停供应猪肉，请问非洲猪瘟是否会传染给人？谢谢。

🎤 **黄保续：**

非洲猪瘟不是人畜共患病，不会感染人，同时它也不会感染除了猪之外的其他动物，不影响食品安全。世界卫生组织、联合国粮农组织、世界动物卫生组织等国际组织既没有把非洲猪瘟列入人畜共患病，也没有列入多种动物共患病。有关国家科研人员曾经将非洲猪瘟的病毒接种到犬、鼠、兔等10余种动物做感染实验，均未发生感染。非洲猪瘟发现以来近一百年历史，全球范围内没有出现人感染非洲猪瘟的情况。所以大家可以放心地消费食用经过检疫的猪肉。谢谢。

📷 **财经杂志记者：**

食品环节可能存在非洲猪瘟病毒混入，这种情况下，可能通过泔水然后再进入生猪养殖环节，有没有这方面的评估？

🎤 **冯忠武：**

刚才我已经给大家介绍了一些。目前我们国家引发非洲猪瘟疫情的原因之一，就是由于饲喂了餐厨剩余物。所以国务院办公厅通知以及我们制定的管理措施中，都明确规定了禁止使用餐厨剩余物饲喂生猪。这么做的目的，就是为了避免由于饲喂餐厨剩余物引发疫情，降低疫病发生风险。谢谢。